포스트휴머니즘 언어학 02

포스트휴머니즘 응용언어학 지금 어디로?

이 저서는 2023년 대한민국 교육부와 한국연구재단의 지원을 받아 수행된 연구임
(NRF-2023S1A5C2A02095124).

Posthumanist Applied Linguistics

Posthumanist Applied Linguistics

포스트휴머니즘 응용언어학 지금 어디로?

류지수·안희돈·오은혜·윤다연·윤수원·임정현
전문기·정환민·정혜녕·한정임 지음

Posthumanist Applied Linguistics
Posthumanist Applied Linguistics

이 책은 포스트휴머니즘 관점에서 언어를 인간·비인간·기술·환경이 얽혀 형성되는 역동적 실천으로 바라보고, 이를 응용언어학의 다양한 주제에 적용한다. 디지털 멀티모달 시청, 다중양식 공손성, 성별 음향 특성, 북한이탈주민의 언어 습득, 의태어와 감성 분석, AI 기반 번역 스타일 연구, 그리고 다언어 어휘 처리까지, 각 장은 언어가 사회·문화·기술 네트워크 속에서 어떻게 생성·변화하는지를 탐구하며, 포용적이고 지속 가능한 언어 미래를 위한 새로운 시각을 제시한다.

글로벌콘텐츠

차례

제3장

성별에 따른 발화의 음향음성학적 특성 차이 및 사용 언어에 따른 변이

제4장

북한이탈주민의 남한 표준어 및 영어 습득

제5장 감성분석: 의태어를 중심으로

제6장 데이터로 읽는 문학: 포스트휴머니즘 언어학과 번역 스타일 연구

제7장 다언어 어휘 처리와 습득

여는 글

포스트휴머니즘 응용언어학이란 무엇인가?

오늘날 급변하는 사회·기술 환경은 인간 중심의 기존 사고방식에 대한 근본적 재검토를 요구한다. 포스트휴머니즘은 바로 이러한 요구 속에서 탄생했다. 그것은 단순히 휴머니즘을 거부하는 것이 아니라, 인간을 다른 유·무기적 존재와 구분 짓는 경계를 허물고, 인간도 자연의 일부로서 다른 모든 존재와 상호의존적 관계를 맺는 존재임을 재조명한다. 나아가 포스트휴머니즘은 인종차별, 성차별, 동성애 혐오 등 뿌리 깊은 사회적 폭력에 대한 강력한 반박을 제시하며, 자유민주주의가 성취한 인권 개념을 넘어선 새로운 '인간 계약'을 제안한다.

이러한 전환적 사고는 응용언어학에도 중요한 함의를 던진다. 전통적 휴머니즘 철학에 기반한 언어 연구는 학습자 중심의 접근을 촉진했지만, 서구 중심성과 인간 중심주의의 한계에서 자유롭지 못했다. 포스트휴머니즘은 행위자 연결망 이론(Actor-Network Theory)과 신유물론(New

Materialism) 등을 토대로, 행위자의 범주를 인간뿐 아니라 동식물, 사물, 기계까지 확장한다. 언어는 인간만의 전유물이 아니라, 다양한 존재가 능동적 주체로서 의미를 생성하고 소통하는 "물질적·생동적·체화된" 매개체로 재해석된다.

특히 다언어 연구는 포스트휴머니즘 응용언어학에서 핵심적인 위치를 차지한다. 오늘날 전 세계적으로 세 개 이상의 언어를 구사하는 다언어 화자가 보편화되면서, 언어 능력은 특정 민족·국가·문화에 속박되지 않는 유동적 정체성과 연결된다. 다언어성은 단순한 '언어 수의 증가'가 아니라, 다양한 언어 체계·문화·기술이 얽힌 관계망 속에서 의미와 정체성이 재구성되는 과정이다. 포스트휴머니즘 관점에서 다언어성은 인간 언어 행위가 비인간 행위자—디지털 플랫폼, 알고리즘, 번역기, 교육 기술—와의 상호작용을 통해 재매개되고 확장되는 실천이자, 언어·문화·기술이 얽힌 생태계의 일부로 이해된다. 이러한 접근은 기존의 이중언어 모델을 넘어, 다언어 환경에서 언어 처리·습득·사용이 어떻게 분산되고 네트워크화되는지를 밝히는 연구로 이어진다.

응용언어학에서 이러한 접근은 분산(distributed) 언어 이론과 맞닿아 있다. 언어를 발화자·청자·공간·시간·환경이 얽힌 유기적 네트워크 속에서 분석하며, 인지와 소통을 뇌 내부의 능력에 국한하지 않고, 외재화된 데이터·기술·물질 환경과의 상호작용 속에서 파악한다. 이를 통해 언어학은 인간과 비인간, 물질과 비물질이 얽히는 새로운 의사소통 지형을 탐구하게 된다.

이 책은 포스트휴머니즘 응용언어학이 이러한 철학적·정치적 문제의식과 방법론적 전환을 어떻게 구체적 연구로 구현할 수 있는지를 보여준다.

- 1장은 디지털 멀티모달 콘텐츠와 재생 속도 조절이라는 기술 매개 환경에서, 인간의 인지·감각 구조와 커뮤니케이션 양식이 어떻게 재구성되는지를 분석한다.
- 2장은 공손성을 언어·비언어·기술의 다중양식적 상호작용으로 재해석하며, 한국어와 일본어 경어 체계를 사례로 인간-비인간 행위자 네트워크 속 공손성 수행을 고찰한다.
- 3장은 성별화된 목소리가 생물학적 제약과 사회문화적 요인의 상호작용 속에서 어떻게 형성·지각되는지를 다언어·다문화 비교 관점에서 탐구한다.
- 4장은 북한이탈주민의 남한 표준어·영어 습득을 분석해, 언어 차이가 사회적 적응과 포용성에 미치는 영향을 밝히고 맞춤형 교육 방안을 제시한다.
- 5장은 한국어 의태어의 음운·형태와 감정 함의의 관계를 규명하며, AI 감성 분석 및 다문화 감성 소통 개선 가능성을 탐구한다.
- 6장은 AI 기반 언어 분석 도구로 문학 번역 스타일을 정량 분석해, 번역을 인간-기계 복합지능의 산물로 재구성하는 새로운 방법론을 제시한다.
- 7장은 삼중언어 이상 화자의 어휘 처리 메커니즘을 분석하고, 다언어 환경에서 언어 수 증가가 인지·전략적 어휘 사용에 미치는 영향을 고찰하여, 포스트휴머니즘 기반의 다언어 연구의 이론 확장 가능

성을 모색한다.

결국 포스트휴머니즘 응용언어학은 언어를 고정된 규범이나 인간 중심의 사고에 가두지 않고, 다양한 존재·감각·환경이 얽혀 생성되고 변화하는 역동적 실천으로 이해한다. 특히 다언어 연구를 통해, 언어가 감정·정체성·사회 정의·기술 진보가 만나는 장에서 재정의되어야 함을 보여주며, 인간과 세계의 경계를 넘어 포용적이고 지속 가능한 언어의 미래를 상상하는 데 기여하고자 한다.

안희돈

제1장

멀티모달 콘텐츠의 영상 속도와 콘텐츠 이해의 상관관계

Chapter 01

멀티모달 콘텐츠의 영상 속도와 콘텐츠 이해의 상관관계

정혜녕

1. 들어가기

디지털 기술의 급속한 발전은 인간의 커뮤니케이션 방식을 근본적으로 변화시켰으며, 오늘날 우리는 디지털을 매개로 하는 소통이 일상화된 환경 속에 살아가고 있다. 이러한 변화는 인간이 새로운 정보를 습득하고 지식을 축적하는 방식에도 중대한 전환을 가져왔다. 과거에는 정보가 주로 문서나 책과 같은 텍스트 기반의 콘텐츠를 통해 공유되었다면, 현재는 이미지, 비디오, 음성 등이 통합된 멀티모달(multi-modal) 콘텐츠가 주요한 정보 전달 수단으로 부상하고 있다. 실제 NPR 2021 인터넷 이용자 조사(나스미디어, 2021)에 따르면 응답자의 57.4%가 온라인에서 정보를 검색할 때 유튜브를 이용한다고 응답하였으며, 멀티모달 콘텐츠를 통해 획득하는 정보의 카테고리 또한 지속적으로 확장하고 있는 것으로 나타났다.

특히 영상 콘텐츠를 통한 정보 습득은 시·공간적 제약 없이 방대한 정보를 효율적으로 습득할 수 있다는 점에서 중요한 장점을 지닌다. 이러한 특성 덕분에 영상 콘텐츠는 다양한 사회적·교육적 맥락에서 핵심적인 지식 습득 경로로 자리 잡아가고 있다. 더불어, Paivio(1971)의 이중 부호화 이론에 따르면, 언어적 정보와 비언어적(시각적) 정보가 각각 독립된 채널을 통해 처리되므로, 멀티모달 콘텐츠는 단일 양태의 콘텐츠에 비해 정보 처리에서 우위를 가질 수 있다. 동일한 주제에 관한 정보가 언어적 및 비언어적 수단을 통해 상호작용하며 제공될 경우, 정보 통합이 용이해지고 정보가 이중으로 부호화되기 때문에 학습과 이해가 더욱 촉진된다.

이와 같이 멀티모달 콘텐츠를 통한 정보의 습득과 공유가 보편화된 현재, 디지털 환경에서 이루어지는 커뮤니케이션은 정보의 양태뿐만 아니라 정보가 공유되는 방식 자체에서도 변화를 보이고 있다. 디지털 환경에서 이용자는 콘텐츠 재생을 자율적으로 조작할 수 있으며, 원하는 시점에 콘텐츠를 시작하거나 시청 도중에 중단하는 등 소비 방식에 있어 높은 자유도를 갖는다. 나아가 디지털 기술의 발달로 인해 소비자는 콘텐츠의 전달 속도 또한 자유롭게 조절할 수 있게 되었다. 현재 유튜브를 비롯한 다양한 OTT 플랫폼에서는 0.25배속에서 2배속에 이르는 다양한 재생 속도를 제공하고 있으며, 실제로 이용자들은 이를 활용해 자신에게 적합한 속도로 콘텐츠를 소비하고 있다.

과거에는 콘텐츠의 재생 속도 조절이 주로 온라인 학습 환경에서 나타나는 현상이었다. 재생 속도를 높여 단기간에 더 많은 정보를 습득하기 위한 수단으로 활용되던 배속 기능은 최근에는 학습을 목적으로 하지 않는 일반적인 동영상 시청 환경에서도 확산되고 있다. 유튜브 블로그 자료(Watson, 2022)에 따르면, 유튜브에서 동영상을 시청할 때 재생 속도를 조절하는 이용자들 중 다수는 표준 속도보다 빠른 속도를 선택하며, 그중에서도 1.5배속이 가장 높은 비율을 차지하고, 그 뒤를 2배속과 1.25배속이 잇는 것으로 보고되었다. 국내에서도 유사한 경향이 나타났는데, 한국콘텐츠진흥원의 「2023년 OTT 이용행태 조사」에 따르면, 10~30대의 유료 구독형 OTT 플랫폼 이용자들은 동영상 시청 시 배속 기능을 사용한다고 응답하였다. 또한 엠브레인에서 실시한 영상 콘텐츠 시청 습관 조사 결과, 전체 응답자의 약 70%가 유튜브 및 OTT 동영상을 빠른 속도로 시청한 경험이 있다고 보고되었다.

콘텐츠를 고배속으로 시청하는 것은 정보 습득의 효율성 측면에서 단기간에 더 많은 정보를 소비할 수 있다는 점에서 효과적일 수 있다. '분초사회'라는 말이 등장할만큼 다량의 정보를 빠르게 습득하는 것이 중요한 현대 사회에 고배속 시청 전략은 사회적 요구를 반영하는 하나의 문화적·인지적 적응 방식으로 이해될 수 있다. 고배속 시청은 제한된 시간 안에 더 많은 콘텐츠를 소비하려는 효율성 지향적 행동이자, 디지털 기술이 가능하게 한 새로운 시간 감각의 표현일 수 있는 것이다.

그러나 이러한 효율성 지향적 전략이 기술적 매개를 통해 실현된다는 점은, 단순한 개인의 선택을 넘어 인간과 기술의 관계를 재고하게 만드는 지점이기도 하다. 즉, 콘텐츠의 전달 속도 자체가 조정된다는 사실은 포스트휴머니즘적 관점에서 인간의 시간 감각과 감각적 경험, 그리고 기술과의 상호작용 방식을 성찰하게 한다. 포스트휴머니즘은 인간 중심주의적 사고에서 벗어나, 인간과 비인간 행위자(기계, 기술, 알고리즘, 미디어 등)

간의 관계성과 상호작용을 중심으로 세계를 이해하고자 하는 인식론적 전환을 강조한다. 이러한 관점에서 고배속 시청은 인간의 인지와 커뮤니케이션이 더 이상 인간의 내재적 능력만으로 설명되지 않고, 디지털 기술과 미디어라는 비인간 행위자와의 상호작용 속에서 공동으로 수행되는 활동이라는 점을 보여준다.

이러한 맥락에서 고배속 시청은 디지털 환경이 제공하는 비선형적이고 사용자 중심적인 상호작용의 한 형태로 이해될 수 있다. 사용자가 재생 속도를 조절하는 행위는 기술적 기능을 활용하는 차원을 넘어, 디지털 미디어와의 상호작용을 통해 자신의 시간 감각과 정보 처리 방식을 재구성하는 실천이라 할 수 있다. 즉, 사용자는 기술적 매개를 통해 커뮤니케이션의 흐름과 리듬을 자신에게 맞게 조율하며, 이를 통해 디지털 환경에서 경험되는 인지적·감각적 현실을 재정의한다. 따라서 고배속 시청이라는 현상은 인간과 기술의 관계, 그리고 정보 소비의 문화적·인지적 양식이 어떻게 변화하고 있는지를 보여주는 중요한 사례로 볼 수 있다.

주목해야 할 점은, 고배속 시청 전략이 현대 사회에서 보편적으로 활용되고 있음에도 불구하고, 이러한 시청 방식이 인간과 기술 및 미디어의 상호작용 속에서 과연 긍정적으로 기능하고 있는지에 대한 비판적 검토가 필요하다는 것이다. 실제로 한국의 한 사이버대학교에서 강의를 수강 중인 학생들을 대상으로 실시한 온라인 수업 관련 설문 조사(Lange & Costley, 2020)에서는 "교수자의 발화가 너무 느려서 2배속으로 시청하고 싶다"와 같은 부정적인 의견이 보고된 바 있다. 또 다른 기사 자료(조선일보 2021.11.17. "'지옥'은 1.5배속으로 완주했는데 … "영화관 가니 배우들 말 너무 느리더라)에서도 고배속 시청에 익숙해진 이용자들이 오프라인 커뮤니케이션에서 상대방의 발화 속도가 지나치게 느리게 느껴진다고 응답한 사례가 소개되었다. 이러한 사례들은 고배속 시청이 효율성을 극대화하는 전략을 넘어서 인간의 시간 감각과 대면 커뮤니케이션의 질에 부정적인 영향을 미칠 수 있음을 시사한다. 온라인 환경과는 달리 오프라인 커뮤니케이션 환경에서는 커뮤니케이션의 흐름을 직접적으로 조절할 수 없기 때문에 커뮤니케이션에 대한 만족감이 저해되거나 커뮤니케이션 자체를 이탈하게 할 수 있다.

뿐만 아니라, 고배속 시청은 주로 젊은 세대를 중심으로 확산되고 있다는 점에서 세대 간 정보 격차를 심화시킬 수 있는 잠재적 요인으로 작용할 수 있다. 고배속 시청이 시간을 절약하면서도 효율적인 정보 습득을 가능하게 하는 전략으로 기능한다면, 해당 방식에 익숙한 집단은 동일한 시간 동안 더 많은 양의 콘텐츠를 소비하고 지식을 축적할 수 있게 된다. 이에 따라 고배속 시청 활용의 정도에 따라 세대 혹은 사회 계층 간 정보 접근성과 처리 능력의 차이가 점차 벌어질 가능성이 있으며, 이는 장기적으로 정보 불균형과 디지털 격차의 심화로 이어질 수 있다. 따라서 고배속 시청의 확산은 단순한 개인적 시청 습관의 변화에 그치지 않고, 세대 간 혹은 계층 간 지식 자본의 분포에 구조적인 영향을 미치는 요소로 작용할 수 있는 것이다.

한편, 고배속 시청은 오프라인 커뮤니케이션 회피 및 세대 간 정보 격차 심화와 같은 커뮤니케이션 결과 차원에서의 부정적 영향과 연관되어 논의될 수도 있으나, 커뮤니케이션이 전개되는 과정의 측면에서도 분석될 필요가 있다. 인간의 커뮤니케이션이란 송신자와 수신자가 메시지를 전달하며 의미를 공유하는 과정이다. 이때 커뮤니케이션의 성공 여부는 송신자의 메시지 생성뿐만 아니라 수신자가 그 메시지를 얼마나 정확하고 효율적으로 해석하느냐에 달려 있다. 다시 말해, 수신자는 메시지의 해석과 이해, 나아가 커뮤니케이션의 지속적 흐름에 기여하는 능동적 주체로 기능한다. 이러한 관점에서, 배속 재생 기술을 통해 수신자가 커뮤니케이션의 흐름을 자유자재로 조절할 수 있는 디지털 커뮤니케이션 환경에서는 수신자가 콘텐츠의 정보를 얼마나 정확하고 효율적으로 처리하느냐에 따라 커뮤니케이션의 질이 좌우된다고 볼 수 있다. 특히, 수신자가 자신의 인지적 처리 속도에 맞춰 정보의 양과 속도를 능동적으로 조절할 수 있게 되면서, 커뮤니케이션 과정에서의 수신자 주체성은 한층 더 강화되었다. 이는 디지털 미디어 환경이 전통적인 송신자 중심 모델에서 벗어나, 수신자의 정보 해석 능력과 인지적 조절 능력을 핵심 변수로 부각시키고 있음을 시사한다.

이러한 변화는 커뮤니케이션 과정에서 수신자의 능동적 역할이 점차 확대되고 있음을 보여주며, 이에 따라 정보 수용 및 처리 과정을 보다 정밀하게 이해하기 위해 인지심리학적 관점의 도입이 필수적이라 할 수 있다. 인간의 심적 정보 처리 과정을 규명하는 인지심리학적 관점에서 메세지를 전달받는 수신자는 주의(attention), 지각(perception), 작업기억(working memory), 장기기억(long-term memory), 추론(inference) 등 다양한 인지 기제를 바탕으로 정보를 능동적으로 해석하는 존재로 간주된다(Huitt, 2003). 이와 같이 커뮤니케이션 과정에서 수신자가 송신자로부터 전달된 물리적 신호를 해석 가능한 의미로 변환한다는 관점(Sperber & Wilson, 1986)은, 수신자가 배속 재생 환경과 같은 비전형적 정보 전달 조건 속에서도 메시지를 얼마나 효율적으로 해독하고 이를 내면화할 수 있는지를 설명하는 데 중요한 이론적 토대를 제공한다. 즉, 수신자는 해당 자극을 주의를 통해 선택하고, 이를 단기 및 작업기억을 활용해 해석하며, 기존의 인지 구조와 통합함으로써 의미를 구성하는 복잡한 정보처리 주체이다. 이러한 관점은 고속화된 미디어 환경에서 이루어지는 커뮤니케이션의 질이 수신자가 해당 콘텐츠를 어떻게 해석하고 처리하는지에 따라 달라질 수 있으며, 결과적으로 그 질적 특성을 평가하는 것은 고속화된 디지털 환경 속에서 수용자의 인지적 처리 양상을 이해하고 커뮤니케이션 효과를 설명하는 데 있어 핵심적인 연구적 과제라 할 수 있다.

본 장에서 주목하고자 하는 핵심은 콘텐츠의 재생 배속 변화가 수용자에게 유발하는 인지 부하(cognitive load)의 수준이다. 인지 부하는 일반적으로 작업 수행에 필요한 정보의 양이 수용자의 작업 기억 용량을 초과할 때 발생하는 심리적 부담을 의미하며, 이는 정보의 선택, 조직화, 통합 등 일련의 인지적 처리 과정에서 자원의 효율적 활용을 저해하는 주요 요인으로 작용한다. 특히 영상 콘텐츠가 고배속으로 재생되는 환경에서는 짧은 시간 안에 대량의 감각적 자극이 수용자에게 입력되므로, 이러한 정보를 제한된 작업 기억 내에서 신속하고 효과적으로 처리하는 것이 필수적이다. 그러나 재생 속도가 지나치게 빨라짐에 따라 감각 정보의 입력 속도가 작업 기억의 처리 한계를 초과하게 되면, 수용자는 메시지를 해석하고 이해하는 과정에서 더 많은 인지 자원을 소모하게 되며, 이로 인해 인지적 과부하(cognitive overload)가 초래될 수 있다. 이러한 과부하는 정보 이해도와 기억 유지력의 저하로 이어질 수 있으며, 결과적으로 고배속 시청이 수용자의 정보 처리 효율성에 부정적인 영향을 미칠 수 있음을 시사한다.

이에 본 장에서는 고배속 시청 시 발생하는 인지적 부담의 양에 초점을 맞추어 동영상 고배속 시청 환경이 수용자의 인지 처리에 미치는 영향을 이해하기 위한 실험적 접근의 배경을 설명하고, 시청 속도 변화에 따른 이해력과 인지 부하 측정을 중심으로 한 연구 방법론을 기술한다. 2절에서는 고배속 시청이 커뮤니케이션, 특히 학습에 미치는 영향에 대해 검증하였던 사전 연구와 인지 부하와 관련된 이론에 대해 살펴본다. 이후 3절에서는 메세지 수신자의 정보 처리 과정에서 발생하는 인지적 부담의 양을 측정하기 위한 실험 기법 및 측정 방법론에 대해 소개하도록 하겠다.

2. 관련 연구 및 이론

2.1. 관련 연구

동영상 콘텐츠의 고배속 시청이 가장 활발히 활용되는 맥락 중 하나는 온라인 학습 환경이다. 온라인 학습은 시간과 장소에 제약 없이 접근이 가능하며, 학습자가 녹화된 강의 영상을 반복 시청하거나 자막, 재생 속도 등을 자율적으로 조절할 수 있다는 점에서 높은 학습 유연성을 제공한다. 특히, 교육 콘텐츠를 고배속으로 시청함으로써 학습 시간을 단축할 수 있다는 실용적 이점으로 인해, 고배속 시청은 온라인 학습자들 사이에서 선호되는 학습 전략으로 자리잡아 왔다. 이에 교육학 분야에서는 고배속으로 강의 콘텐츠를 시청하는 전략이 학습자의 정보 처리 효율성과 같은 학습 성과에 어떠한 영향을 미치는지를 규명하고자 다수의 실증 연구들이 수행되어 왔다. 이러한 연구들은 고배속 시청이 학습 효율을 향상시키는 전략이 될 수 있는지, 혹은 오히려 학습 효과를 저해하는 요인으로 작용하는지에 대한 실증적 근거를 마련하기 위한 시도로 볼 수 있다.

먼저, Lang et al.(2020)은 학습 콘텐츠의 시청 속도가 학습 효과에 미치는 영향을 분석한 연구에서, 정배속 시청 집단과 1.25배속 고배속 시청 집단 간의 성과 차이를 비교하였다. 그 결과, 고배속 시청 집단이 더 높은 학업 성취를 보였으며, 일정 기준을 충족할 경우 부여되는 강의 이수증명서 획득률 또한 높았다. 아울러, 이 집단은 콘텐츠 소비 시간이 단축되었고, 학습 중 일시 정지를 하는 것과 같은 자기 통제적 행동의 빈도는 오히려 낮아 학습 효율성과 집중도의 향상 가능성을 시사하였다.

마찬가지로, Murphy et al.(2022)의 결과 또한 고배속 시청 전략이 효율적인 학습 전략임을 시사하였다. Murphy et al.(2022)의 실험 1에서는 학습자들을 정배속, 1.5배속, 2배속, 2.5배속 조건에 무선 할당하여 콘텐츠를 시청하게 한 후, 시청 직후와 1주일 후 두 시점에서 내용 이해도를 측정하였다. 그 결과, 2.5배속 조건에서만 학습 성과가 유의하게 낮게 나타나, 2배속 이하의 고배속 시청은 학습 효과를 저해하지 않는 효율적 전략으로 해석되었다. 이어진 실험 2에서는 2배속으로 두 번 시청한 집단과 정배속으로 한 번 시청한 집단 간 학습 수행을 비교한 결과, 두 조건 간 성과 차이는 없었으며, 특히 시험 직전 2배속 복습을 포함한 조건에서는 오히려 더 높은 학습 효과가 나타났다. 이러한 결과는 적절한 수준의 고배속 시청이 학습 시간을 절약하면서도 성과를 유지하거나 향상시킬 수 있는 전략임을 시사한다.

반면, 고배속 시청 전략이 학습에 있어 부정적인 영향을 미친다는 연구 결과 또한 존재한다. Song et al.(2017)은 학습자들이 사전 지식이 없는 새로운 내용을 고배속으로 학습할 경우 학습 효과가 저해될 수 있음을 보고하였다. 이들은 의과대학 학생들을 대상으로 전공과 연관되지만 정규 교육과정에서는 다루지 않은 두 주제의 강의 영상을 정배속과 1.5배속 조건으로 제시하고 강의 내용에 대한 이해도를 측정하였다. 그 결과, 정배속으로 학습한 집단의 이해도 점수가 더 높았으며 두 영상 중 하나에서는 배속 조건 간 차이가 통계적으로 유의미하였다. 이를 통해 Song et al.(2017)은 고배속 시청이 새로운 개념 학습에는 부정적인 영향을 미칠 수 있음을 보여주었다.

한편, 고배속 시청의 효과성에 대하여 Nagahama & Morita(2017)은 시청 속도의 구체적 수준에 따라 학습 성과가 달라진다는 것을 보고하였다. Nagahama와 Morita(2017)는 고배속 시청이 학습 효과를 향상시킬 수 있으나, 그 효과는 배속 수준에 따라 상이하게 나타난다고 보고하였다. 정배속, 1.5배속, 2배속 조건으로 학습 콘텐츠를 시청하게 한 결과, 내용 이해도는 1.5배속에서 가장 높았으며, 2배속에서는 정배속과 유사한 수준으로 나타났다. 또한, 시청자의 주관적 평가(흥미도, 집중도, 난이도 인식 등)에서도 1.5배속에 대한 평가는 긍정적이었던 반면, 2배속은 상대적으로 부정적인 반응을 보였다. 이러한 결과를 바탕으로 연구자들은 1.5배속이 학습 효과 및 수용자의 만족도 측면에서 가장 적절한 시청 속도일 수 있다고 제안하였다.

그러나 위 기술한 연구들이 콘텐츠의 재생 속도가 학습 성과에 영향을 미친다는 결과를 얻은 반면, Ritzhaupt, Pastore & Davis(2015)의 연구에서는 콘텐츠의 배속이 학업 성취도에는 어떠한 영향도 미치지 않았다. Ritzhaupt, Pastore & Davis(2015)의 연구 결과, 학습 콘텐츠의 재생 속도는 학습 효과에는 유의미한 영향을 미치지 않지만, 학습자 만족도를 저하시킬 수 있는 것으로 나타났다. 이들은 하나의 학습 영상을 정배속, 1.25배속, 1.5배속으로 조작하고, 자막 제시 여부를 추가 요인으로 포함하여 총 6개의 실험 조건을 구성하였다. 147명의 참여자를 무선 할당하여 학습 전후 시험과 학습자 경험에 대한 설문을 실시한 결과, 재생 속도 변화는 학업 성취도에는 영향을 미치지 않았으나, 배속이 증가할수록 학습자 만족도가 유의하게 감소하는 것으로 나타났다. 이는 고배속 시청이 인지적 성과는 유지하면서도 정의적 반응에는 부정적 영향을 미칠 수 있음을 시사한다.

이러한 연구 동향을 종합해보면, 콘텐츠의 재생 배속이 학습자의 이해도에 어떠한 영향을 미치는지에 대해서는 연구 간 상이한 결과가 보고되고 있으며, 그 영향의 방향성과 효과성 또한 아직까지 일관되게 규명되지 않은 상황이다. 이에 따라, 재생 속도가 언어적 메시지의 이해에 미치는 영향을 보다 명확히 파악하기 위해서는, 후속 실증 연구를 통해 기존 결과에 대한 재검증이 요구된다. 아울러, 지금까지의 논의가 대부분 학습자의 내용 이해도와 같은 결과 중심의 산출물에 초점을 맞추고 있는 한계를 고려할 때, 향후 연구에서는 재생 배속이 학습자의 실시간적 인지 처리 과정에 미치는 영향을 심층적으로 탐색할 필요가 있다. 이러한 과정 중심의 분석은 고속화된 콘텐츠 소비 환경에서 시청자가 실제로 어떤 방식으로 정보를 수용하고 처리하는지를 이해하는 데 필수적이며, 언어 메시지 이해에 대한 보다 총체적이고 역동적인 설명을 가능하게 할 것이다.

이에 본 장에서는 재생 배속이 학습자의 인지 부하에 미치는 영향에 주목하고자 한다. 콘텐츠의 재생 속도가 증가할수록 단위 시간 내에 제시되는 언어적 정보의 밀도 또한 높아지게 되며, 이는 감각기관을 통해 유입되는 정보의 속도와 이를 처리·통합해야 하는 작업 기억의 처리 용량 간 불균형을 초래함으로써 인지 부하를 가중시킬 수 있기 때문이다. 이러한 상태는 학습자가 메시지를 효율적으로 선택하고 조직하며 통합하는 과정 전반에 부담을 주어, 정보의 처리 정확도와 이해도를 저해하는 요인으로 작용할 수 있다. 따라서 3절에서는 콘텐츠의 재생 속도 변화에 따라 학습자가 경험하게 되는 실시간적 메시지 처리 과정에서의 인지 부하에 대해 이론적으로 검토하겠다.

2.2. 인지 부하 이론

정보 처리 이론(Information Processing Theory)은 인간의 인지 과정을 컴퓨터의 작동 방식에 비유하여 설명하는 이론으로, 외부 환경으로부터 유입된 감각 자극이 체계적으로 처리되어 기억되고, 이에 기반한 반응이 산출되는 일련의 과정을 중심으로 한다(이정모 외, 2009). 이 이론에 따르면, 인간의 마음은 여러 정보 처리 체계로 구성되어 있으며, 이러한 체계의 구조와 기능을 설명하는 대표적 모형으로 Atkinson과 Shiffrin(1968)의 다중 저장고 모델이 있다(그림 1).

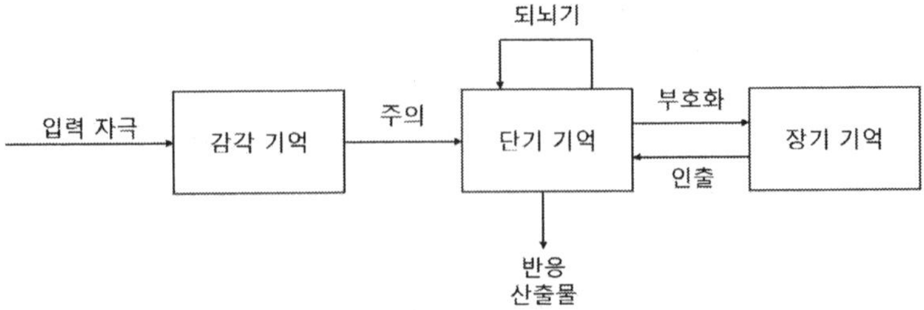

〈그림 1〉 Atkinson & Shiffrin의 다중 저장고 모델

이 모델은 기억을 지속 시간에 따라 감각 기억(sensory memory), 단기 기억(short-term memory), 장기 기억(long-term memory)으로 구분하며, 정보는 이 세 체계를 거치며 순차적으로 처리된다고 본다. 구체적으로, 환경으로부터 수용된 감각 정보는 먼저 감각 기억에 일시적으로 저장되며, 이 중 주의(attention)를 받은 정보만이 단기 기억으로 전이된다. 단기 기억은 정보의 일시적 유지와 과제 수행을 위한 작업 공간의 역할을 하며, 반복적 되뇌기(rehearsal)를 통해 정보는 장기 기억으로 이전되거나 보다 오래 유지될 수 있다. 마지막으로 장기 기억은 방대한 용량과 장기 저장 능력을 가진 체계로, 지속적 학습과 기억의 핵심 저장소 역할을 수행한다. 이처럼 정보 처리 이론은 인간의 인지 구조와 작동 메커니즘을 이해하는 데 기반이 되는 이론적 틀로 기능하며, 학습 과정에서 발생하는 인지 부하나 정보 저장의 효율성을 설명하는 데 중요한 시사점을 제공한다.

이후 Baddeley와 Hitch(1974)는 Atkinson과 Shiffrin의 다중 저장고 모델이 단기 기억을 단순한 정보의 일시적 저장소로 간주한 데에 한계를 지적하며, 이를 확장한 새로운 기억 체계를 제안하였다. 이들은 인간의 인지 과정에서 단기 기억은 단순 저장을 넘어서 과제 수행과 관련된 심적 표상(mental representation)을 능동적으로 조작하고 유지하는 역할을 수행한다고 보았으며, 이에 따라 작업 기억 체계(working memory system)라는 개념을 도입하였다(Baddeley & Hitch, 1974; Baddeley, 1992). 작업 기억은 단기적인 정보 보유뿐만 아니라, 복잡한 인지 활동—예컨대 추론, 문제 해결, 언어 이해 등—에 필수적인 정보의 선택, 조작, 통합 기능을 담당하는 핵심 인지 구조로 간주된다.

Atkinson과 Shiffrin의 다중 저장고 모델에 따르면, 인간의 정보 처리 과정은 환경으로부터 유입된 감각 자극 중 주의에 의해 선별된 정보가 작업 기억에서 처리된 뒤 장기 기억으로 저장되거나 기존의 장기 기억과 통합되어 출력 반응을 산출하는 순차적 구조를 따른다. 이때 정보가 각 기억 체계를 통과하며 처리되는 과정에서 일부 정보는 선택되지 않거나, 작업 기억의 용량 한계로 인해 소실되거나 치환될 수 있다. 즉, 성공적인 정보 처리를 위해서는 감각 자극 중 필수 정보를 선별하고, 이를 작업 기억 내에서 충분히 인지적으로 조작하여 장기 기억으로 전이하는 과정이 원활히 이루어져야 한다(Shiffrin & Atkinson, 1969).

작업 기억의 가장 두드러진 특징 중 하나는 그 용량에 명확한 제한이 존재한다는 점으로, 이는 학습자나 정보 수용자가 한 순간에 처리할 수 있는 정보의 양이 본질적으로 한정되어 있음을 의미한다. 일반적으로 작업 기억은 평균적으로 7 ± 2개의 정보를 처리할 수 있는 것으로 알려져 있으며(Miller, 1956), 이 제한된 용량은 복잡한 과제가 주어졌을 때 정보의 과부하를 초래하고, 그로 인해 인지적 오류나 학습 저하가 발생할 수 있는 주요 원인으로 작용한다. 따라서 학습이나 정보 처리 상황에서 작업 기억의 한계를 고려한 정보 제시 방식은 매우 중요하며, 특히 시간 압박이 높은 조건이나 정보 밀도가 높은 환경에서는 이러한 제한이 더욱 두드러지게 나타날 수 있다.

이러한 관점에서 볼 때, 동영상 콘텐츠를 고배속으로 시청하는 전략은 학습자가 단위 시간 내에 처리해야 하는 정보의 양을 증가시킴으로써 작업 기억에 과도한 부담을 초래할 가능성이 크다. 이는 곧 시청자가 고배속으로 재생되는 콘텐츠를 이해하기 위해 더 많은 정신적 노력을 기울어야 한다는 것을 의미한다. 이러한 현상은 Sweller(1988)가 제안한 인지 부하 이론의 핵심 개념과 밀접하게 연결된다.

Sweller(1988)가 제안한 인지 부하 이론(Cognitive Load Theory, CLT)은 인간의 정보 처리 체계, 특히 작업 기억의 용량이 근본적으로 제한되어 있다는 전제에 기반하여, 학습의 효율성과 효과성을 극대화하기 위해서는 학습 설계와 교수 전략 차원에서 인지 부하를 체계적으로 조절해야 한다는 점을 강조한다. 작업 기억은 새로운 정보를 처리하고 장기 기억으로 전이시키는 핵심적인 역할을 담당하지만, 동시에 짧은 시간 동안 제한된 양의 정보만을 유지하고 조작할 수 있다는 점에서 학습자가 경험하는 인지 부하 수준은 학습 성과에 결정적인 영향을 미칠 수 있다.

이 이론은 학습 상황에서 발생하는 인지 부하를 성격과 원인에 따라 세 가지 유형으로 구분한다. 첫째, 내재적 인지 부하(intrinsic cognitive load)는 학습 과제 자체의 복잡성과 학습자가 해당 과제에 대해 보유한 사전 지식 수준 간의 상호작용에 의해 결정된다. 예컨대 학습 과제가 개념 간 상호의존성이 높고, 정보 단위들 간의 관계를 동시에 이해해야 하는 경우 내재적 부하는 상승한다. 이는 교수자가 직접적으로 통제할 수 없는 부하이지만, 학습자의 수준에 적합한 과제 제시를 통해 간접적으로 조절 가능하다. 둘째, 외재적 인지 부하(extraneous cognitive load)는 학습 과제의 본질적인 난이도와는 무관하게, 비효율적이거나 부적절하게 설계된 학습 자료, 불필요한 정보의 제시, 복잡한 시각적 배열 등 외부 요인으로 인해 발생하는 불필요한 정신적 노력이다. 이 유형의 부하는 학습 효과를 저해하는 방향으로 작용하며, 교수 설계나 멀티미디어 자료의 구조화 방식에 따라 충분히 감소시킬 수 있는 조절 가능성이 높은 부하이다. 셋째, 본유적 인지 부하(germane cognitive load)는 학습자가 의미 기반의 이해를 달성하고, 새로운 지식을 기존의 인지 구조에 통합하기 위해 의도적으로 투입하는 정신적 노력에서 비롯된다. 이는 심화된 정보 처리, 도식(schema) 형성 등 능동적인 학습 행동과 밀접하게 연결되며, 학습자의 내적 동기나 인지적 참여 수준에 따라 증대될 수 있다. 본유적 부하는 학습 성과에 긍정적인 영향을 미치는 부하로 간주된다.

결과적으로 인지 부하 이론은 학습 설계자가 단순히 학습 내용을 전달하는 데 그치지 않고, 학습자의 작업 기억에 가해지는 다양한 유형의 인지 부하를 사전에 진단하고, 이를 전략적으로 관리함으로써 학습의 질과 성과를 극대화해야 함을 강조한다. 특히 외재적 인지 부하를 최소화하고 본유적 인지 부하를 촉진할 수 있는 구조화된 자료 설계와 적절한 교수 전략은 효과적인 학습 환경 조성을 위한 핵심 요건으로 제시된다.

인지 부하 이론에 근거하였을 때, 동영상 콘텐츠의 고배속 시청은 학습 내용 자체에는 변화를 주지 않지만, 제시 속도를 인위적으로 높임으로써 동일한 시간 안에 학습자가 처리해야 하는 정보량을 증가시키고, 결과적으로 작업 기억에 과도한 부담을 초래할 수 있다. 특히 Mayer와

Moreno(2003)가 제시한 멀티미디어 학습 이론과 그 하위 원칙 중 하나인 분할 원리(segmenting principle)에 따르면, 학습자는 정보를 자신의 처리 속도에 맞춰 수용할 때 더 높은 학습 효과를 기대할 수 있다. 그러나 고배속 시청은 이러한 자기 속도 조절을 어렵게 만들고, 시각 및 청각 채널 모두에서 과도한 정보 처리를 요구함으로써 인지 과부하를 유발할 가능성이 높다. 나아가 이러한 부하는 학습자의 작업 기억 용량이나 인지적 처리 속도에 따라 그 영향이 더욱 가중될 수 있으며, 이는 궁극적으로 학습 내용의 이해도를 저해하는 결과로 이어질 수 있다.

이상의 이론에 근거하였을 때, 동영상 콘텐츠의 고배속 시청이 학습자의 메시지 이해도에 미치는 영향뿐만 아니라 실시간 정보 처리 과정에서 발생하는 인지 부하의 양에 어떠한 영향을 미치는지에 대한 검증 또한 필요하다. 기존 연구들은 대부분 학습 결과로서의 산출물, 즉 이해도나 정답률과 같은 결과 지표에 초점을 맞추는 경향이 있었으나, 이는 학습자가 정보를 처리하는 중간 과정에서의 인지적 부담을 직접적으로 포착하지 못한다는 한계가 있다. 특히 고배속 시청 상황에서는 단위 시간 내에 입력되는 언어 정보의 양이 증가하기 때문에, 정보가 작업 기억 내에서 어떻게 처리되고 있는지에 대한 정교한 관찰이 요구된다. 이러한 실시간적 인지 부하의 증가는 학습자의 주의 집중, 정보 선택 및 통합 과정 전반에 영향을 미칠 수 있으며, 궁극적으로는 학습의 질을 결정짓는 핵심 요인으로 작용할 수 있다. 따라서 콘텐츠 이해도에 대한 정적인 평가를 넘어, 학습자가 고배속 콘텐츠를 시청하는 동안 경험하는 동적인 인지 부하 수준을 측정하고 분석하는 연구가 병행될 필요가 있다. 이에 다음 절에서는 콘텐츠 시청 도중 발생하는 실시간적인 인지 부하량의 증감을 관찰할 수 있는 연구 방법론에 대해 살펴보겠다.

3. 인지 부하를 측정하기 위한 연구 방법론

고배속 시청이 실시간 정보 처리 과정에서 유발하는 인지 부담의 양을 측정하고자 하는 시도는 일부 선행 연구를 통해 이루어져 왔다. 예컨대, Pastore(2010)와 Mo et al.(2022)의 연구는 학습 콘텐츠의 재생 배속에 따라 학습자가 경험하는 인지 부하 수준을 자가 보고형 리커트 척도를 활용하여 평가하였다. 이들 연구에서는 재생 속도가 증가함에 따라 학습자가 보고한 인지 부하 수준 역시 상승하는 경향을 보였으며, 이를 통해 고배속 시청이 학습자의 인지적 처리 자원에 더 많은 부담을 주는 조건이라는 점을 확인하였다. 이러한 연구들은 고배속 시청과 인지 부하 간의 연관성을 실증적으로 검토했다는 점에서 중요한 의의를 가지지만, 인지 부하를 학습자의 주관적 인식에 기반한 측정 방식에만 의존했다는 한계 또한 내포하고 있다.

인지 부하 이론과 멀티미디어 학습 이론 등 인간의 인지 처리 과정을 반영한 학습 이론이 학습 설계 전반에 중요하게 작용하면서, 학습자가 과제 수행 중 경험하는 인지 부하를 보다 정밀하게 측정하기 위한 다양한 방법론이 제안되어 왔다. 전통적으로는 NASA-TLX(Hart & Staveland, 1988)와 같은 리커트 척도 기반의 자기보고식 측정 방식이 주로 활용되어 왔으며, 이는 과제 수행 이후 피험자가 주관적으로 인식한 인지 부하 수준을 평가하는 방식이다. 그러나 인지 부하는 과제 수행 도중 실시간으로 변화하며, 정보의 복잡성과 처리 환경에 따라 유동적으로 가중되거나 완화될 수 있기 때문에, 사후 회상에 의존하는 자기보고 방식은 인지 부하의 역동적인 특성을 충분히 반영하지 못한다는 한계가 지속적으로 제기되어 왔다(Cain, 2007). 특히 동영상 콘텐츠의 재생 배속과 같이 정보 제시 속도에 직접적인 영향을 주는 조건에서는, 인지 부하가 발생하는 시점과 강도를 정밀하게 측정하는 것이 학습 효과를 이해하는 데 핵심이 된다. 이에 따라 최근에는 인지 부하를 학습자의 무의식적이고 실시간적인 정보 처리 과정에서 직접적으로 파악할 수 있는 행동 반응 및 생리 반응 기반 측정 기법이 대안으로 주목받고 있으며, 이는 인지 부하가 반드시 자각 가능한 수준에서만 발생하는 것이 아니라는 점에서 보다 타당한 측정 방식을 제공할 수 있다.

이에 본 절에서는 동영상 콘텐츠를 시청하는 과정에서 발생하는 인지 부하의 양을 보다 정밀하고 실시간적으로 관찰할 수 있는 실험 방법론에 주목하고자 한다. 앞서 살펴본 바와 같이, 인지 부하는 작업 기억의 용량적 한계와 밀접한 관련이 있으며, 과제 수행 중 정보의 양과 처리 복잡도에 따라 시시각각 변화하는 특성을 지닌다. 따라서 이러한 인지 부하를 정밀하게 측정하기 위해서는 과제 수행이 완료된 이후의 회상에 의존하는 방식보다는, 학습 또는 정보 처리 활동이 진행되는 동안 실시간적이고 연속적으로 인지 부하의 변화를 포착할 수 있는 측정 기법이 요구된다. 따라서 본 절에서는 인지 부하량을 측정하는 데 활용할 수 있는 대표적인 실험적 접근법인 이중 과제 패러다임과 생리 반응 기반 측정 기법을 중심으로 논의하고자 한다. 아울러, 콘텐츠 시청 도중 발생한 인지 부하가 콘텐츠 전반의 이해도를 저하시킬 가능성을 검증하기 위해 사용할 수 있는 이해력 측정 도구에 대해서도 함께 살펴본다.

3.1. 이중 과제 패러다임

행동 반응 기반의 인지 부하 측정 방법 중 가장 널리 활용되는 실험 설계 중 하나는 이중 과제 패러다임(dual-task paradigm)이다(Esmaeili Bijarsari, 2021). 이 패러다임은 인지 부하가 인간의 제한된 인지 자원을 어떻게 점유하고 분배하는지를 간접적으로 측정할 수 있다는 점에서 높은 유용성을 지닌다. 구체적으로, 피험자에게 두 가지 상이한 과제(주 과제와 부 과제)를 동시에 수행하도록 요구함으로써, 특정 인지 자원이 얼마나 많이 점유되는지를 평가하는 방식이다(Gagne, Besser & Lemke, 2017).

이중 과제 패러다임의 핵심 전제는 인간의 인지 체계가 처리할 수 있는 자원의 총량이 제한적이라는 점에 기반한다(Kahneman, 1973; Anni & Basil, 1998). 따라서 피험자가 수행하는 주 과제(main task)에 인지 자원이 많이 소모될수록, 상대적으로 부 과제(secondary task)의 수행 수준은 저하되기 마련이다. 이때 부 과제의 반응 시간(reaction time), 정확도(accuracy), 오류율(error rate) 등은 주 과제 수행 중 발생하는 인지 부하량의 간접적 지표로 해석된다.

이중 과제 패러다임을 실생활의 문제에 적용한 실험 사례로는 Strayer & Johnston(2001)이 있다. 그들은 운전 중 휴대전화 사용이 주의 자원에 어떤 영향을 미치는 지를 검증하였다. 이들은 피험자들에게 주 과제로 운전 시뮬레이터에서 화면에 표시된 타겟을 조이스틱으로 따라가며 추적하는 운전 과제를 부여하였고, 부 과제로 휴대전화로 통화를 하며 특정 주제에 대해 실시간으로 대화를 하라는 과제를 부여하였다. 부 과제 없이 운전만 하는 단일 조건에 비해 운전과 함께 휴대전화로 통화를 했던 조건에서는 정지 신호에 대한 브레이크 반응 시간이 증가하거나 그를 무시하는 빈도가 증가하는 등 주 과제인 운전에 명백한 수행 저하가 발생하였다. 이 연구는 제한된 주의 자원이 일상적 환경에서도 실질적인 행동 수행에 영향을 미칠 수 있음을 실증적으로 보여주는 사례로 평가된다.

무엇보다도 이중 과제 패러다임은 과제 수행의 실시간성과 정량적 비교 가능성이라는 장점을 지니며, 학습 상황이나 정보 처리 환경에서 피험자가 경험하는 인지적 부담의 정도를 정교하게 조망할 수 있는 수단으로 활용된다. 이러한 특성은 특히 고배속 시청 환경과 같이 정보가 빠르게 제시되는 조건에서 수용자의 인지 자원 분배와 인지 부하를 탐색하는 데에도 효과적으로 활용될 수 있다. 이중 과제 수행 중 특정 과제에 대한 반응 지연이나 반응 정확률 감소를 통해, 고배속 콘텐츠가 학습자에게 유발하는 인지적 부담 수준을 실시간으로 측정하고 정량화할 수 있기 때문이다. 예컨대, 동영상 콘텐츠를 다양한 배속으로 시청하는 상황에서 피험자가 주어진 콘텐츠를 자유롭게 시청하는 과제를 주 과제로 수행하는 동시에 간단한 행동 반응 과제를 수행하도록 설계할 경우, 고배속 시청이 인지 부하에 미치는 영향을 행동 반응 지표를 통해 간접적으로 추론할 수 있을 것이다.

3.2. 피부 전도 반응 측정 기법

피부 전도 반응 측정 기법(Electrodermal Activity, EDA)은 교감 신경계

의 활성화로 인한 땀샘 활동의 변화를 전기 생리학적으로 측정하는 방법이다. 이 측정 기법은 피험자의 피부 표면에 두 개의 전극을 부착하여 자극에 반응하여 증가하는 땀샘 분비량에 따른 피부 표면의 전기 전도도의 변화를 감지하고, 그 변화를 전류의 흐름으로 변환하여 정량화한다. 특히, 땀샘 활동은 자율신경계 중에서도 의식적 통제가 어려운 교감 신경의 영향을 직접적으로 반영하기 때문에, SCR은 피험자가 자각하지 못하는 상태에서 나타나는 무의식적 주의 반응, 스트레스, 인지적 긴장 및 정서적 각성 상태 등을 민감하게 포착할 수 있는 지표로 간주된다. 이러한 특성으로 인해 EDA는 외현적 행동 반응이 제한되거나 피험자의 자기보고가 어려운 상황에서도 내면의 심리적·생리적 상태를 탐색할 수 있는 도구로 유용하게 활용되며, 인지심리학, 감성공학, 인간-컴퓨터 상호작용(Human-Computer Interaction), 교육 기술 등 다양한 응용 영역에서 폭넓게 사용되고 있다.

피부 전도 반응 측정 기법을 통해 얻을 수 있는 신호는 크게 두 가지 성분으로 나뉘어 분석된다. 첫 번째 성분인 피부 전도 수준(Skin Conductance Level, SCL)은 자극과 무관하게 일정 수준으로 유지되는 긴장성 신호로, 시간에 따라 서서히 변화하는 특성을 지닌다. 이는 외부 자극이 없는 상태에서 나타나는 기저 수준의 피부 전도도를 반영하며, 피부의 수분 상태, 개별 생리적 특성, 자율신경계의 조절 상태 등 다양한 요인에 의해 영향을 받는다. 이러한 특성으로 인해, SCL은 피험자의 전반적인 각성 상태나 스트레스 수준을 반영하는 데에는 유용하나, 특정 자극에 대한 반응성을 구체적으로 설명하거나 인지적 정보 처리의 시간적 특성을 파악하는 데에는 한계가 있는 것으로 지적된다(Boucsein, 2012).

이에 반해, 두 번째 성분인 피부 전도 반응(Skin Conductance Response, SCR)은 외부 자극에 의해 유발되는 단기적이고 급격한 변화를 의미하며, 위상성 반응(phasic response)으로 분류된다. 자극 제시 직후 수 초 내에 나타나는 SCR의 변화는, 피부 전도 곡선에서 명확한 상승 및 최고점(peak)으로 관찰되며, 자극과의 시간적 연계성이 뚜렷한 특징을 지닌다. 이러한 특성으로 인해 SCR은 정서적 각성, 주의 전환, 인지 부하, 놀람 반응 등 특정 자극과 연관된 인지 및 정서 처리 과정을 실시간으로 파악하는 데 효과적인 지표로 활용된다.

SCR을 활용하여 인간의 정보 처리 과정을 검증할 때에는, 각 SCR 반응이 나타나는 시점과 그 반응의 형태적 특성을 다각도로 분석하는 것이 핵심이다. 일반적으로 분석되는 주요 지표에는 다음과 같은 요소들이 포함된다.

우선, SCR 지연(latency)은 자극이 제시된 시점부터 SCR 반응이 시작되기까지 소요되는 시간을 의미하며, 이는 자극에 대한 인지적 또는 정서적 처리의 개시 시점을 추정하는 데 활용된다. SCR 진폭(amplitude)은 SCR 곡선 상에서 관찰되는 최고점의 크기를 나타내며, 이는 자극의 강도에 대한 생리적 반응의 세기를 반영한다. 또한, 상승 시간(rise time)은 SCR 반응이 시작된 이후 최고점에 도달하기까지의 소요 시간을 나타내며, 반응 속도의 민감도를 평가하는 지표로 활용된다. 마지막으로, 회복 시간(recovery time)은 최고점에서 다시 안정 상태로 돌아갈 때까지의 시간을 의미하며, 자극 이후의 각성 수준 지속 여부를 평가하는 데 기여한다(Boucsein, 2012).

이러한 각 SCR 반응의 미시적 특성들은 추가적으로 특정 시간 구간

내 SCR 빈도(SCR frequency), SCR 진폭 총합(amplitude sum), 그리고 통합 SCR(integrated SCR; ISCR) 등의 지표로 전환되어 분석된다. 특히 ISCR은 개별 SCR 반응의 진폭과 지속 시간을 통합하여 산출한 면적 기반 지표로, 자극에 대한 총 반응량을 정량화하는 데 적합하다(Nourbakhsh et al., 2017; Caruelle et al., 2019; Lutin et al., 2021). 이와 같이, SCR의 다양한 시간적·형태적 지표들은 자극 처리와 관련된 주의 집중, 정서 반응, 인지 부하 등의 내면 상태를 정량적으로 탐색하는 데 유용한 수단으로 기능한다.

여러 선행 연구들(Li et al., 2022; Niculescu, Cao & Nijholt, 2009; Nourbakhsh et al., 2012; Nourbakhsh, Wang & Chen, 2013; Nourbakhsh et al., 2017; Novak, Stojmenova & Sodnik, 2017; Romine et al., 2022 등)은 피부 전도 반응 기반의 다양한 생리 지표들이 인간의 각성 상태 및 인지 부하 수준을 반영하는 민감한 지표로 기능함을 실증적으로 입증하였다. 예를 들어, Nourbakhsh et al.(2012)은 난이도가 서로 다른 숫자 연산 과제를 수행하는 동안 기록된 피부 전도 반응(GSR) 데이터를 분석한 결과, 과제 난이도가 높아질수록 누적 GSR 값(accumulated GSR)이 점진적으로 증가하는 경향이 나타났다고 보고하였다. 또한, 평균 GSR 파워(average GSR power)의 경우에는 난이도에 따라 유의미한 감소 추세를 보였으며, 이러한 결과는 과제 수행 중 인지 부하가 증가함에 따라 생리적 반응이 민감하게 변동함을 시사한다. 이어 Nourbakhsh et al.(2017)은 기존에 피부 전도 반응이 SCL과 SCR의 합으로 간주되던 것과는 달리, SCR 기반 지표들이 인지 부하를 민감하게 반영하는지를 실증적으로 검증하였다. 연구에서는 난이도가 상이한 숫자 계산 과제 수행 중 측정된 피부 전도 반응 데이터를 분석하였으며, SCR의 최고점 빈도, 진폭, 상승 시간 등 다양한 시간 영역 지표들이 과제 난이도에 따라 유의미하게 변별되는 것으로 나타났다. 그 중에서도 SCR의 상승 시간(rise time)과 누적 GSR 값(cumulativc GSR)은 인지 부하 수준을 가장 잘 예측하는 지표로 도출되었으며, 이는 SCR이 과제 난이도에 따른 인지적 요구의 변화를 정량적으로 반영할 수 있음을 시사한다. 이외에도 다양한 선행 연구들에서는 실험 설계와 자극 유형에 따라 서로 다른 SCR 기반 지표들이 과제 수행 중 발생하는 인지 부하의 정도를 평가하는 데 유효한 생리적 지표로 기능할 수 있음을 보고하고 있다.

이러한 선행 연구들을 바탕으로 할 때, 동영상 콘텐츠의 재생 배속 변화에 따른 인지 부하 수준을 검증하는 데 있어 피부 전도 반응 측정 기법 역시 유의미한 생리적 지표로 활용될 수 있음을 시사한다. 콘텐츠가 다양한 배속으로 재생되는 동안, 시청자의 교감신경계 반응을 반영하는 피부 전도 신호는 피부 표면에 부착된 두 개의 전극을 통해 비교적 간편하게 수집할 수 있으며, 이러한 방식은 실시간 반응성 확보와 비침습성(non-invasive) 측정의 장점을 동시에 갖추고 있다. 특히, 피부 전도 반응은 시청자의 각성 수준이나 인지적 긴장 상태의 미세한 변화를 민감하게 포착할 수 있는 특성을 지니고 있어 재생 속도 변화가 인지 부하에 미치는 영향을 정량적으로 분석하기 위한 도구로 적합하다. 또한, 이후 소개될 안구 운동 추적 기법을 비롯한 다양한 생리적 반응 측정 기법들과의 결합 가능성도 높기 때문에 고배속 시청 시 발생하는 복합적이고 다차원적인 인지 반응 분석 체계를 구성하는 데 있어 피부 전도 반응은 중요한 역할을 할 수 있을 것으로 기대된다.

3.3. 안구 운동 추적 기법

안구 운동 추적 기법(eye-tracking technique)은 피험자가 특정 과제를 수행하는 동안의 시선 이동 및 응시 지점을 실시간으로 측정하여, 정보 처리 과정을 간접적으로 추론하는 생리적 측정 방법이다. 이 기법은 인간의 시선이 머무는 지점(what is fixated)과 그 지점을 인지적으로 처리하는 과정(what is processed) 사이에 인지적으로 의미 있는 지연이 존재하지 않는다는 가정, 즉 '마음-눈 가설(Eye-mind hypothesis)'(Just & Carpenter, 1980)을 이론적 기반으로 한다. 이 가설에 따르면, 시선이 머무는 대상을 곧바로 인지적으로 처리하고 있다는 점에서, 안구 운동은 주의 집중, 정보 선택, 처리 순서 및 인지 부하 등 다양한 인지 메커니즘의 반영 지표로 간주될 수 있다. 따라서 안구 운동 데이터를 분석함으로써, 학습, 읽기, 문제 해결, 시청 등 복잡한 인지 과업 중 발생하는 주의 분배 전략과 정보 처리 양상을 정밀하게 추론할 수 있다.

인간의 안구 움직임은 크게 두 가지 주요 구성 요소로 이루어진다. 하나는 안구 고정(fixation)으로, 이는 시선이 특정 자극 영역에 일정 시간 동안 머무는 현상을 의미하며, 다른 하나는 안구 도약(saccade)으로, 이는 하나의 고정 지점에서 다른 지점으로 시선이 빠르게 이동하는 과정을 가리킨다. 안구 운동 추적 기법은 이러한 안구 고정과 도약을 정밀하게 측정함으로써, 자극 제시 시 특정 영역에 시선이 얼마나 자주, 그리고 얼마나 오랜 시간 머무는지를 정량적으로 분석할 수 있다. 이를 바탕으로, 안구 운동 추적은 안구 고정 횟수(fixation count), 안구 고정 지속 시간(fixation duration), 주사 경로 길이(scan path length) 등의 다양한 지표를 산출하며, 이를 통해 과제 수행 중 주의가 어떠한 방식으로 분배되고, 어떤 시각적 자극에 집중적으로 할당되는지를 실증적으로 검토할 수 있다. 이러한 지표들은 주의 집중의 정도, 정보 처리 전략, 시지각적 탐색 과정 등을 파악하는 데 활용되며, 학습, 광고, 인터페이스 디자인, 인지심리학 등 다양한 연구 분야에서 폭넓게 응용되고 있다.

안구 운동 지표는 주의의 공간적 분포뿐만 아니라 인지 부하량을 측정하는 데에도 효과적으로 활용될 수 있다. 특히, 평균 안구 고정 지속 시간(mean fixation duration)과 안구 고정 횟수(fixation count)는 인지 부하의 수준을 간접적으로 추론할 수 있는 핵심 지표로 간주되며, 다수의 선행 연구에서 이를 활용한 실증적 분석이 이루어져 왔다(Kruger, Szarkowska, & Krejtz, 2015; Kruger et al., 2018; Pang et al., 2020; Liu et al., 2022). 연구 결과에 따르면, 인지 부하 수준이 증가할수록 평균 안구 고정 지속 시간은 유의미하게 증가하는 경향을 보이며, 이는 정보 처리 단위당 요구되는 인지 자원이 많아질수록 단일 고정 동안 시선이 머무는 시간이 길어진다는 점을 시사한다. 이를 검증한 대표적인 연구 사례로는 Liu et al.(2022)가 있다. 이 연구에서는 인지 부하를 지각(perceptual) 차원과 인지(cognitive) 차원으로 구분하고 각각의 부하 수준에 따른 안구 운동 지표의 변화 양상을 검증하였다. 그 결과, 지각 부하가 높은 조건에서는 평균 안구 고정 지속 시간이 짧고, 안구 고정 횟수는 많은 것으로 나타났다. 이에 대해 연구자들은 정보 처리의 초기 단계인 지각 처리에서는 자극이 복잡할수록 전체 자극에 대한 표상을 구축하기 위해 다양한 시각 정보를 빠르게 탐색하게 되어 짧고 빈번한 안구 고정이 나타난다고 해석하였다. 반면, 인지 부하가 높은 조건에서는 평균 안구 고정 지속 시간이 길어지고,

안구 고정 횟수는 감소하는 경향이 나타났다. 이는 지각 수준에서의 부하가 높은 경우 평균 고정 시간이 짧고 고정 횟수가 증가하는 양상과는 대조적인 결과로, 연구자들은 이러한 차이를 정보 처리 단계의 차이에 따른 인지적 요구의 변화로 해석하였다. 즉, 작업 기억(working memory)에서 정보가 능동적으로 유지되거나 조작되는 고차원적 인지 처리 과정에서는, 단일 안구 고정 내에서 더 많은 정보를 처리해야 하기 때문에 시선이 더 오랜 시간 동안 한 위치에 머무르게 되며, 이에 따라 전체 고정 횟수는 상대적으로 감소하는 경향이 나타난다는 것이다.

안구 고정 관련 지표뿐 아니라 인지 부하량을 검증하기 위해 대표적으로 활용되는 안구 운동 지표로는 눈 깜빡임(blink)이 있다. 눈 깜빡임의 빈도나 지속 시간은 외부 자극의 특성이나 개인의 내적 인지 상태에 따라 변화할 수 있는 것으로 보고되었다. 이러한 특성에 기반하여 눈 깜빡임 관련 지표들은 주의 집중 상태, 피로도 등 다양한 내적 상태를 추론하는 데 활용되어 왔다. 특히, 인지 부하의 수준에 따라서도 눈 깜빡임 패턴이 민감하게 조절된다는 것이 여러 연구들을 통해 보고되어 왔다(Kramer, 1990; Boehm-Davis et al., 2000; Van Order et al., 2001; Mallick et al., 2016; Pang et al., 2020). 전반적으로 인지 부하가 증가할수록 눈 깜빡임 비율은 감소하고, 깜빡임의 지속 시간 또한 짧아지는 경향이 나타난다. 예를 들어, Van Order et al.(2001)은 타겟 식별 기억 과제(target identification memory task) 수행 중 과제의 난이도에 따른 안구 운동 양상을 분석한 결과, 화면에 나타나는 타겟의 밀집도(target density)가 높아질수록 오류율이 증가했으며, 눈 깜빡임의 빈도와 지속 시간이 모두 유의미하게 감소하는 경향이 나타나, 눈 깜빡임 지표가 인지 부하의 민감한 생리적 반응 지표로 기능할 수 있음을 시사하였다.

다음으로, 동공 직경(pupil diameter) 또한 인지 부하량 검증을 위해 널리 활용된다. 동공 직경은 일반적으로 자극의 밝기나 주변 조도에 따라 매우 짧은 시간 내에 민감하게 반응하는 생리적 특성을 지니지만, 동시에 자극을 처리하는 동안의 인지적·정서적 상태를 반영하는 내적 지표로서의 기능도 수행하는 것으로 알려져 있다(Mahanama et al., 2022). 동공 직경과 관련된 지표로는 자극 처리 중 측정된 평균 동공 크기 또는 시간에 따른 변화율(change rate)이 주로 활용되며, 이는 인지 부하량의 상대적 수준을 간접적으로 추론하는 데 유효한 생리적 반응 지표로 간주된다. 다수의 선행 연구에 따르면, 과제 수행 중 인지 부하가 높아질수록 동공 직경은 증가하는 경향을 보이며(Hess & Polt, 1964; Allard, Wadlinger, & Isaacowitz, 2010; Wang, 2011; Mallick et al., 2016; Pang et al., 2020 등), 이러한 결과는 다양한 과제 유형에 걸쳐 일관되게 보고되어 왔다. 예컨대, Hess & Polt(1964)는 피험자에게 난이도가 서로 다른 곱셈 문제를 제시하고, 과제 수행 전후의 동공 크기 변화를 비교 분석한 결과, 과제 수행 중 동공 직경이 유의미하게 확장되었으며, 과제 난이도가 높아질수록 그 증가율 또한 뚜렷하게 상승하는 것을 확인하였다.

이와 같은 안구 운동 추적 기법은 활용 가능한 지표의 범위가 넓을 뿐만 아니라, 지각 수준과 인지 처리 수준을 구분하여 각 단계에서의 인지 부하를 독립적으로 측정할 수 있는 점에서 큰 장점을 지닌다. 이러한 특성은 특히 고배속 시청 환경과 같이 동일한 시간 안에 수용자에게 전달되는 감각 정보의 양이 급격히 증가하는 조건에서 그 활용 가능성이 높다. 즉, 고배속 시청 시에는 단위 시간당 시각적·청각적 자극의 밀도가 증가함에 따라 정보의 초기 입력 단계인 지각 수준에서의 인지 부하가 상대적으로 증가할 가능성이 있으며, 이로 인해 수용자는 보다 많은 시각 정보를 빠르게 탐색하고 처리해야 하는 부담을 경험하게 될 것이다. 앞선 Liu et al.(2022)에서 검증된 결과를 기반으로 안구 고정 관련 지표들은 이러한 지각 수준에서의 정보 탐색 및 주의 배분 전략을 정량적으로 파악하는 데 적합하며, 나아가 지각 수준에서 발생한 높은 부하가 실제로 인지 처리 수준의 부담으로 전이되는지를 검증하는 데에도 효과적으로 활용될 수 있다. 따라서 안구 운동 추적 기법은 고배속 시청과 같은 고속 정보 처리 환경에서 지각과 인지 단계 간의 부하 전이 메커니즘을 규명하는 데 기여할 수 있는 유효한 도구로 평가된다.

3.4. 이해력 측정 도구

콘텐츠를 잘 이해했다는 것은 해당 콘텐츠의 핵심 정보와 개념이 장기기억(long-term memory)에 효과적으로 부호화되고 저장되었음을 의미한다. 이해 과정에서 수용자는 제시된 정보를 기존 지식과 연계하여 의미망을 형성하고, 이를 통해 정보를 조직화하고 통합한다. 이러한 과정은 학습(learning)의 정의와도 부합한다. 교육심리학적 관점에서 학습이란 경험을 통해 비교적 지속적인 행동이나 지식, 태도의 변화를 초래하는 과정이며(Mayer, 1982), 이는 새로운 정보가 단기기억이나 작업기억 수준에서 일시적으로 유지되는 것을 넘어 장기기억 속에 안정적으로 전이(transfer)되는 것을 전제로 한다. 따라서 이해도의 평가는 곧 정보가 학습자의 인지 구조에 통합되어 이후 재인(recognition)이나 재생(recall)이 가능한 상태로 내재화되었는지를 확인하는 과정이며, 이는 교육·훈련 효과를 검증하거나 디지털 콘텐츠의 교육적 가치를 판단하는 데 필수적인 지표가 된다.

이해력은 이러한 학습의 심층 정도를 반영하는 지표로서, 측정 방식에 따라 다양한 유형으로 구분된다. 즉시 회상(immediate recall)은 학습 직후 내용을 재인(recognition)하거나 재생(recall)하는 능력을 평가하며, 작업기억과 단기기억의 보존 능력을 직접적으로 반영한다. 지연 회상(delayed recall)은 일정 시간이 지난 후 동일한 내용을 재생하도록 하여, 장기기억에서의 저장 및 인출 과정을 검증한다. 이와 같이 학습 내용이 시청자의 기억 속에 얼마나 유지되고 있는지를 확인하는 회상 과제는 대체로 콘텐츠의 핵심 내용에 관한 선다형 객관식 문항이나 빈칸 채우기(cloze) 형태로 제시된다. 이러한 문항 유형은 기억의 정확성과 세부 정보 보존 정도를 객관적으로 측정할 수 있다는 장점이 있으며, 실험 환경에서 이해력과 기억 유지 간의 관계를 정량적으로 분석하는 데 널리 활용된다.

한편으로, 학습자가 콘텐츠를 통해 습득한 지식을 새로운 맥락이나 과제 상황에 얼마나 효과적으로 적용할 수 있는지를 검증하는 문제 해결 과제(problem-solving task)를 도입할 수 있다. 이를 통해 단순한 정보 재생 능력뿐만 아니라, 지식의 전이(transfer)와 응용 능력을 종합적으로 측정할 수 있다. 예를 들어, 학습 콘텐츠에서 제시된 개념이나 절차를 변형한 문제 상황을 제시하고, 이를 해결하는 과정을 평가함으로써, 학습자가 단순 암기 수준을 넘어 개념적 이해와 응용력을 보유하고 있는지를 파악할 수 있다. 이러한 과제는 장기기억 속 지식 구조의 정교화 정도와 실제 문제 해결 상황에서의 활용 가능성을 동시에 검증할 수 있다는 점에서, 이해력 측정의 심층성을 크게 높일 수 있다.

예를 들어, 생리 반응 측정 기법은 심박수, 안구운동, 뇌파 등과 같은 지표를 활용하여 수용자가 콘텐츠를 처리하는 과정에서 발생하는 인지 부하의 정도를 실시간으로 추적하는 데 유용하다. 이러한 방법은 정보 처리의 순간적 부담과 그 변화 양상을 정밀하게 관찰할 수 있다는 장점이 있다. 반면, 회상 과제는 커뮤니케이션의 결과물로 나타나는 학습 정도, 즉 콘텐츠의 핵심 정보가 수용자의 장기기억 속에 얼마나 효과적으로 전이 및 저장되었는지를 평가하는 데 적합하다. 다시 말해, 생리 반응 지표가 정보 처리 과정의 '즉각적 상태'를 포착한다면, 회상 과제는 그 과정이 산출한 '최종 성과'를 측정하는 것이다. 따라서 두 방법을 병행하면, 고배속 시청 환경에서 인지 부하가 어떻게 발생하며 그 결과가 학습과 이해 수준에 어떠한 영향을 미치는지를 보다 입체적으로 분석할 수 있다. 이러한 점에서 두 기법의 적절한 조합은 필수적이라 할 수 있다.

4. 나오기

본 장은 고배속 시청을 단순한 시청 습관 변화가 아닌, 디지털 기술과 인간 인지가 결합해 형성된 새로운 커뮤니케이션 양식으로 조명하였다. 이 현상은 효율적 정보 소비라는 긍정적 측면과 함께, 인지 부하 증가, 이해도 저하, 세대 간 정보 격차 심화 등 잠재적 위험을 동시에 내포한다. 이러한 양면성은 고배속 시청을 기술적 기능의 차원을 넘어, 사회·문화·인지적 관점에서 종합적으로 이해해야 함을 시사한다. 향후 연구는 본 장에서 제시한 이론적 토대를 바탕으로, 시청 속도 변화가 수용자의 이해력과 인지 부하에 미치는 실증적 검증을 통해 디지털 미디어 환경에서 효과적인 정보 전달 전략을 모색해야 할 것이다.

무엇보다, 고배속 시청이 수용자의 인지 처리에 미치는 영향을 면밀히 이해하기 위해서는 실험적 접근이 필수적이다. 관찰이나 설문 기반의 자기보고식 자료만으로는 실제 정보 처리 과정에서 발생하는 주의 분배, 작업 기억 부하, 이해도 저하와 같은 미시적 변화를 충분히 포착하기 어렵다. 반면, 통제된 실험 환경에서는 시청 속도라는 독립 변인을 체계적으로 조작하고, 이해도 평가·반응 시간·생리적 지표 등 다차원적 자료를 동시에 수집함으로써 인과 관계를 명확히 규명할 수 있다. 이러한 실험적 검증은 단순히 속도 변화의 효과를 확인하는 데 그치지 않고, 시청자의 인지적 한계와 적정 속도를 탐색하며, 결과적으로 학습·교육·미디어 설계에서의 최적화 전략을 도출하는 데 중요한 근거를 제공한다. 따라서 본 연구가 제안하는 실험 설계는 고배속 시청이라는 복합적 현상을 학문적으로 조명하는 핵심 도구로 기능할 것이다.

나아가, 이와 같이 재생 속도가 정보 처리 과정에 미치는 영향에 대한 연구는 디지털 미디어 이용 행태가 개인의 인지 구조와 사회적 상호작용 양식을 어떻게 재편하는지에 대한 실증적 근거를 제공한다는 점에서 중요한 사회적 함의를 지닌다. 뿐만 아니라 향후 연령, 학습 목적, 콘텐츠 유형 등 맥락 변인을 확장하여, 고배속 시청의 영향이 집단별·상황별로 어떻게 다르게 나타나는지를 규명할 필요가 있다. 또한 장기 추적 연구를 통해 반복적 고배속 시청이 인지 처리 방식과 시간 지각, 나아가 사회적 의사소통 패턴에 미치는 장기적 변화를 분석한다면, 디지털 시대의 커뮤니케이션 문화를 총체적으로 이해하는 연구로 확장될 수 있다. 이를 통해 디지털 콘텐츠와 상호작용하는 인간의 정보 처리에 대한 이해의 폭을 한층 넓힐 수 있을 것으로 기대한다.

참고 문헌

나스미디어 (2021). "NPR 2021 인터넷 이용자 조사"

이정모, 강은주, 김민식, 김기택, 김정오, 박태진, 김성일, 신현정, 이광오, 김영진, 이재호, 도경수, 이영애, 박주용, 곽호완, 박창호 & 이재식 (2009). "인지 심리학". 학지사.

한국콘텐츠진흥원 (2023). "2023 OTT 이용행태 조사"

Allard, E. S., Wadlinger, H. A., & Isaacowitz, D. M. (2010). Positive gaze preferences in older adults: assessing the role of cognitive effort with pupil dilation. *Aging, Neuropsychology, and Cognition, 17(3)*, 296-311.

Atkinson, R. C., & Shiffrin, R. M. (1968). Human memory: A proposed system and its control processes (Vol. 2). *The Psychology of Learning and Motivation: Advances in Research and Theory*, 89-195.

Baddeley, A. (1992). Working memory. *Science*, *255*(5044), 556-559.

Baddeley, A. D., & Hitch, G. (1974). Working memory. In *Psychology of learning and motivation*(Vol. 8, pp. 47-89). Academic press.

Boehm-Davis, D. A., Gray, W. D., & Schoelles, M. J. (2000, July). The eye blink as a physiological indicator of cognitive workload. In *Proceedings of the human factors and ergonomics society annual meeting* (Vol. 44, No. 33, pp. 6-116). Los Angeles, CA: SAGE Publications.

Boucsein, W. (2012). *Electrodermal activity*. Springer Science & Business Media.

Cain, B. (2007). *A review of the mental workload literature*. DTIC Document.

Caruelle, D., Gustafsson, A., Shams, P., & Lervik-Olsen, L. (2019). The use of electrodermal activity (EDA) measurement to understand consumer emotions–A literature review and a call for action. *Journal of Business Research*, *104*, 146-160.

Esmaeili Bijarsari, S. (2021). A current view on dual-task paradigms and their limitations to capture cognitive load. *Frontiers in psychology*, *12*, 1-6.

Gagne, J. P., Besser, J., & Lemke, U. (2017). Behavioral assessment of listening effort using a dual-task paradigm: A review. *Trends in hearing*, *21*, 1-25

Hart, S. G., & Staveland, L. E. (1988). Development of NASA-TLX (Task Load Index): Results of empirical and theoretical research. In *Advances in psychology* (Vol. 52, pp. 139-183). North-Holland.

Hess, E. H., & Polt, J. M. (1964). Pupil size in relation to mental activity during simple problem-solving. *Science*, *143*(3611), 1190-1192.

Huitt, W. (2003). The information processing approach to cognition. *Educational psychology interactive*, *3*(2), 53.

Just, M. A., & Carpenter, P. A. (1980). A theory of reading: from eye fixations to comprehension. *Psychological review*, *87*(4), 329-354

Kramer, A. F. (2020). Physiological metrics of mental workload: A review of recent progress. In D. L. Damos (Ed.), *Multiple task performance* (pp. 279-328). Taylor & Francis.

Kruger, J. L., Doherty, S., Fox, W., & De Lissa, P. (2018). Multimodal measurement of cognitive load during subtitle processing. *Innovation and expansion in translation process research*, 267-294.

Kruger, J. L., Szarkowska, A., & Krejtz, I. (2015). Subtitles on the moving image: An overview of eye tracking studies. *Refractory: A Journal of Entertainment Media*, 25, 1-14.

Lang, D., Chen, G., Mirzaei, K., & Paepcke, A. (2020, March). Is faster better? A study of video playback speed. In *Proceedings of the tenth international conference on learning analytics & knowledge* (pp. 260-269).

Lange, C., & Costley, J. (2020). Improving online video lectures: learning challenges created by media. *International Journal of Educational Technology in Higher Education*, *17*(1), 1-18.

Li, P., Li, Y., Yao, Y., Wu, C., Nie, B., & Li, S. E. (2021). Sensitivity of electrodermal activity features for driver arousal measurement in cognitive load: the application in automated driving systems. *IEEE transactions on intelligent transportation systems*, *23*(9), 14954-14967.

Liu, J. C., Li, K. A., Yeh, S. L., & Chien, S. Y. (2022). Assessing perceptual load and cognitive load by fixation-related information of eye movements. *Sensors*, *22*(3), 1187.

Lutin, E., Hashimoto, R., De Raedt, W., & Van Hoof, C. (2021, February). Feature Extraction for Stress Detection in Electrodermal Activity. In *BIOSIGNALS* (pp. 177-185).

Mahanama, B., Jayawardana, Y., Rengarajan, S., Jayawardena, G., Chukoskie, L., Snider, J., & Jayarathna, S. (2022). Eye movement and pupil measures: A review. *Frontiers in Computer Science*, *3*, 733531.

Mallick, R., Slayback, D., Touryan, J., Ries, A. J., & Lance, B. J. (2016, October). The use of eye metrics to index cognitive workload in video games. In *2016 IEEE second workshop on eye tracking and visualization* (etvis) (pp. 60-64). IEEE.

Mayer, R. E. (1982). Learning. In *Encyclopedia of educational research* 2, pp. 1040–1058).

Mayer, R. E., & Moreno, R. (2003). Nine ways to reduce cognitive load in multimedia learning. *Educational psychologist*, *38*(1), 43-52.

Miller, G. A. (1956). The magical number seven, plus or minus two: Some limits on our capacity for processing information. *Psychological review*, *63*(2), 81.

Mo, C. Y., Wang, C., Dai, J., & Jin, P. (2022). Video playback speed influence on learning effect from the perspective of personalized adaptive learning: A study based on cognitive load theory. *Frontiers in Psychology*, *13*, 839982.

Murphy, D. H., Hoover, K. M., Agadzhanyan, K., Kuehn, J. C., & Castel, A. D. (2022). Learning in double time: The effect of lecture video speed on immediate and delayed comprehension. *Applied Cognitive Psychology*, *36*(1), 69-82.

Nagahama, T., & Morita, Y. (2017). Effect analysis of playback speed for lecture video including instructor images. *International Journal for Educational Media and Technology*, *11*(1).

Niculescu, A., Cao, Y., & Nijholt, A. (2009, July). Stress and cognitive load in multimodal conversational interactions. In *International Conference on Human-Computer Interaction* (pp. 891-895).

Nourbakhsh, N., Chen, F., Wang, Y., & Calvo, R. A. (2017). Detecting users' cognitive load by galvanic skin response with affective interference. *ACM Transactions on Interactive Intelligent Systems (TiiS),* *7*(3), 1-20.

Nourbakhsh, N., Wang, Y., Chen, F., & Calvo, R. A. (2012, November). Using galvanic skin response for cognitive load measurement in arithmetic and reading tasks. In *Proceedings of the 24th australian computer-human interaction conference* (pp. 420-423).

Nourbakhsh, N., Wang, Y., & Chen, F. (2013, September). GSR and blink features for cognitive load classification. In *IFIP conference on human-computer interaction* (pp. 159-166). Berlin, Heidelberg: Springer Berlin Heidelberg.

Novak, G. J. K., Stojmenova, K., & Sodnik, J. (2017). Assessment of cognitive load through biometric monitoring. *Society for Information Systems and Computer Networks*: Ljubljana, Slovenia.

Paivio, A. (1971). Imagery and language. In *Imagery* (pp. 7-32). New York, NY: Academic Press.

Pang, L., Fan, Y., Deng, Y., Wang, X., & Wang, T. (2020, October). Mental workload classification by eye movements in visual search tasks. In *2020 13th International Congress on Image and Signal Processing, BioMedical Engineering and Informatics (CISP-BMEI)* pp. 29-33). IEEE.

Pastore, R. S. (2010). The effects of diagrams and time-compressed instruction on learning and learners' perceptions of cognitive load. *Educational technology research and development*, *58*, 485-505.

Ritzhaupt, A. D., Pastore, R., & Davis, R. (2015). Effects of captions and time-compressed video on learner performance and satisfaction. *Computers in Human Behavior*, *45*, 222-227.

Romine, W., Schroeder, N., Banerjee, T., & Graft, J. (2022). Toward mental effort measurement using electrodermal activity features. *Sensors*, *22*(19), 7363.

Shiffrin, R. M., & Atkinson, R. C. (1969). Storage and retrieval processes in long-term memory. *Psychological review*, *76*(2), 179.

Song, K., Chakraborty, A., Dawson, M., Dugan, A., Adkins, B., & Doty, C. (2018). Does the podcast video playback speed affect comprehension for novel curriculum delivery? A randomized trial. *Western Journal of Emergency Medicine*, *19*(1), 101.

Sperber, D., & Wilson, D. (1986). Relevance: Communication and cognition (Vol. 142). Cambridge, MA: Harvard University Press.

Strayer, D. L., & Johnston, W. A. (2001). Driven to distraction: Dual-task studies of simulated driving and conversing on a cellular telephone. Psychological science, 12(6), 462-466.

Sweller, J. (1988). Cognitive load during problem solving: Effects on learning. Cognitive science, 12(2), 257-285.

Van Orden, K. F., Limbert, W., Makeig, S., & Jung, T. P. (2001). Eye activity correlates of workload during a visuospatial memory task. *Human factors*, *43*(1), 111-121.

Wang, J. T. Y. (2011). Pupil dilation and eye tracking. In M. Schulte-Mecklenbeck, A. Kuehberger, & R. Ranyard (Eds.), *A handbook of process tracing methods for decision research: A critical review and user's guide* (pp. 185-204). Psychology Press.

Watson, R. (2022, August 22). Need for Speed: How YouTubers watch video using playback speeds. YouTube Official Blog. https://blog.youtube/inside-youtube/youtube-watch-video-playback-speeds-trends/

제2장

다중양식 공손성의 사회언어학: 음성, 제스처, 그리고 인공지능 상호작용

Chapter 02

다중양식 공손성의 사회언어학: 음성, 제스처, 그리고 인공지능 상호작용

오은혜

1. 들어가기

공손성(politeness)은 단지 의례적인 언어 표현 이상의 의미를 지닌다. 일상 대화에서 공손성은 사회적 관계를 조정하고, 참여자 간의 상호작용 규범을 형성하며, 정체성과 감정 상태를 보여주는 중심적인 언어적 실천이라 할 수 있다. 이러한 공손성은 오랫동안 언어학, 인류학, 사회심리학 등 다양한 분야에서 다루어졌으며, 그 연구 영역은 최근 더욱 확장되고 있다. 특히, 언어학에서의 공손성은 인간 언어 사용의 핵심적 기능 중 하나로, 화자의 의도를 전달함과 동시에 사회적 관계를 조정하는 역할을 수행한다. Brown and Levinson(1987)의 체계적 이론화 이후, 공손성은 화용론 및 담화분석에서 가장 영향력 있는 주제 중 하나로 자리매김하였다. 이들은 '체면(face)' 개념을 중심으로, 공손성 전략을 긍정적(positive)

공손성과 부정적(negative) 공손성으로 구분하였으며, 이후 수많은 연구들이 이 이론을 확장하거나 비판적으로 수용해 왔다. 2000년대 이후에는 Eelen(2001), Watts(2003), Locher & Watts(2005) 등이 '비판적 공손성 연구'의 틀을 제시하며, 공손성을 단지 전략적 언어 선택이 아닌, 담화적, 윤리적, 관계적 실천으로 접근하는 시도가 이루어졌다. 이는 공손성을 규범이나 전략의 문제로만 다루는 것을 넘어서, 실천행위, 상호작용의 맥락성, 정체성 수행성을 강조하는 전환점이었다. 동시에, 이러한 이론적 발전은 언어적 자질을 넘어선, 비언어적 단서들의 중요성을 재조명하게 만들었다.

전통적인 공손성 연구가 어휘적, 문법적 단서에 중점을 두었다면, 최근의 연구는 언어 외적 자질, 즉 음향적 특성(음높이, 강도, 음질), 시선, 표정, 몸짓 등이 공손성 표현에 미치는 영향을 탐색하고 있다. 이는 언어가 단일 채널의 메시지 전달 도구가 아니라, 청각과 시각, 촉각 등이 결합된 다중양식적 신호 체계라는 점을 반영한다. 이러한 인식은 '화자'라는 주체가 단지 언어의 사용자가 아니라, 신체를 통해 사회적 정동(Affect)을 조율하는 행위자임을 전제한다. 공손성은 이때 단지 말을 조심스럽게 하는 것이 아니라, 그 조심스러움을 신체적으로 구현해내는 일이며, 이로써 사회적 위계, 정서적 거리, 문화적 가치가 실현된다. 따라서 공손성을 연구함에 있어 음성과 제스처의 통합적 분석은 선택이 아닌 필수적인 접근으로 자리 잡고 있다.

최근 출간된 Brown et al.(2023)의 『Multimodal Im/Politeness』는 이러한 흐름을 집대성한 최초의 편저로, 공손성이 본질적으로 다중양식적인 사회적 실천임을 입증한다. 이 책에 실린 연구들은 음향, 시각, 공간적 요소가 공손성을 어떻게 수행하고 인식하게 하는지를 다양한 언어와 문화에 걸쳐 분석하고 있으며, 공손성 연구의 중심축이 '텍스트'에서 '신체'의 표현으로 이동하고 있음을 보여준다. 또한, Caballero et al.(2021), Brown et al.(2022), Hübscher et al.(2023)의 연구들은 공손성과 감정 표현의 신호가 청각-시각 양식 간에 어떻게 조율되는지를 실험적으로 입증하며, 양식을 초월하는 운율라는 새로운 분석 개념을 제시하고 있다. 이 개념은 공손성이나 감정 표현이 단지 음성(말투나 억양)으로만 전달되는 것이 아니라, 동시에 얼굴 표정, 고개 끄덕임, 손 제스처 등 시각적 신호와 함께 조율되어 이루어진다는 것이다. 이 개념은 몇 가지 중요한 주장으로 이어진다. 먼저, 공손성은 말소리라는 한 가지 양식으로만 표현되지 않으며, 공손성의 표현은 말의 어느 위치에서나 같은 방식으로 일어나는 것이 아니라는 것이다. 또한, 이 모든 과정은 청자의 문화적·사회적 기대와도 관련이 있다. 청자는 특정 상황에서 어떤 말투와 몸짓이 공손하다고 인식하는지에 대한 문화적 기준을 가지고 있고, 화자는 이러한 기대에 맞춰 공손성을 조율한다. 다시 말해, 공손성은 미리 정해진 규칙에 따라 일률적으로 적용되는 것이 아니라, 발화 시점의 신체적 수행, 언어 구조, 그리고 사회적 기대 사이의 상호작용으로 실현된다는 것이다.

이러한 다중양식 공손성 연구에 있어 한국어와 일본어는 이상적인 분석 대상이다. 두 언어는 모두 정교한 경어 체계를 갖추고 있으며, 공손성의 수행이 사회적 정체성 구성과 긴밀하게 얽혀 있다. 특히 한국어는 종결어미, 높임어, 호칭어, 시제 및 서법 등에 복합적으로 구현되는 경어 표현이 매우 발달해 있으며, 그 사용은 연령, 지위, 친밀도, 성별 등에 따라 미묘하게 달라진다. 일본어 역시 화자와 청자 간의 사회적 거리와 위계에 따라 다단계의 경어 체계를 갖추고 있으며, 자기를 낮추는 표현(겸양어)과 타인을 높이는 표현(존경어)이 뚜렷하게 구분된다. 이러한 체계적 경어 사용은 말소리뿐 아니라 몸짓, 자세, 시선 처리와도 깊이 연관되어 공손성 수행의 총체적 양식을 형성한다. 따라서, 한국어와 일본어의 공손 표현은 다중양식성의 관점에서 매우 풍부한 비교 자료를 제공하며, 공손성이 어떻게 문화적으로 체화되는지를 분석할 수 있는 이상적인 사례로 간주된다. 이러한 이론적 발전은 언어적 자질을 넘어 비언어적 단서들의 중요성을 조명하게 만들었고, 이는 다중양식적 공손성 연구로의 전환을 촉진하였다. 이러한 흐름은 제2장에서 구체적으로 살펴볼 것이다.

2. 다중양식 공손성의 이론적·경험적 탐구

앞서 살펴본 바와 같이, 공손성 연구는 오랫동안 문법, 어휘, 담화 전략을 중심으로 발전해 왔다. 본 장에서는 이러한 언어 중심 접근을 넘어서, 음향 및 제스처와 같은 비언어적 단서들이 공손성 판단에 어떻게 관여하는지를 이론적·경험적으로 살펴보고자 한다.

기존 공손성 연구의 주된 초점은 문법적 표현과 담화 전략에 있었다. 예컨대 Brown & Levinson(1987)의 고전적 이론은 공손함을 간접화 전략, 경어체 사용, 청자 중심의 담화 구성 등 문법적·담화적 수단을 통해 설명해 왔으며, 이후 많은 연구들이 한국어나 일본어와 같은 경어(honorific) 언어에서 존칭 어휘, 공손 어미, 피동 구조 등의 문법적 선택을 중심으로 공손성을 분석해 왔다. 그러나 이러한 언어중심적 접근은 실제 상호작용 현장에서 공손성이 어떻게 실현되고 인식되는지를 온전히 설명하기 어렵다. 왜냐하면 실제 대화에서는 말소리의 강도(intensity), 속도, 억양의 높낮이(pitch), 음질, 휴지(pause) 구간, 목소리의 떨림 등 음향적 자질과 함께, 고개 숙임, 미소, 시선 회피, 손동작과 같은 제스처적 신호가 긴밀히 얽혀 작용하기 때문이다.

이러한 다중양식적 상호작용의 중요성을 실험적으로 밝힌 대표적인 연구로 Caballero et al.(2021)와 McKinnon과 Prieto(2014)가 있다. 특히 Caballero et al.(2021)은 머리 끄덕임, 눈 깜빡임, 미소, 몸의 전방 경사 등 시각적 신호가 음향 신호와 결합될 때 청자에게 더 강한 공손성 인상을 준다는 점을 보여주며, 청각-시각의 동조화된 실현, 즉 cross-modal prosody(다중양식적 운율)의 개념을 제안하였다. 이와 유사하게 Brown & Prieto(2017)는 억양, 몸짓, 시선, 신체 방향성과 같은 비언어적 단서들이 공손성과 무례함의 해석에 결정적인 역할을 한다고 보고한다. 스페인어와 영어 담화를 분석한 이들은 억양 유형과 특정 제스처(예: 머리 끄덕임, 손의 열림 동작)가 결합될 때 공손성 판단이 어떻게 달라지는지를 구체적으로 제시하며, 언어적 신호와 비언어적 신호의 상호작용이 의미 구성에 필수적임을 강조한다.

한국어를 대상으로 한 Brown & Winter(2019)의 연구는 공손성과 친밀성의 수행이 언어적 자표뿐 아니라 비언어적 행동을 통해 구성된다는 점을 실증적으로 보여준다. 고개 숙이기, 손 모으기, 시선 회피 등은 높임 표현과 결합되어 청자에게 '존중(deference)'이나 '친밀(intimacy)'의 인상을 유도하며, 이는 '다중양식적 지표성'으로 개념화된다. 이들은 억양과 제스처가 독립적인 요소가 아니라 상호강화적으로 작용한다는 점을 강조하면서, 다중양식 공손성 연구의 새로운 방향을 제시하였다.

이러한 흐름은 Brown 과 Prieto(2021)의 종합적 정리에 잘 드러난다. 이들은 *The Cambridge Handbook of Sociopragmatics*에서 제스처와 억양이 문화적으로 어떻게 사회화되고 규칙화되는지를 살펴보며, 억양-제스처 조합이 단순한 보조적 관계가 아니라 상호구성적 관계임을 이론적으로 정리한다. 특히 언어 사용자는 문화적으로 습득한 운율-제스처 패턴을 통해 특정 사회적 의미를 수행하며, 이는 담화 관행, 예의범절, 상호작용 규범 등과 긴밀히 연결된다고 설명한다. 본 연구들은 모두 공손성 판단이 단지 언어적 콘텐츠나 억양의 패턴만이 아니라, 화자의 몸짓, 자세, 얼굴 표정과 같은 시각적 요소들이 억양과 결합하여 의미를 구성하는 다중양식적 사회언어학의 관점에서 이해되어야 함을 시사한다. 특히, Caballero et al.(2021)의 실험적 분석과 Brown과 동료들의 이론적·실증적 논의는 공손성 인식과 수행이 청각적·시각적 단서들의 정교한 동기화에 기반하고 있음을 뒷받침한다.

나아가, Brown et al.(2014)은 한국어 공손 표현에서 형태소적·어휘적 단서가 제거된 상태에서도 청자들이 음향적 단서만으로 공손성 수준(높임말과 반말)을 인식할 수 있는지를 실험적으로 분석하였다. 실험 1에서는 한국어와 영어 화자에게 무작위로 제시된 문장을 듣고 상하 관계를 추론하게 하였으며, 그 결과 한국어 화자는 58%, 영어 화자는 53%의 정확도를 보였다. 이는 형태적 정보 없이도 한국어 화자는 일정 수준의 공손성 인식이 가능함을 시사한다. 실험 2에서는 동일 화자의 높임말/반말 발화를 짝으로 제시하여 비교 판단하게 하였고, 이 경우 정확도가 한국어 화자 70%, 영어 화자 58%로 상승하였다. 이는 음향적 공손성 판단이 상대 비교 상황에서 더 용이하다는 점을 보여준다. 추가 분석에서는 한국어 화자가 기식성 및 음의 자질과 관련된 음향 지표(H1-H2, HNR 등)에 주목하는 반면, 영어 화자는 소리의 강도에 더 의존함을 밝혔다. 이러한 결과는 공손성이 단지 문법적 표현에만 의존하지 않으며, 음향적 자질이 공손성 인식에 중요한 역할을 한다는 점을 보여준다. 저자들은 공손성 연구와 교육에서 음향적 단서의 중요성을 더욱 반영할 필요가 있으며, 공손성은 본질적으로 다중양식적 수행이라는 점을 강조한다. 이어, Oh et al.(2022)의 한국어를 제2언어로 학습 중인 중국어 화자와 비숙련 화자를 대상으로 한 지각 실험에서는 동일한 발화쌍을 제시했을 때 한국어 학습 경험이 있는 중국어 숙련자 그룹이 비숙련자보다 공손성 판단 정확도가 높게 나타났다. 이는 공손성과 같은 사회적 정서적 의미가 보편적인 지각 단서를 통해 인식되기보다는, 목소리의 높낮이, 발화 속도, 음질 등 해당 언어 내의 규범에 따른 학습과 경험을 통해 공손성의 음향적 단서가 습득된 결과임을 시사한다. 다시 말해, 공손성의 음향적 실현은 언어 보편적 단서가 아니라 언어마다 특수성을 띠고 있으며, 제2언어 학습은 이러한 언어 특수적 음향적 특징들을 점진적으로 습득하게 만든다는 점에서 중요한 사회언어학적 함의를 가진다. 이러한 언어 특수성과 학습의 결합은, 공손성이 단지 문법이나 어휘 선택이 아닌, 보다 복합적이고 수행적인 양식으로 구성된다는 점과 맞닿아 있다.

지각 연구뿐 아니라 발화 연구 중 Oh et al.(2021)에서는 한국어 화자들이 공손한 말투를 사용할 때 나타나는 음향적 특성을 분석하였다. 서울 한국어를 사용하는 성인 화자 14명이 참여하였으며, 이들은 '친구에게 말할 때'(비공손 조건)와 '교수님에게 말할 때'(공손 조건)라는 두 가지 사회적 조건에서 문장을 발화하였다. 문장 및 구절의 초두 위치에 오는 7개의 단모음에 대해 모음 길이와 F1, F2 포먼트가 측정되었다. 분석 결과, 공손한 말투에서는 청각적 명료성을 높이기 위한 전략으로 모음 공간이 확장되는 경향이 관찰되었으며, 이는 명료 발화와 유사한 음향적 패턴을 보인다. 특히 여성 화자들은 공손한 말투에서 전설모음을 보다 과장되게 조음(hyperarticulation)하는 경향이 있었고, 이 효과는 발화 속도와 무관하게 나타났다. 이러한 결과는 공손한 말투가 단지 언어적 전략에 머무르지 않고, 음향적으로 사회적 태도를 표지하는 방식으로 실현됨을 시사한다.

이처럼 최근의 다중양식 공손성 연구는 공손함이 언어, 음향, 신체, 환경이 함께 작동하는 총체적 상호작용임을 강하게 시사한다. Culpeper(2011)는 공손성을 더 이상 고정된 문법이나 정형화된 전략 목록으로 설명할 수 없으며, 감각적이고 수행적인 언어 실천으로 재이해할 것을 제안한다. 즉 공손성은 말의 내용뿐 아니라, 말의 감각적 실현 양식과 사회적 맥락, 상호작용의 윤리적 조율 속에서 구성되며, 이는 신체 기반의 표현이라 할 수 있다. 따라서 공손성에 대한 이해는 텍스트 기반 분석을 넘어서, 청각적·시각적·신체적 자원을 아우르는 다중양식적 접근을 통해 보다 정교하고 실증적으로 접근될 필요가 있다.

더불어, 이러한 음향 지표들이 보편적인 공손성 표현으로 통용되는지에 대해서는 신중한 접근이 요구된다. 동일한 음향적 자원이 문화와 언어 환경에 따라 서로 다른 사회적 의미를 갖거나 오히려 부정적인 인상으로 작용할 수 있기 때문이다. 이와 관련해 Hübscher와 Prieto(2019)는 음성과 제스처를 자매 양식으로 정의하며, 발화의 의미는 단일 채널이 아닌 다양한 감각 자원의 통합을 통해 실현된다고 주장한다. 공손성의 실현은 언어적, 음성적, 신체적, 기술적 자원들이 상호조율되는 양식 간 행위로 이루어지며, 이는 단순한 억양 조절을 넘어선 신체-기술-사회적 감각의 복합적 감응 사건이라 할 수 있다. 이러한 관점은 공손성을 단일 언어 체계의 내재적 특성으로 보지 않고, 특정한 사회적·물질적 환경 속에서 언제, 누구에 의해 수행되는가에 따라 달라지는 관계적 장면으로 재구성한다. 발화는 이제 '언어화된 사고의 표현'이 아니라, 사회적 위치성과 신체적 감응성을 통해 상호작용을 형성해 가는 수행적 사건으로 이해되어야 한다.

3. 공손성의 음향적 표현과 인식: 언어 간 차이와 사회문화적 해석

공손한 말투는 어떤 음향적 특성에 의해 구성되는가에 대한 질문은 최근 수십 년 간 사회음성학과 실험음성학의 중요한 주제가 되어왔다. 기존의 공손성 연구는 주로 문법, 담화, 어휘의 수준에서 이루어졌지만, 최근에는 발화의 음향적 특성 자체가 공손함 인식에 결정적 영향을 미친다는 연구 결과들이 축적되고 있다. 이러한 비언어적 자원의 중요성은 최근 몇몇 실험연구에서 뚜렷하게 드러난다.

Winter와 Grawunder(2012)는 한국어 화자를 대상으로, 사회적 위계에 따라 발화가 어떻게 음향적으로 조절되는지를 실험적으로 분석하였다. 이들은 공손 발화에서 평균 음높이, F0 범위, 강도 변이, 그리고 말하기 속도가 유의미하게 낮아진다는 점을 입증하였다. 특히 여성 화자의 경우, 강도 변이와 강도 범위가 뚜렷하게 감소했으며, 기식성(shimmer,

HNR) 또한 줄어들어 보다 더 차분한 음색을 구현하는 경향을 보였다. 흥미롭게도, 정중한 발화에서는 무성 음절 사이의 침묵보다 음운적으로 실현된 'uh', 'ah' 등의 추임새가 증가했으며, 남성 화자의 경우 매끄럽지 않은 쉰소리의 빈도가 증가했다. 이는 사회적 상황에 반응하여 의도적으로 조절되는 청각 신호로 작용한다는 점에서, 공손성 수행이 음향적으로도 세밀하게 코딩되어 있음을 보여준다. 연구자들은 이러한 결과가 '정중함'을 단일한 음향 특성이 아닌, 다수의 미세한 청각적 단서들의 결합을 통해 인식하게 되는 다층적 지표임을 시사한다고 보았다.

공손성은 모든 언어 공동체에서 중요하게 작동하는 사회적 실천이지만, 그 실현 양식과 사회적 수용 양상은 문화적 문맥에 따라 매우 다양하게 나타난다. 특히 한국어와 일본어는 공손 표현 체계가 고도로 발달된 언어로 자주 비교되며, 이 두 언어는 격식 표현, 경어법, 음향적 공손성, 몸짓과 시선 처리 방식 등에서 유사성과 차이를 동시에 보여주는 흥미로운 분석 대상이다. 한국어와 일본어 모두 문법적으로 복잡한 경어 체계를 보유하고 있다. 그러나 그 구조적 방식과 사회적 초점에는 명확한 차이가 존재한다. 예컨대, 한국어는 상대높임법과 주체높임법이 분리되어 존재하며, 발화 상대의 지위뿐만 아니라 화자 자신의 겸손한 태도를 표현하는 방식도 동등하게 발달해 있다. 반면 일본어는 주체높임, 객체높임, 정중어 등 경어 체계를 보다 세분화하여 사용하며, 특히 in-group 내 위계 질서에 민감한 사회적 실천이 강조된다(Brown, 2008; Ide, 1989).

공손한 태도가 음향적으로 어떻게 표현되는지도 언어 간 명확한 차이를 보인다. 앞서 언급한 Winter 와 Grawunder(2012)의 연구들과 함께, Idemaru et al. (2019)는 한국어와 일본어 화자의 공손 발화에서의 음향적 실현을 직접 비교한 실험을 통해 중요한 통찰을 제공한다. 이들은 동일한 대본을 사용하여, 실험 참가자들이 상하관계(상대방이 상사/동료/후배)와 청자의 기대(공손한 태도를 요구함/요구하지 않음)라는 두 가지 조건을 조작한 후, 실제 음성 데이터를 수집하였다. 분석된 주요 음향 변수는 발화 속도, F0 평균값, F0 범위였다. 그 결과, 일본어 화자들은 공손한 맥락에서 평균 F0와 F0 범위를 모두 증가시키는 경향을 보였으며, 이는 더 높은 음조와 넓은 억양 범위를 통해 공감적이고 정중한 태도를 표현하고자 하는 전략으로 해석되었다. 반면, 한국어 화자들은 공손한 맥락에서도 F0에서 큰 차이를 보이지 않았으며, 오히려 발화 속도와 휴지 길이의 조절을 통해 공손함을 구성하는 경향을 보였다. 또한, 일본어 화자들은 청자의 기대 조건에 민감하게 반응하여, 공손한 태도가 요구되는 청자의 기대에 따라 F0 상승과 억양 폭 확장이 더욱 두드러졌던 반면, 한국어 화자들은 상대방의 사회적 지위(상사 vs. 동료/후배)에 더 크게 반응하였다. 이는 일본어의 공손성 실현이 상호작용의 담화적 기대에 따라 조절되는 반면, 한국어는 위계 구조에 따른 공손성 수행이 더 강하게 작동함을 시사한다. 이러한 결과는 단지 음향적 차이에 머물지 않고, 공손성이라는 사회적 의미가 각 언어에서 어떻게 문화적으로 구성되는지를 보여주는 증거라 할 수 있다. 일본어 사용자들은 정중함을 공감과 친근함으로 수행하며 이를 높아진 음조로 표현하고, 한국어 사용자들은 자신의 존재감을 억제하거나 위계를 낮추는 방식으로 공손함을 구성하며 이는 속도 조절과 강도 약화로 실현된다.

이러한 단서의 무게는 지각 실험에서도 살펴볼 수 있다. Idemaru et al.(2020)에서도 한국어 공손성 판단에서 음의 강도는 일관된 효과를 보이는 중요한 단서인 반면, 음높이는 청자마다 상반된 해석이 나타나 일관성이 부족하다는 것을 보여주었다. 이는 공손한 말투를 인식하는 데 있어 한국어에서는 강도가 더 신뢰할 수 있는 지표로 작용한다는 것을 나타내는 것이라 할 수 있겠다.

중국어를 대상으로 한 Fan 과 Gu(2016)의 연구는 공손한 발화에서 피치보다는 말의 속도와 발화 길이가 더 중요한 인식 단서로 작용한다는 점을 보여주었다. 세 차례의 지각 실험 결과, 발화 속도가 빨라질수록 공손성 평가는 급격히 감소하였고, 반대로 속도를 늦추는 조작은 공손성 판단에 큰 영향을 미치지 않았다. 평균 피치나 F0 범위는 공손성 판단에 유의미한 영향을 주지 않았으며, 이는 중국어 사용자들이 공손함을 판단할 때 말의 리듬과 흐름에 더 민감하게 반응한다는 것을 시사한다. 특히 중국어 문화권에서는 직접적인 표현보다는 간접화된 회피 전략이 공손함의 핵심으로 작용하며, 이로 인해 말의 길이와 간격 조절이 중요한 음향 전략으로 기능하는 것이다.

이러한 언어별 차이는 단순히 언어 구조의 차이라기보다는, 사회문화적으로 구성된 상호작용 윤리의 차이를 반영한다. 다시 말해, 어떤 방식의 음성적 수행이 상대에게 예의 바름으로 인지되는지는, 해당 언어권의 상호작용 규범, 감정 표현 방식, 화자와 청자의 관계 해석 등에 따라 달라진다. 이는 다언어적 공손성 비교 연구는 공손성을 구성하는 단일한 보편적 음향 단서를 설정하는 것이 아니라, 언어별 사회문화적 상호작용 윤리와 실현 방식의 다양성을 면밀히 반영해야 함을 강조한다. 이러한 통찰은 단지 이론적 관심에 그치지 않고, 인간과 기계가 상호작용하는 기술적 환경에서도 중요한 함의를 지닌다. 다음 장에서는 이러한 다중양식 공손성의 기술적 구현 가능성과 그 윤리적 조건을 논의하고자 한다.

4. 공손성 연구의 기술적 함의와 응용

본 연구는 한국어와 일본어의 공손성 표현에서 음성학, 제스처, 그리고 비언어적 요소들을 통합적으로 분석함으로써, 기존의 언어 중심 공손성 이론을 확장하고 다중양식적 접근의 타당성을 실증적으로 보여준다. 특히 "공손함은 높은 음높이로 실현된다"는 기존의 보편적 가정을 비판적으로 검토하고, 공손 표현은 상황과 문화에 따라 서로 다른 음향적 특성과 전략을 통해 구현될 수 있음을 실험을 통해 입증하였다. 이러한 발견은 언어 및 문화 간 상호작용에서 공손성이 어떻게 다르게 해석되고 수행되는지를 이해하는 데 필수적인 통찰을 제공한다.

실험 결과는 공손 발화의 음향적 단서가 단일한 규칙으로 설명될 수 없으며, 문화적 맥락, 화자-청자 간의 관계, 그리고 발화 위치에 따라 세부적인 조정이 이루어짐을 보여준다. 예를 들어, 일본어 화자는 발화 초반에 피치 상승과 억양 범위 확장을 통해 공손함을 표현하는 경향이 강한 반면, 한국어 화자는 낮은 음량, 느린 말의 속도, 기식성이 강한 음질, 조음 과장을 통해 정중함을 구현하는 경향이 뚜렷했다. 이는 공손 표현에 있어 언어 공동체별 음향적 기대와 전략이 상이하다는 점을 부각시킨다.

이러한 발견은 음성 기반 인공지능 기술의 설계에도 중요한 함의를 제공한다. 오늘날의 AI 음성 시스템은 단지 문장을 정확히 소리로 변환하는 수준을 넘어, 화자의 감정 상태, 사회적 태도, 대화 맥락을 반영하여 자연스럽고 상황에 맞는 발화를 구현하는 방향으로 진화하고 있다. 그러나 실제 구현된 TTS 시스템은 공손한 말투를 단순히 피치나 강도를 높이는 방식으로만 처리하거나, 문화에 따라 달라지는 발화 전략을 제대로 반영하지 못하는 경우가 많다.

Yoon과 Oh(under review)의 연구는 이러한 문제점을 지적하면서, 정서 표현에서 발화 위치의 중요성을 부각시킨다. 연구에서는 '행복', '슬픔', '불안', '분노'라는 네 가지 감정을 표현한 음성을 대상으로, 청자들이 어느 시점에서 감정을 인식하는지를 측정하였다. 그 결과, 발화 초반 약 500ms 구간에서 나타나는 pitch 범위, HNR, 음의 강도 변화와 같은 음향적 변화가 전체 감정 인식률을 유의미하게 예측하는 것으로 나타났다. 특히 감정 서술어가 초반에 등장하는 조건에서는, 이 위치적 타이밍 효과가 더욱 강하게 나타났다. 이는 정서 정보가 발화 전반에 균일하게 분포하지 않고, 특정 위치에 집중되어 있다는 점에서, AI 음성 설계에 있어서도 이러한 국소적 강조를 반영할 필요가 있음을 시사한다.

그러나 대부분의 기존 TTS 시스템은 전체 문장을 평균화된 음색, 억양으로 처리하며, 시간 축 상에서의 세부적 조절(예컨대 발화 선두에서의 미묘한 억양 변화나 강도 변화)는 구현되지 않는다. 그 결과, 감정이 존재하긴 하지만, 그것이 연기된 것처럼 들리거나 부자연스럽게 인식되는 경우가 발생한다. 실제로 Yoon, Oh 와 Kent(under review)의 연구는 이러한 현상을 실험적으로 입증하였다. 한국어 청자들은 동일한 감정을 표현한 AI 음성과 인간 화자의 음성을 비교할 때, 인간 화자의 음성을 더 빠르고 정확하게 인식하였고, 특히 '불안' 감정에서 AI 음성은 가장 높은 혼란도를 유발하였다. 이는 AI 음성의 감정 표현이 한국어 청자의 기대와 일치하지 않았기 때문이다. 특히 shimmer와 HNR과 같은 목소리의 질을 나타내는 음향 지표가 인간 화자의 음성에서는 자연스럽게 나타난 반면, AI 음성에서는 과장되거나 결핍된 형태로 구현되었고, 이는 청자에게 비자연적이거나 과하게 감정적인 인상을 주었다. 이는 문화권마다 감정 표현에 사용되는 음향 자원이 다르다는 점을 고려하지 않고 구축된 TTS 시스템이 오히려 사용자에게 이질감과 거리감을 줄 수 있다는 사실을 드러낸다.

따라서 AI 음성 기술의 설계는 다음과 같은 세 가지 방향으로 재구성되어야 한다. 첫째, 감정 표현의 음향 단서는 언어 및 문화에 따라 달라지므로, 단순한 다언어 설계를 넘어서 문화별 감정-운율의 대응에 대한 이해가 필요하다. 둘째, 공감이나 위로, 조심스러움과 같은 사회적 감정은 명시적인 분류체계로 포착되지 않으므로, 복합적인 음향 단서 조합과 미세 조정이 필요하다. 셋째, 감정 표현은 청자의 지각 메커니즘과 기대에 따라 다르게 해석되므로, 청자 중심의 음향 설계도 중요한 부분이 된다.

더 나아가, 감정 음향 구현은 기술의 윤리성과도 연결된다. 감정이 제대로 전달되지 않는 상호작용은 사용자의 신뢰를 저해하고 상호작용의 품질을 낮출 수 있다. 특히 정서적 불확실성이 큰 상황에서는, AI 음성이 오히려 혼란을 증가시키며, 인간 발화의 미묘한 조정 능력을 대체하지 못한다. 이는 음성 설계가 단순한 기능적 문제를 넘어, 사회적 존중과 신뢰 형성의 문제로까지 확장되어야 함을 시사한다. 요컨대, 공손성과 감정 표현의 음향 자원은 기술 설계의 주변 요소가 아니라 핵심 요소로 다루어져야 하며, 문화적 특이성과 발화 위치, 청자의 지각적 처리 방식까지 통합적으로 반영할 때 비로소 자연스럽고 정중한 AI 음성 상호작용이 가능해질 것이다.

5. 나가기

공손성은 단지 언어적 예절이나 전략으로 환원될 수 없는, 신체와 감각, 기술과 윤리가 교차하는 복합적이고 수행적인 사회언어학적 실천이다. 본 총서는 공손성을 문법적 구조와 사회적 규범이라는 전통적 틀에서만 해석하는 접근을 넘어, 감각적 수행성과 매체적 조건성을 중심에 두고 새롭게 조명할 필요성을 제기하였다.

제1장에서는 공손성 이론의 역사적 전개를 개괄하며, 연구의 중심축이 점차 '기호 체계'에서 '감각적 수행'으로 이행하고 있음을 살펴보았다. 특히 음성과 제스처, 시선과 신체의 움직임 등 다중양식 단서들 공손성 수행의 핵심 구성요소로 작용함을 보여주었고, 이는 정교한 경어 체계를 가진 한국어나 일본어에서 더욱 분명하게 드러난다.

제2장에서는 이러한 이론적 전환을 체계화하여, 공손성이 단일한 언어 양식이 아니라 양식 간 통합적 행위임을 강조하였다. 억양, 강도, 발화 위치, 몸의 움직임, 손짓, 시선 등은 공손함을 구성하는 핵심 자질로 기능하며, 단순한 보조 정보가 아닌 주된 의미 구성 수단임을 논의하였다. 특히 언어 정보가 제거된 음성에서도 청자가 공손함을 상당한 정확도로 판단할 수 있다는 실험 결과는, 공손성이 반드시 언어 표현에 의존하지 않고도 실현될 수 있다는 사실을 입증한다. 이는 공손성을 고정된 문법이나 전략의 문제가 아니라, 맥락적 조율과 사회적 예민성의 수행으로 재이해해야 함을 시사한다.

제3장에서는 한국어와 일본어의 공손 발화를 중심으로, 음향적 특성과 그 지각 양상을 비교 실험을 통해 분석하였다. 공손한 말투가 실제 상

호작용에서 어떻게 실현되고 인식되는지를 사회음성학적으로 검토한 이 장은, 언어별 공손 전략의 차이를 실증적으로 제시한다. 한국어 화자는 공손한 상황에서 낮은 음량, 완화된 강도, 기식성 증가를 통해 신체적 억제와 정서적 자제를 표현하는 반면, 일본어 화자는 고피치와 넓은 억양 범위로 친절함과 적극적 참여를 드러낸다. 이는 공손성의 음향 자원이 각 언어의 사회문화적 맥락 속에서 상이하게 구성됨을 보여주며, 공손성의 인식 메커니즘 역시 언어 및 문화별로 다르게 작동함을 시사한다.

제4장은 다중양식 공손성의 기술적 응용 가능성과 사회적 함의를 다루었다. 최근 AI 음성 기술은 단순한 TTS기능을 넘어, 감정 상태, 사회적 맥락, 대화의 정중함까지 표현하고자 하는 방향으로 진화하고 있다. 그러나 현행 시스템은 정서 표현의 위치 민감성, 문화적 기대, 음향의 미묘한 조정 능력 등을 충분히 반영하지 못하고 있으며, 그 결과 청자에게 비자연적이고 과장된 인상, 의미의 혼란, 상호작용의 단절을 유발하는 경우가 빈번하다. AI 음성 설계에 있어 공손성의 구현은 단순한 기술적 문제가 아니라, 사회적 신호에 대한 윤리적 감수성과 청자 중심 설계를 요구하는 과제이다.

무엇보다 중요한 점은, 공손성이 단일한 음향 지표로 환원될 수 없다는 것이다. 그것은 청자-화자 관계, 사회적 지위, 발화 맥락, 감정 상태 등 다양한 요인의 복합적 상호작용 속에서 실현되는 감각적이고 위치 중심적인 실천이며, 정서적 조율과 사회적 의미가 상호적으로 구성되는 장면이다.

이러한 관점을 더욱 확장하기 위해, 본 총서는 공손성을 포스트휴머니즘적 사회언어학의 틀에서 새롭게 위치시킨다. 포스트휴머니즘은 인간 중심의 인문학적 틀을 넘어서, 인간-비인간, 기술-신체, 언어-물질의 관계를 새롭게 사유하고자 하는 철학적 전환이다. 이 관점에서 언어는 인간 주체가 도구로 사용하는 수단이 아니라, 신체적 리듬, 정서적 조율, 기술적 매개의 장 안에서 생성되는 사건적 실천이다. 공손성은 그러한 언어관이 구현되는 대표적 사례로, 단지 화자의 전략이 아닌, 사회적 존재들 간의 상호 조율이자 기술-신체-감정이 교차하는 윤리적 구조로 이해된다. 예컨대, 공손한 음성은 발화자의 심리 상태, 청자의 반응, 사용되는 기술 환경, 시각적 제스처 등이 복합적으로 작용하는 가운데 실현되며, 이는 더 이상 인간 주체의 의도만으로 환원될 수 없다. AI TTS 시스템에서의 공손한 말투 역시 단지 피치를 높이고 속도를 줄이는 기술적 조작이 아니라, 청자의 기대, 문화적 상징 체계, 기술의 구현 논리가 서로 교차하는 상호작용이다.

본 총서에서 논의된 다중양식적인 공손성 개념은, 오늘날 기술 발전과 감정 표현 방식의 변화 속에서 공손성을 재사유하려는 시도이며, 이론적·실천적 전환을 동시에 지향한다. 동일한 억양, 동일한 말투라고 해도, 청자의 문화적 기대나 사회화 경험에 따라 정중함으로 인식되거나, 과잉된 표현으로 거부될 수 있다. 이는 공손성이 단지 말하는 방식이 아니라, 듣는 방식, 인식의 방식, 문화적 기대의 방식과 얽혀 있다는 사실을 상기시킨다. 나아가, 공손성의 기술적 구현은 단지 인간처럼 말하는 AI를 만드는 것이 아니라, 감정적으로 민감하게 반응하고, 문화적 맥락에 적절히 조율될 수 있는 기술 설계 원리를 수립하는 문제이다. 이는 교육, 의료, 돌봄, 다문화 커뮤니케이션, 고객 응대 등 인간 중심 서비스 영역에 실질적인 기여를 할 수 있을 것으로 기대된다.

결론적으로, 공손성은 더 이상 전략의 목록이 아니다. 그것은 신체를 통과하고, 기술을 매개하며, 감정을 조율하고, 윤리를 호출하는 복합적인 사회적 언어 실천이다. 본 총서는 익숙한 개념인 공손성을 낯설게 다시 보기 위해, 음향, 신체, 기술, 윤리를 가로지르는 이론적·실천적 전환을 시도해 왔다. 이 새로운 공손성 개념은 언어학의 경계를 넘어, 인간-기계 소통, 다문화 사회, 감정 기반 AI 디자인, 윤리적 인터페이스 설계 등 다양한 영역에 실질적 응용 가능성을 제시한다.

앞으로의 공손성 연구는 다중양식, 사회적 감응성, 포스트휴머니즘이라는 키워드를 기반으로, 언어를 둘러싼 윤리적 실천의 지형을 더욱 확장해 나갈 것이다. 본 총서가 제안하는 '신체화된 사회언어학으로서의 공손성'은 단지 해석의 틀이 아니라, 변화하는 사회적 삶 속에서 언어가 어떻게 반응하고 조율되는지를 분석하기 위한 하나의 실천적 제언이다.

참고 문헌

Brown, A. (2008). Gesture viewpoint in Japanese and English: Cross-linguistic interactions in multimodal politeness. *Pragmatics*, 18(2), 295–325.

Brown, L., Hübscher, I., & Jucker, A. H. (2023). Multimodal im/politeness: introduction. In A. H. Jucker, I. Hübscher, & L. Brown (Eds.), *Multimodal Im/politeness: Signed, Spoken, Written* (1st ed., pp. 1-23). John Benjamins Publishing Company.

Brown, L., Kim, H., Hübscher, I., & Winter, B. (2022). Gestures are modulated by social context: a study of multimodal politeness across two cultures. *Gesture*, *21*(2-3), 167-200.

Brown, P., & Levinson, S. C. (1987). *Politeness: Some universals in language usage*. Cambridge: Cambridge University Press.

Brown, L., & Prieto, P. (2017). (Im) politeness: Prosody and gesture. In *The Palgrave handbook of linguistic (im) politeness* (pp. 357-379). London: Palgrave Macmillan UK.

Brown, L. & Winter, B. (2019). Multimodal indexicality in Korean: "doing deference" and "performing intimacy" through nonverbal behavior. *Journal of Politeness Research*, *15*(1), 25-54.

Caballero, J. A., Mauchand, M., Jiang, X., & Pell, M. D. (2021). Cortical processing of speaker politeness: Tracking the dynamic effects of voice tone and politeness markers. *Social Neuroscience, 16*(4), 423–438.

Culpeper, J. (2011). "It's not what you said, it's how you said it!": Prosody and impoliteness. In *Im/politeness in Interaction* (pp. 57–83). Berlin: Mouton de Gruyter.

Eelen, G. (2001). *A critique of politeness theories*. Manchester: St. Jerome Publishing.

Fan, Y., & Gu, W. (2016). Vocal emotion perception across cultures: The role of valence and arousal. *Frontiers in Psychology, 7*, 1489.

Hübscher, I., & Prieto, P. (2019). Gestural and prosodic strategies to signal politeness and alignment in Spanish and Catalan. In I. Kecskes (Ed.), *The Cambridge*

Handbook of Sociopragmatics (pp. 321–348). Cambridge: Cambridge University Press.

Hübscher, I., Sánchez-Conde, C., Borràs-Comes, J., Vincze, L. & Prieto, P. (2023). Multimodal mitigation: how facial and body cues index politeness in Catalan requests. *Journal of Politeness Research*, *19*(1), 1-29.

Ide, S. (1989). Formal forms and discernment: Two neglected aspects of universals of linguistic politeness. *Multilingua, 8*(2-3), 223–248.

Idemaru, K., Winter, B., & Brown, L. (2019). Cross-cultural multimodal politeness: The phonetics of Japanese polite speech in comparison to Korean. *Intercultural Pragmatics, 16*(5), 517-555.

Idemaru, K., Winter, B., Brown, L., & Oh, G. E. (2020). Loudness trumps pitch in politeness judgments: Evidence from Korean deferential speech. *Language and Speech, 63*(1), 123–148.

Locher, M. A & Watts, R. J. (2005). Politeness theory and relational work. *Journal of Politeness Research, 1*(1), 9-33

McKinnon, S., & Prieto, P. (2014). The role of prosody and gesture in the perception of mock impoliteness. *Journal of Politeness Research, 10*(2), 185–219.

Oh, E. (2024). Acoustic cues for emotions in Korean vocal expressions. *언어연구, 41*(3), 611-633.

Oh, G. E., Brown, L., Idemaru, K., & Cui, M. (2022). Effects of L2 experience on Mandarin listeners' perception of Korean politeness. *Lingua*, *272.*

Oh, E, Winter. B., & Idemaru, K. (2021). Korean speakers hyperarticulate vowels in polite speech. *말소리와 음성과학, 13*(3), 15-20.

Watts, R. J. (2003). *Politeness*. Cambridge: Cambridge University Press.

Winter, B., & Grawunder, S. (2012). The phonetic profile of Korean formality. *Journal of Phonetics, 40*(6), 808–815.

Yoon, D., Oh, G. E. (under review). The Influence of Speaker Gender on Acoustic and Perceptual Variability in Low-Pass Filtered Korean Emotional Speech.

Yoon, D., Oh, G. E., & Kent, R. (under revision). Perceiving emotion in human and AI voices: Sensitivity to acoustic cues in Korean speech.

제3장

성별에 따른 발화의 음향음성학적 특성 차이 및 사용 언어에 따른 변이

Chapter 03

성별에 따른 발화의 음향음성학적 특성 차이 및 사용 언어에 따른 변이

윤다연

1. 들어가기

우리는 전화 통화 중 상대방의 목소리만 듣고도 대부분의 경우 그 사람이 남성인지 여성인지 거의 즉각적으로 알아차릴 수 있다. 또한 성별 외에도, 그 사람의 음성을 통해 나이, 체격, 기분, 학력, 출신 지역 등 다양한 신체적, 정서적, 사회적, 문화적 특성에 대한 정보를 추론할 수 있다. 물론 실제 모습이 음성을 통해 떠올린 이미지와 다를 때도 있지만, 이는 특정한 성별이나 연령대, 신체적 특성, 또는 사회경제적, 지역적 집단에 속한 사람들에게 기대되는 목소리의 특성이 존재한다는 사실을 잘 보여준다. 사람의 음성에 나타나는 음향적 특성은 어떻게 하나의 '표지(marker)'로 기능하게 되는 것일까? 더 구체적으로, 음성은 어떻게 성별화되고, 우리는 어떻게 음성만으로 성별을 식별할 수 있을까? 또한 어떤 말소리가 특정한 문화적 이미지를 불러일으키는 이유는 무엇일까?

'선천성 대 후천성' 또는 '본성 대 양육'에 관한 논쟁(nature-nurture debate)은 인간의 언어를 제약하고 구성하는 다양한 요인을 설명하는 하나의 방식이다(Foulkes & Docherty, 2006; Ladefoged & Broadbent, 1957). 먼저, '선천성'(nature)은 생물학적, 해부학적, 생리적 특성과 관련된 측면을 의미하며, 신체적 특성에 의해 발화자의 발성과 조음의 범위가 일정 부분 제약됨을 나타낸다. 예컨대, 성대가 더 긴 화자는 성대가 짧은 화자보다 낮은 음높이(vocal pitch)를 산출하며, 성도(vocal tract), 즉 성대부터 구강 및 비강까지 공기가 나가는 통로의 길이가 더 긴 화자는 더 짧은 성도를 가진 화자보다 공명(resonance)이 큰 음성을 산출한다. 특히, 남성은 여성에 비해 사춘기 동안 발성기관이 급격하게 성장하기 때문에, 여성보다 평균적으로 더 낮은 음높이와 더 큰 공명을 보인다(Peterson & Barney, 1952; Fitch & Giedd, 1999). 또한, 여성의 성대는 남성보다 얇고 짧아, 진동 시 성대가 완전히 접촉하지 못하고 틈(glottal gap)이 생기는 경우가 많은데, 이는 결과적으로 여성의 음성에서 숨소리(breathy voice)가 더 많이 들리는 원인이 되기도 한다(Södersten & Lindestad, 1990).

그러나 성별과 같은 생물학적 지표만으로는 개별 화자의 발화 및 지각에서 나타나는 차이를 완전히 설명할 수 없다. 각 화자는 일상적으로 특정한 사회적, 문화적 환경에 노출되어 있으며, 이 과정에서 특정 화자 집단에서 발견되는 말소리 특성에 점차 익숙해지게 된다. 바로 이 지점에서 '후천성'(nurture), 더 넓게는 '문화'가 개별 화자 간의 변이를 설명하는 또 다른 요인으로 작용한다. 여기서 '문화'는 가족에서부터 사회 전반에 이르는 화자 주변의 환경을 포괄하는 개념이다. 언어 습득은 일반적으로 가장 자주 상호작용하는 사람의 발화를 모방하면서 시작되며, 이후에도 화자들은 삶 전반에 걸쳐 특정한 사회문화적 정체성이나 집단에의 소속감을 표현하기 위해 말소리의 특성을 계속해서 조정해 나간다(Foulkes & Docherty, 2006). 따라서 성별과 같은 생물학적 지표는 사회계층(Stuart-Smith et al., 2003), 지역(Schwab & Avanzi, 2015) 등과 같은 행동적 지표(behavioural marker)들과 상호작용한다. 이때 화자가 사용하는 언어 자체도 하나의 행동적 후천 요인으로 간주된다. 예를 들어, 영어 화자 집단에서는 발화의 음높이와 관련된 기본 주파수(초당 성대 진동 수(fundamental frequency, f0))가 남녀 화자 사이에 뚜렷하게 구별되는 반면(Hillenbrand et al., 1995), 중국어의 우(Wu Chinese) 방언을 사용하는 남녀 화자들 간에는 기본 주파수 차이가 거의 나타나지 않는다(Rose, 1991).

이러한 연구들은 발성과 조음기관의 해부학적 차이만으로는 남녀 간의 음향음성학적 차이를 충분히 설명할 수 없음을 시사한다. 이에 본 장에서는 발화 산출 시 나타나는 남녀의 음향음성학적 특성이 언어에 따라 어떻게 달라지는지를 고찰하고자 한다. 이를 위해 먼저 화자의 신체적, 해부학적 특성이 발화의 음향음성학적 특성에 어떤 제약을 가하는지 간략하게 살펴볼 것이다. 그리고 이러한 생물학적 제약이 언어라는 후천적인 요인과 어떻게 상호작용하는지를 다양한 언어 간 비교 사례를 통해 구체적으로 소개할 것이다. 이를 통해 화자의 성별을 비롯한 개인적 특성과 그가 사용하는 언어의 음운, 문법적 구조 및 이를 둘러싼 사회문화적 사용 맥락이 발화의 음향음성학적 특성에 미치는 영향을 통합적으로 이해할 필요성을 제시하고자 한다.

2. 발화의 음향음성학적 특성에 대한 신체적 제약

남성과 여성의 발화 차이는 일반적으로 두 가지 큰 축에 의해 설명된다. 첫째는 이번 절에서 살펴볼 성적 이형성(sexual dimorphism)이고, 둘째는 다음 절에서 소개할 사용 언어의 영향이다. Peterson과 Barney(1952)가 남성, 여성, 아동 간의 기본 주파수 및 성도 공명 주파수(혹은 '포먼트'(formants)) 차이를 관찰한 이후, 성별에 따른 성도 및 성대의 크기, 그리고 이와 관련된 음향음성학적 특성 간의 연관성을 밝히려는 시도는 음성학 연구의 중요한 축을 이루어왔다. 이번 절에서는 남성과 여성의 발화에서 음향음성학적 차이를 야기하는 해부학적, 생리적 요인에 대해 다룬 기존 연구들을 살펴본다. 우리 몸에서 발화 산출에 관여하는 기관(vocal apparatus)은 크게 음원(source)을 생성하는 발성 기관(phonatory apparatus) 및 음원이 구체적인 말소리로 조음되는 조음 기관(articulatory apparatus)으로 나뉜다.

2.1. 발성 기관의 성적 이형성과 그에 따른 음향음성학적 제약

Fant(1970)의 음원-여과 이론(source-filter theory)에 따르면, 유성음(모음과 같이 성대 진동을 수반하는 소리)은 발성(source)과 조음(filter)의 두 단계를 거쳐 생성된다. 발성이란, 폐에서 흘러나온 공기 분자가 성대를 진동시켜 음원으로서의 소리(glottal buzz)를 만들어내는 것이다. 음원으로서의 이 소리에는 기본 주파수와 배음(harmonics)이 포함된다. 이 신호는 성도의 모양에 따라 특정 주파수대에서 증폭 또는 감쇠되어 특정한 말소리로 변환되는데, 이것이 여과 또는 조음 과정에 해당한다.

화자의 말소리의 음향음성학적 특성은 일차적으로 이러한 후두 및 성도 구조의 해부학적 특성에 의해 형성된다. 특히 성인의 경우, 성적 이형성에 의해 남성과 여성 간의 차이가 두드러지게 나타난다. 여성의 성대는 남성보다 짧고 얇기 때문에(길이 약 15 mm(남성) vs. 10 mm(여성), 두께 약 9 mm(남성) vs. 7 mm(여성); Filho et al., 2005; Hollien, 1962), 공기가 성대를 통과할 때 더 큰 진동수를 보이게 된다. Kahane(1978)의 연구에 따르면, 남성의 갑상연골 전후 길이는 여성보다 약 20% 더 길며, 성대막 길이는 약 60% 더 길다(그림 1). 이로 인해 여성의 f0는 평균 207 Hz, 남성은 118 Hz로 나타나며(Boë et al., 1975), 결과적으로 여성의 음성은 남성보다 거의 한 옥타브 더 높게 인식된다.

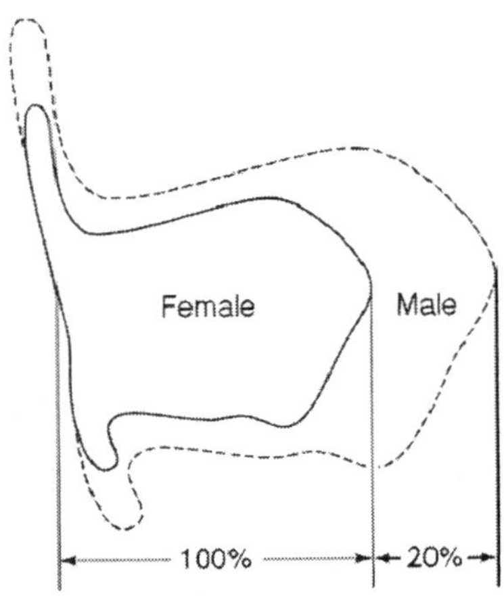

(a)

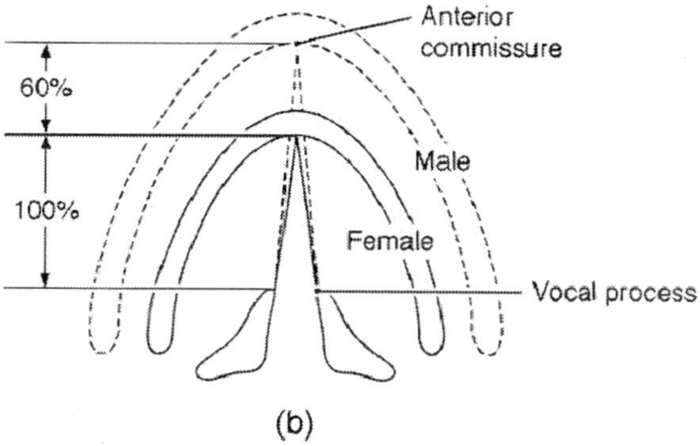

〈그림 1〉 남성과 여성의 후두 크기 비교. (a) 갑상연골의 시상면, (b) 성대막 길이의 수평 단면도(Titze (2000, p. 187), Kahane (1978)에서 재인용)

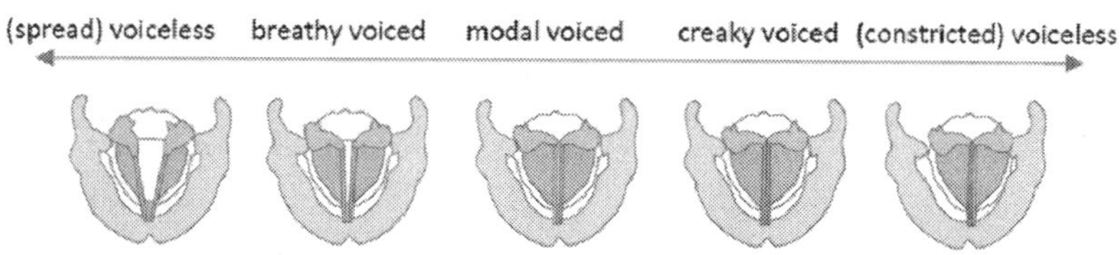

〈그림 2〉 성문 개방 정도에 따른 다섯 가지 음성 품질(voice quality)
(a) 성대 이완 및 벌어짐으로 인한 무성(spread voiceless) (b) 성문의 불완전한 폐쇄로 인한 숨소리 섞인 음성(breathy voice) (c) 성문이 적절히 닫혀 있고 성대가 규칙적으로 진동하여 산출되는 정상 음성(modal voice) (d) 성문의 급격한 폐쇄로 발생하는 갈라진 듯한 음성(creaky voice) (e) 성대의 과도한 수축으로 인한 무성(constricted voiceless) (Wright et al., 2019)

성대의 성적 이형성은 성대 사이의 틈, 즉 성문(glottis)의 개방도(aperture)에 영향을 미침으로써 남녀 간 성대 진동 방식의 차이 또한 유발한다. 그림 2는 성문 개방 정도를 다섯 단계로 도식화하여 이에 따른 음성 품질(voice quality)의 차이를 보여준다. 그림 2a는 성대가 완전히 이완되어 벌어진 상태로 발성이 일어나지 않는 경우이다. 그림 2b는 성대접촉률이 떨어져 공기가 다량으로 흘러나옴으로써 숨소리가 많이 섞인 발성이다. 그림 2c는 성대가 적절히 접촉하여 성문의 폐쇄와 개방이 균형 있게 일어나 유성음 산출에 필요한 주기적인 진동이 일어나는 경우이다. 그림 2d는 성대가 급격하게 닫혀 갈라지는 듯한 음성을 내는 경우이다. 그림 2e는 성대가 과도하게 수축되어 발성이 일어나지 않는 경우를 보여준다. 성문의 개방 정도는 성대의 길이와 두께의 영향을 받는다(Södersten & Lindestad, 1990). 따라서 길이, 두께 등의 형태가 선천적으로 다른 남성과 여성의 성대는 진동 시 성대 접촉률이나 성문 개방도에서 차이를 보이며, 이로 인해 진동 양상 또한 서로 다르게 나타나는 경우가 많다. 이러한 차이는 결과적으로 성별에 따른 음질의 차이로 이어진다. 예를 들어, 여성의 목소리는 남성의 목소리보다 숨소리를 동반하는 경우가 더 많다(Henton & Bladon, 1985; Klatt & Klatt, 1990). 여성의 성대는 남성에 비해 두께가 얇아 성대접촉률이 낮아지는 경향이 있으며(그림 2b), 이로 인해 성대 사이로 다량의 공기가 누출되어 음성에 숨소리가 포함되는 경우가 많다(Södersten & Lindestad, 1990; Titze, 1989). 반면, 남성에게서는 갈라지는 듯한 음성이 더 자주 관찰되며(Henton & Bladon, 1985), Titze(1989)의 모델에 따르면 이는 성대가 지나치게 빠르고 강하게 닫히는 결과이다(그림 2b). 이 경우 성대 사이로 공기가 통과할 공간이 거의 없어 성대의 일부만 진동하게 되고, 갈라지는 듯한 음성이 산출된다.

H1-H2(첫 번째 배음과 두 번째 배음 간 진폭 차), H1-A3(첫 번째 배음과 제3 포먼트 간 진폭 차) 같은 배음 간의 진폭 차이나 장기 평균 스펙트럼

(Long-Term Average Spectrum, LTAS)은 남성과 여성의 목소리에 숨소리가 섞인 정도를 평가할 때 자주 사용되는 음향적 지표다. 숨소리가 과도하게 들리는 음성은 첫 번째 배음(H1)의 진폭이 더 뚜렷하고, 고주파 대역에서 기식성 소음의 정도가 더 크다. 따라서 H1-H2의 값이 크거나 고주파에서 스펙트럼 기울기가 완만할수록 숨소리가 큰 목소리로 지각되며, 이는 선행연구에서 주로 여성 음성의 특성으로 보고된다(Hanson & Chuang, 1999; Hejná et al., 2019; Henton & Bladon, 1985; Iseli et al., 2007; Klatt & Klatt, 1990; Mendoza et al., 1996; Narra et al., 2015).

성별에 따른 성대 진동 방식의 차이는 주기 변동(jitter), 진폭 변동(shimmer), 켑스트럼 첨두 돌출도(Cepstral Peak Prominence, CPP)와 같은 음향 지표에도 반영된다. Jitter 값이 클수록 성대 진동의 주기성이 불안정함을 나타내며, shimmer 값이 클수록 성대 진동 시 진폭이 불안정함을 의미한다(Zwetsch et al., 2006). Shimmer는 성대 진동 시 성문에서의 소음 및 숨소리 정도와도 관련이 있다(Teixeira et al., 2013). Jitter와 shimmer는 많은 경우 여성에게서 더 높게 나타나며, 이는 여성의 성대 진동이 더 불규칙적이고 발화에 숨소리가 더 많이 섞인 것처럼 들린다는 것을 시사한다(Ko, 2003). CPP(Hillenbrand et al., 1994)는 그 값이 높을수록 성대 진동의 주기성이 높고 소음은 적은 것으로 해석된다. CPP 값은 주로 남성에게서 더 높게 나타나며, 이는 남성의 성대 진동이 여성에 비해 규칙적이고 발화에 포함된 기식음의 양이 적다는 점을 반영한다(Choi & Choi, 2016; Hejná et al., 2019).

2.2. 조음 기관의 성적 이형성과 그에 따른 음향음성학적 제약

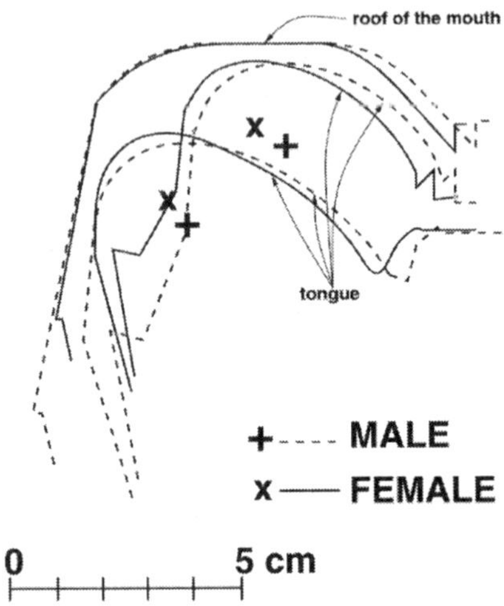

〈그림 3〉 모음 [i], [a] 발음 시 여성('x —')과 남성('+ ---')의
혀 위치 (Simpson, 2009)

공기가 성대를 진동시키며 발생한 음원은 화자의 구강과 비강을 포함하는 공명강을 지나며 특정한 말소리로 조음된다. 이때, 성대에서 입술 또는 비강의 출구까지 이르는 공기의 통로를 '성도'(vocal tract)라고 한다. 성도의 길이, 혀의 전후 및 상하 위치, 턱과 연구개의 개방 정도 등은 특정 주파수대에서 에너지의 공명 또는 감쇠에 영향을 미친다. 이때 특정 주파수의 진동이 증폭되며 공명이 일어나면, 이러한 공명은 음향학적으로 '포먼트'(formants)로 나타난다.

남녀 간 음성 차이를 이해하는 데 포먼트는 또 하나의 중요한 단서가 된다. 그림 3은 고모음 [i]와 저모음 [a] 발음 시 남성과 여성의 혀 위치 및 성도 형태를 도식화하여 보여준다. 사춘기 동안 남성의 후두는 여성에 비해 급격히 하강하며, 이에 따라 평균 성도 길이는 남성 약 17 cm, 여성 약 14 cm로 차이를 보이게 된다(Fant, 1966). 이러한 성도 길이 차이로 인해 여성의 포먼트 값은 남성보다 평균적으로 18-20% 더 높게 나타난다(Fant, 1966; Peterson & Barney, 1952).

3. 사용 언어가 남녀 발화의 음향음성학적 차이에 미치는 영향

2절에서 우리는 남성과 여성의 발성 및 조음기관의 크기 차이가 성대 진동 횟수 및 진동 방식, 그리고 공명강에서의 증폭, 감쇠 등에 성별에 따른 차이를 초래함을 확인하였다. 이번 절에서는 이러한 신체적 제약이 화자가 사용하는 언어라는 후천적인 요인과 어떻게 상호작용하는지를 다양한 언어를 비교 검토함으로써 구체적으로 확인해 볼 것이다. 발화의 특성을 분석하는 데 이용되는 다양한 음향음성학적 지표들을 여덟 가지 기준(기본 주파수, 스펙트럼 형태, 성대 진동의 주기성, 음량(intensity), 포먼트, 비음성(nasality), 성대 진동 개시 시간(voice onset time, VOT, 발화 속도)으로 분류하여 살펴보기로 한다.

3.1. 기본 주파수(Fundamental frequency, f0)

선행연구에 따르면, 많은 언어에서 여성의 기본 주파수는 일반적으로 남성보다 더 높게 나타난다(Biemans, 1998 (네덜란드어); Boë et al., 1975

(프랑스어); Hillenbrand et al., 1995 (영어); Iseli et al., 2007 (영어); Klatt & Klatt, 1990 (영어); Ko, 2003 (한국어); Lee, 2009 (북경어); Pépiot, 2014 (프랑스어); Peterson & Barney, 1952 (영어); Wang & Huang, 2004 (대만어)). 그러나 서론에 잠시 언급되었던 바와 같이 Rose(1991)는 중국어의 우(Wu Chinese) 방언에서 성별 간 기본 주파수 차이가 거의 없다는 놀라운 결과를 보고하였다(남성의 평균 기본 주파수 170 Hz, 여성 187 Hz). 또한 영어와 프랑스어 화자를 비교 연구한 Pépiot(2014)에 따르면 프랑스어에서는 헤르츠(Hertz) 및 반음(semitone) 단위 모두에서 여성의 기본 주파수 범위(f0 range)가 남성보다 더 넓게 나타난 반면, 영어에서는 헤르츠 단위에서만 여성의 기본 주파수 범위가 더 넓었다. 평균 기본 주파수 및 그 범위에 있어서 성별과 언어 간 상호작용은 이중언어 화자의 사례를 통해 특히 잘 드러난다. 이들은 동일한 발성기관을 두 언어에서 사용하므로 형태적 변인을 완벽하게 통제한 상태에서 언어 간 비교가 가능하다. 가령, Cheng(2020)은 영어-한국어 이중언어 화자를 대상으로 기본 주파수 및 그 범위를 측정하였다. 그 결과, 남녀 화자 모두 영어보다 한국어로 발화할 때 더 높은 기본 주파수를 산출하였으며, 특히 기본 주파수 범위는 한국어 발화 시 성별 간 차이가 더 크게 나타났다. 이는 신체 조건이 동일하게 유지된 상황에서도 사용하는 언어에 따라 성별에 따른 발화 특성이 달라질 수 있음을 시사한다.

3.2. 스펙트럼 형태(Spectral shape)

2.1에서 살펴보았듯, H1-H2, H1-A3 등의 배음 간 진폭 차 측정치는

성대의 길이 및 두께에 따른 성문 폐쇄 정도의 영향을 받는다. 일반적으로 성문이 불완전하게 닫혀 음성에 숨소리가 많이 느껴질수록 배음 간 진폭 차 또한 증가한다. 이러한 경향은 주로 여성에게서 더 많이 발견되나 사용하는 언어에 따라 남녀 간의 차이는 다르게 보고되어 왔다(Klatt & Klatt, 1990 (영어); Lee, 2009 (북경어); Narra et al., 2015 (말라얄람어); Pépiot & Arnold, 2020 (영어, 프랑스어)). 특히 Yoon(2024)은 한국어와 프랑스어에서 남성과 여성의 발화상의 음향음성학적 특성이 얼마나 다르게 나타나는지를 연구한 결과, H1*-A1*, H1*-A2*, H4*-H2kHz*(네 번째 배음과 2 kHz 주파수대 배음 간 진폭 차)(*은 포먼트의 영향을 보정한 값임을 나타냄) 값은 전반적으로 남성에게서 더 낮게 나타났지만, 성별에 따른 차이는 오직 프랑스어 화자에게서만 나타난다는 것을 발견하였다. 이러한 결과는 특히 프랑스어 남성 화자의 H1*-A1*, H1*-A2*, H4*-H2kHz* 값이 낮아 발생한 것으로, 프랑스어 남성 화자에게서 상대적으로 더 거칠고 갈라지는 듯한 음성이 산출됨을 시사한다.

이러한 성별-언어 간 상호작용은 LTAS에서도 관찰된다. LTAS는 주파수에 따른 평균 음압 수준을 측정하며, 성문 원천 스펙트럼과 성도 공명 특성을 모두 포함한다. Byrne et al.(1994)은 13개 언어를 비교하며 "보편적 LTAS"(Universal LTAS)를 제시하였다. 이들의 연구에 따르면, 160 Hz 이하에서는 남성의 음압이 더 높고, 6,300 Hz 이상에서는 여성이 더 높으며, 250-5,000 Hz 사이에서는 성별 간 차이가 거의 없다. 그러나 다른 연구들은 이러한 결과 외의 주파수 대역에서도 성별 차이를 발견하였다(Noh & Lee, 2012a (한국어), 2012b (영어 및 한국어); Moradi et al., 2014 (페르시아어); Mendoza et al., 1996 (스페인어); Yüksel &

Gündüz, 2017 (터키어)). 가령, Noh와 Lee(2012b)는 영어와 한국어 화자 간 LTAS 비교에서 언어에 따라 성별 간 차이가 다르게 나타나며 특히 두 언어의 남성 화자 사이에서 더 두드러진 차이가 나타남을 발견하였다.

무성 마찰음의 스펙트럼 분석에서는 스펙트럼 무게중심(Center of Gravity, CoG)이 자주 측정되며, 이는 다양한 주파수대에서의 에너지가 가중된 평균 주파수를 나타낸다. 고주파수대에 에너지가 집중될수록 CoG 값은 높아진다. 선행연구에 따르면 무성 마찰음의 CoG 역시 성별과 언어에 따라 차이를 보인다. 가령, 스코틀랜드어 화자를 대상으로 한 연구에서 성별, 연령, 사회계층이 CoG에 영향을 미친다는 결과가 관찰되었다. CoG 값은 전반적으로 남성보다 여성에게서 높게 나타나는데, 노동자 계층의 미성년 여성의 경우만은 남성의 CoG에 가깝게 나타나는 결과를 보인 것이다. 이는 남녀 간 무성 마찰음의 스펙트럼 에너지 차이가 해부학적 요인만으로 설명되지 않음을 시사한다(Stuart-Smith et al., 2003; Stuart-Smith, 2020).

3.3. 주기성(Periodicity)

성대의 크기, 두께 등에 있어서의 성별 간 차이는 jitter, shimmer, 배음 대 소음 비율(Harmonics-to-Noise Ratio, HNR), CPP와 같은 지표에도 반영된다. 2.1에서 언급되었듯, Jitter와 shimmer는 그 값이 높을수록 각각 성대 진동 시 주기와 진폭이 불안정함을 나타낸다. HNR과 CPP는 값이 높을수록 음질이 맑고 소음 수준이 낮음을 시사하나, HNR는 성대 진동의 주기성과 관련된 잡음 수준을, CPP는 기식성 음질과 관련된 조화

파 에너지의 강도와 선명도를 민감하게 반영한다(Ferrer Riesgo & Nöth, 2020). 이 지표들은 음성 질환 평가뿐 아니라 비병리적 화자의 연령 및 성별에 따른 음성 비교에도 사용된다(Hillenbrand & Houde, 1996; Chen et al., 2010; Choi & Choi, 2016). 일반적으로 남성보다 여성에게서 jitter, shimmer, HNR 값이 더 높지만, 언어에 따라 성별 간 차이는 달라진다(Wang & Huang, 2004 (대만어); Ko, 2003 (한국어)). Jitter의 경우 Ko(2003)는 여성에서 더 높은 값을 보고한 반면, Wang & Huang(2004)은 성별 간 차이를 발견하지 못하였다. 또한 동일한 성별 내에서도 화자의 언어에 따라 HNR 및 shimmer 값이 달라진다. 가령 남성 화자만을 대상으로 언어 간 비교 연구를 수행한 Wagner와 Braun(2003)은 폴란드어 화자에게서 가장 높은 HNR을 관찰한 반면 shimmer는 이탈리아어, 폴란드어, 독일어 화자 순으로 높게 나타난 결과를 발견하였다. 한편, CPP는 대개 남성에게서 더 높게 나타나나, 언어 자료의 유형(Choi & Choi, 2016)과 화자의 연령(Manjunatha, 2017)에 따라 성별 간 차이 정도가 달라진다. 갈라지는 듯한 음성의 발생 빈도 역시 성별, 연령, 지역적 요소로부터 영향을 받는다. 예를 들어, Yuasa(2010)는 미국 캘리포니아 주에 거주하는 영어 화자와 일본어 화자에게서 갈라지는 음성의 출현 빈도를 비교한 결과, 영어 여성 화자가 남성 화자보다, 그리고 같은 성별인 일본어 여성 화자보다 더 빈번하게 갈라지는 음성을 산출함을 발견하였다. 또한, 한국어와 프랑스어에서 남성과 여성의 발화상의 음향음성학적 특성이 얼마나 다르게 나타나는지를 연구한 Yoon(2024)은 기존 연구와 같이 남성에게서 더 낮은 HNR이 나타나되 성별 간 차이가 프랑스어 화자에게서 더욱 크다는 것을 발견하였다. 이러한 성별-언어 간 상호작용은 특히 프랑스 남성 화자의 HNR 값이 낮아 발생한 것으로, 프랑스 남성의 발화에서 성대 진동의 주기성이 떨어지고 소음 수준이 상대적으로 높은 것으로 해석된다.

3.4. 음량(Intensity)

말소리의 음량 역시 언어에 따라 성별 간 차이가 달라진다. 영어를 사용하는 화자의 경우, 남성의 발화가 여성의 발화보다 더 높은 음량으로 산출된다는 결과(Fisher et al., 1986; Gelfer & Young, 1997)가 보고된 반면, 북경어(Lee, 2009), 네덜란드어(Biemans, 2000), 대만어(Wang & Huang, 2004)에서는 성별 간 유의미한 차이가 관찰되지 않았다.

3.5. 포먼트(Formants)

남성의 포먼트 주파수는 일반적으로 여성보다 낮다(Peterson & Barney, 1952; Hillenbrand et al., 1995). 이는 우리가 앞서 2절에서 살펴보았듯 성별 이형성으로 인한 남녀 간 성도 길이의 차이에서 비롯된다(Weirich & Simpson, 2014). 그런데 포먼트 주파수에 있어서의 성별 간 차이는 또한 언어에 따라 다양한 수준으로 나타난다. 그림 4와 같이, Johnson(2006)은 17개의 서로 다른 연구 결과를 종합하여 언어별로 성별 차이의 정도를 비교하였다. 예를 들어, 프랑스어에서는 제1포먼트(F1)의 성별 간 차이가 0.2 Bark 미만(Liénard & Di Benedetto, 1999)인 반면, 한국어에서는 약 0.8 Bark에 달한다(Yang, 1996). 제2포먼트(F2)의 경우,

덴마크어에서는 남녀 간 차이가 약 0.2 Bark(Fischer-Jørgenson, 1972) 정도이지만, 노르웨이어에서는 그보다 큰 약 1.4 Bark(Behne et al., 1996)의 남녀 간 차이가 나타난다.

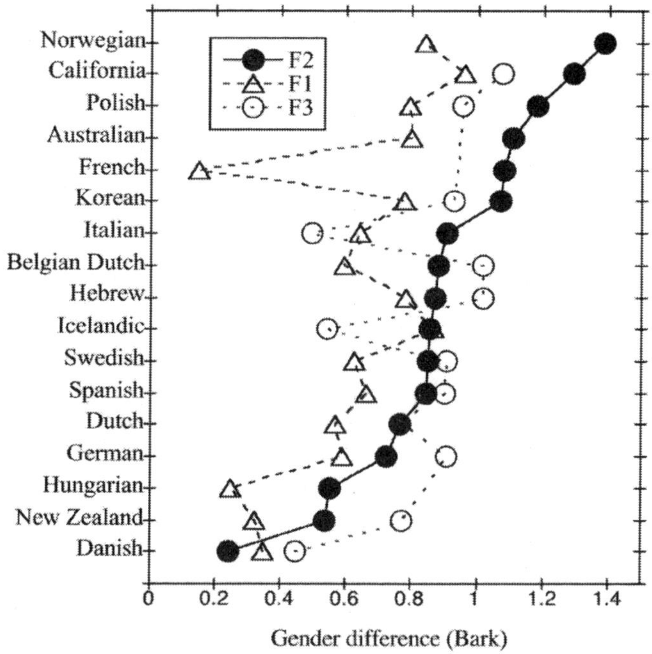

〈그림 4〉 남성이 산출한 모음과 여성이 산출한 모음 간의 평균 포먼트 차이 (17개 언어 기준, Johnson, 2006, p. 3).

제3포먼트(F3)에서도 성별 간 차이는 언어에 따라 약 0.4 Bark에서 1.1 Bark까지 다양하게 나타난다. 이러한 결과는 성도 길이에 있어서의 해부학적 차이만이 남녀의 포먼트 값의 차이를 결정하는 것이 아니며, 신체적으로 제약을 받는 범위 안에서 사용 언어에 따라 포먼트 값이 변화함을 시사한다.

3.6. 비음성(Nasality)

Park et al.(2014), Lee et al.(2023), Stuart-Smith(1999), Yoon(2024)의 연구는 비음 수준에 있어서의 성별 간 차이가 언어 자료의 유형, 언어의 음운론적 규칙, 그리고 사회 계층에 따라 달라질 수 있음을 보여준다. 먼저, Park et al.(2014)은 구강음-비강음 혼합문장 및 비강음으로만 이루어진 한국어 문장에서 여성의 비성비율(nasalance) 점수가 남성보다 높으나 구강음으로만 이루어진 문장에서는 성별 간 차이가 없음을 발견하였다. Lee et al.(2023)는 한국어 억양구(Intonational Phrase)의 첫 부분에서 여성의 비음도가 더 높다는 결과를 통해, 남성이 억양구 초기 탈비음화(initial denasalization)를 주도하고 있음을 시사하였다. Yoon(2024) 역시 한국어 강세구(Accentual Phrase)의 첫 번째 자리에 위치한 비자음에서 여성의 비음도가 남성보다 높다는 것을 발견하였으나, 동시에 해당 비자음의 길이(duration)가 여성에게서 더 짧게 나타난다는 것 또한 발견함으로써 Lee et al.(2023)과는 달리 여성이 탈비음화를 주도하고 있다는 결론을 제시하였다. 반면, Stuart-Smith(1999)는 글래스고 스코틀랜드어에서 남성의 비음도가 더 높게 나타난다고 보고하고 있다. 이 현상은 특히 노동자 계층의 화자에게서 두드러져, 중산층 남성의 발화 양식을 모방하는 사회적 지위 상승 욕구가 작용하고 있는 것으로 해석되었다.

3.7. 성대 진동 개시 시간(Voice Onset Time, VOT)

일부 선행연구에 따르면, 음절 초성 폐쇄음의 VOT는 언어와 자음의 종류에 따라 성별 간 차이가 다르게 나타나는 것으로 알려져 있지만(Swartz, 1992; Whiteside & Irving, 1997, 1998; Oh, 2011), Pépiot와 Arnold(2020)는 영어 및 프랑스어 모두 자음 유형에 관계없이 여성의 VOT가 남성보다 길다고 보고하고 있다. 반면, Morris et al.(2008)의 연구에서는 미국 영어 화자에게서 성별 간 유의미한 VOT 차이가 발견되지 않았다.

3.8. 발화 속도

발화 속도는 일반적으로 남성이 여성보다 빠르며(Byrd, 1994), 보편적으로 여성의 음절 지속시간이 더 길다(Lee, 2009 (북경어); Schwab & Avanzi, 2015 (프랑스어)). 그런데 Schwab과 Avanzi(2015)는 프랑스어를 사용하는 지역 가운데 일부 지역에서 이러한 성별 간 차이가 더욱 두드러진다는 것을 발견함으로써 성별과 지역 방언 간의 상호작용을 보여주었다. 게다가 발화 속도는 연령이 증가함에 따라 느려지기도 하는데, 이러한 경향이 특정 지역에서는 남자에게서 더 두드러지게 나타나고, 또 다른 지역에서는 여자에게서 더 두드러지게 나타나는 등 성별, 연령, 지역 방언 간의 삼중 상호작용 또한 발견되었다.

결론적으로, 이 절에서 검토된 연구들은 음성 기관의 성별 이형성에 따른 음향음성학적 특징이 언어마다 동일한 방식으로 나타나는 것은 아니라는 점을 보여준다. 남성과 여성의 발화는 언어 자료의 종류, 음운적 변화, 지역 방언, 연령, 사회경제적 계층 등 다양한 요인의 영향을 받으며 구성되는 것이다. 이러한 논의는 결국 성별에 따른 발화의 음향음성학적 특성의 차이를 이해할 때 생물학적 기반과 사회언어학적 요인을 통합적으로 조망할 필요성을 시사한다.

4. 나오기

본고에서는 남녀 간 발화의 음향음성학적 차이가 단지 생물학적 이형성의 직접적인 결과로만 해석될 수 없으며, 후천적으로 습득되는 언어 내적, 외적 요인 등과 얽혀 복합적으로 구성된다는 점을 살펴보았다. 구체적으로는, 성대 및 성도 크기에 있어서의 성별 간 차이로 인해 여성 화자가 남성 화자보다 전반적으로 더 높은 기본 주파수와 공명 주파수를 보이며, 상대적으로 많은 숨소리, 낮은 수준의 잡음, 큰 비음성, 긴 성대 진동 개시 시간, 느린 발화 속도를 보이는 경향이 있다. 그러나 선행연구들은 이러한 성별 간의 차이가 언어나 지역 방언에 따라 서로 다른 수준으로 나타날 수 있음을 보여주고 있다.

이러한 결과는 남녀 간 음향 신호의 차이를 단순히 해부학적 차이의 산물로 보기보다는, 사회적으로 형성되고 기대되는 성별 규범이 발화에 반영된 결과로 해석할 필요가 있음을 시사한다. 특히 숨소리나 비음성과 같은 지표는 문화에 따라 '여성적인' 특징으로 인식되기도 하며(Chuang,

2005; Edo, 2008), 반대로 적절한 수준의 거칠고 갈라지는 듯한 음성은 특정 언어의 여성 청자에게 매력적인 남성의 특징으로 작용하기도 한다 (Barkat-Defradas et al., 2012; Suire, 2019). 이는 곧 이러한 음성 특징들이 각 언어 공동체의 성별 규범을 반영하는 사회음성학적 지표로 작동할 수 있음을 의미한다.

결과적으로, 발화에 나타나는 성별 간 음향음성학적 특징의 차이는 고정된 생물학적 사실이 아닌, 언어 공동체 내에서 특정 성별 범주에 기대되는 음성 특질이 점차 강화되거나 억제되는 과정을 통해 형성되는 사회적 구성물임을 알 수 있다. 이처럼 선천적으로 타고난 성별과 후천적으로 습득된 언어라는 요인이 교차하는 지점에서 나타나는 음향음성학적 변이를 탐색하는 것은, 단순한 음성 분석을 넘어 개별 언어 공동체의 성별 규범과 사회문화적 인식의 작동 기제를 이해하는 데 기여할 것으로 기대된다.

이를 위해 향후 연구에서는 방법론의 확장이 요구된다. 예를 들어, 보다 다양한 맥락, 특히 자연스럽고 즉흥적인 발화 상황에서의 음성 분석이 이루어질 필요가 있으며, 연구 대상도 다양한 연령대와 보다 넓은 성 정체성 범주를 포함하도록 확대되어야 한다. 또한, 산출된 음향 특성이 실제 청자 인식에 어떻게 반영되는지를 파악하기 위한 인지 실험도 병행되어야 한다. 이러한 다층적 접근은 음성 언어의 사회적 작동 원리와 인간 커뮤니케이션의 복합성을 보다 입체적으로 이해하는 데 기초가 될 것이다.

참고 문헌

Barkat-Defradas, M., Busseuil, C., Chauvy, O., Hirsch, F., Fauth, C., Révis, J., & Amy de La Bretèque, B. (2012). Dimension esthétique des voix normales et dysphoniques : Approches perceptive et acoustique. *TIPA. Travaux interdisciplinaires sur la parole et le langage, 28*, 39-49.

Behne, D., Moxness, B., & Nyland, A. (1996). Acoustic-phonetic evidence of vowel quantity and quality in Norwegian. *TMH-QPSR, 37*(2), 13-16.

Biemans, M. (1998). The Effect of Biological Gender (Sex) and Social Gender (Gender Identity) on Three Pitch Measures. *Linguistics in the Netherlands, 15*, 41-52.

Boë, L.-J., Contini, M., & Rakotofiringa, H. (1975). Etude statistique de la fréquence laryngienne. *Phonetica, 32*(1), 1-23.

Byrd, D. (1994). Relations of sex and dialect to reduction. *Speech Communication, 15*(1-2), 39-54.

Byrne, D., Dillon, H., Tran, K., Arlinger, S., Wilbraham, K., Cox, R., Hagerman, B., et al. (1994). An international comparison of long-term average speech spectra. *The Journal of the Acoustical Society of America, 96*(4), 2018-2120.

Chen, G., Feng, X., Shue, Y.-L., & Alwan, A. (2010). On using voice source measures in automatic gender classification of children's speech. *Proceedings of the 11th Annual Conference of the International Speech Communication Association (INTERSPEECH 2010)*, Makuhari, Chiba, Japan, 26-30 September 2010, 673-676.

Cheng, A. (2020). Cross-linguistic f0 differences in bilingual speakers of English and Korean. *The Journal of the Acoustical Society of America, 147*(2), EL67-EL73.

Choi, S. & Choi, C. (2016). The Effect of Gender and Speech Task on Cepstral- and Spectral-Measures of Korean Normal Speakers. *Audiology and Speech Research, 12*(3), 157-163.

Chuang, T.-I. (2005). The power of cuteness: Female infantilization in urban Taiwan. *Stanford Journal of East Asian Affairs, 5*(2), 21-28.

Edo, O. (2008). The role of court lady's language in the historical norm construction of Japanese women's language. *Gender and Language, 2*(1), 9-24.

Fant, G. (1966). A note on vocal tract size factors and non-uniform F-pattern scalings. Speech Transmission Laboratory, Royal Institute of Technology; Stockholm: 1966. *QPSR Report, 4*, 22-30.

Fant, G. (1970). *Acoustic Theory of Speech Production* (2nd ed.). Mouton De Gruyter.

Ferrer Riesgo, C. A., & Nöth, E. (2020). What Makes the Cepstral Peak Prominence Different to Other Acoustic Correlates of Vocal Quality? *Journal of voice*, *34*(5), 806.e1-806.e6.

Filho, J. A. X., Christiano, E., Melo, M., Giacomo Carneiro, C., Tsuji, D. H., & Sennes, L. U. (2005). Length of the Human Vocal Folds: Proposal of mathematical equations as a function of gender and body height. *Ann Otol Rhinol Laryngol, 114*(5), 390-392.

Fischer-Jørgensen, E. (1972). Formant frequencies of long and short Danish vowels. In E. S. Firchow, K. Grimstad, N. Hasselmo & W. A. O'Neil (Eds.), *Studies for Einar Haugen* (pp. 189-213). Mouton.

Fisher, W. M., Doddington, G. R., & Goudie-Marshall, K. M. (1986). The Darpa Speech Recognition Research Database: Specifications and Status. *Proceedings of DARPA Speech Recognition Workshop*, Report No. SAIC-86/1546, February 1986, Palo Alto.

Fitch, W. & Giedd, J. (1999). Morphology and development of the human vocal tract: A study using magnetic resonance imaging. *The Journal of the Acoustical Society of America, 106*(3), 1511-1522.

Foulkes, P. & Docherty, G. J. (2006). The social life of phonetics and phonology. *Journal of Phonetics, 34*, 409-438.

Gelfer, M., & Young, S. (1997). Comparisons of intensity measures and their stability in male and female speakers. *Journal of Voice, 11*(2), 178-186.

Hanson, H., & Chuang, E. (1999). Glottal characteristics of male speakers: Acoustic correlates and comparison with female data. *The Journal of the Acoustical Society of America, 106*(2), 1064-1077.

Hejná, M., Šturm, P., Tylečková, L., & Bořil, T. (2019). Normophonic Breathiness in Czech and Danish: Are Females Breathier Than Males? *Journal of Voice, 35*(3), 498.e1-498.e22.

Henton, C., & Bladon, R. (1985). Breathiness in normal female speech: inefficiency versus desirability. *Language and Communication, 5*(3), 221-227.

Hillenbrand, J., Cleveland, R., & Erickson, R. (1994). Acoustic Correlates of Breathy Vocal Quality. *Journal of Speech and Hearing Research, 37*, 769-778.

Hillanbrand, J. Getty, L. A., Clark, M. J., & Wheeler, K. (1995). Acoustic characteristics of American English vowels. *The Journal of the Acoustical Society of America, 97*(5), 3099-3111.

Hillenbrand, J., & Houde, R. (1996). Acoustic correlates of breathy vocal quality: Dysphonic voices and continuous speech. *Journal of Speech and Hearing Research, 39*(2), 311-321.

Hollien, H. (1962). Vocal fold thickness and fundamental frequency of phonation. *Journal of Speech and Hearing Research, 5*(3), 237-243.

Iseli, M., Shue, Y., & Alwan, A. (2007). Age, sex, and vowel dependencies of acoustic measures related to the voice source. *The Journal of the Acoustical Society of America, 121*, 2283-2295.

Johnson, K. (2006). Resonance in an exemplar-based lexicon: The emergence of social identityand phonology. *Journal of Phonetics, 34*(4), 485–499.

Kahane, J. C. (1978). A morphological study of the human prepubertal and pubertal larynx. *American Journal of Anatomy, 151*, 11-20.

Klatt D., & Klatt L. (1990). Analysis, synthesis, and perception of voice quality variations. *The Journal of the Acoustical Society of America, 87*(2), 820-857.

Ko, D. (2003). A study of extracting acoustic parameters for individual speakers. *Phonetics and Speech Sciences, 10*(2), 129-143.

Ladefoged, P., & Broadbent, D. E. (1957). Information conveyed by vowels. *The Journal of the Acoustical Society of America, 29*, 98-104.

Lee, C. (2009). Identifying isolated, multispeaker Mandarin tones from brief acoustic input: A perceptual and acoustic study. *The Journal of the Acoustical Society of America, 125*(2), 1125-1137.

Lee, J., Kim, S., & Cho, T. (2023). Gender-related variation of nasality and sound change of denasalization driven by prosodic boundaries in Seoul Korean. *Proceedings of the 20th International Congress of Phonetic Sciences (ICPhS 2023)*, Prague, Czech Republic, 7-11 August 2023, 1419-1423.

Liénard, J.-S., & Di Benedetto, M. G. (1999). Effect of vocal effort on spectral properties of vowel. *The Journal of the Acoustical Society of America, 106*, 411-422.

Manjunatha, U. (2017). Cepstral Analysis of Voice in Young Children and Adults.

Global Journal of Otolaryngology, 11(1), 10-14.

Mendoza, E., Valencia, N., Munoz, J., & Trujillo, H. (1996). Differences in voice quality between men and women: Use of the long-term average spectrum (LTAS). *Journal of Voice, 10*(1), 59-66.

Moradi, N., Maroufi, N., Bijankhan, M., Nik, T., Salavati, M., Jalayer, T., Latifi, S., & Soltani, M. (2014). Long-term average spectra of adult Iranian speakers' voice. *Journal of Voice, 28*(3), 305-310.

Morris, R., McCrea, C., & Herring, K. (2008). Voice onset time differences between adult males and females: Isolated syllables. *Journal of Phonetics, 36*, 308-317.

Narra, M., Dodderi, T., Anu, C., Varghese, S., & Dattatreya, T. (2015). Harmonic Amplitude Measures to Note Gender Difference. *Advances in Life Science and Technology, 31*, 17-24.

Noh, H., & Lee, D. (2012a). How does speaking clearly influence acoustic measures? A speech clarity study using long-term average speech spectra in Korean language. *Clinical and Experimental Otorhinolaryngology, 5*(2), 68-73.

Noh, H., & Lee, D. (2012b). Cross-Language Identification of Long-Term Average Speech Spectra in Korean and English: Toward a Better Understanding of the Quantitative Difference Between Two Languages. *Ear & Hearing, 33*(3), 441-443.

Oh, E. (2011). Effects of speaker gender on voice onset time in Korean stops. *Journal of Phonetics, 39*(1), 59-67.

Park, M., Baek, W., Lee, E., Koh, K., Kim, B., & Back, R. (2014). Nasalance scores for normal Korean-speaking adults and children. *Journal of Plastic, Reconstructive and Aesthetic Surgery, 67*(2), 173-177.

Pépiot, E. (2014). Male and female speech: A study of mean f0, f0 range, phonation type and speech rate in Parisian French and American English speakers. *Proceedings of the International Conference on Speech Prosody (Speech Prosody 7)*, Dublin, Ireland, May 2014, 305-309.

Pépiot, E., & Arnold, A. (2020). Cross-Gender Differences in English/French Bilingual Speakers: A Multiparametric Study. *Perceptual and Motor Skills, 128*(1), 153-177.

Peterson, G. & Barney, H. (1952). Control Methods Used in a Study of Vowels. *The Journal of the Acoustical Society of America, 24*(2), 175-184.

Rose, P. (1991). How effective are long term mean and standard deviation as normalisation parameters for tonal fundamental frequency? *Speech Communication, 10*(3), 229–247.

Schwab, S., & Avanzi, M. (2015). Regional variation and articulation rate in French. *Journal of Phonetics, 48*, 96-105.

Simpson, A. (2009). Phonetic differences between male and female speech. *Language and Linguistics Compass, 3*(2), 621–640.

Södersten, M., & Lindestad, P.-Å. (1990). Glottal Closure and Perceived Breathiness During Phonation in Normally Speaking Subjects. *Journal of Speech Language and Hearing Research, 33*(3), 601-611.

Stuart-Smith, J. (1999). Glasgow: accent and voice quality. In P. Foulkes & G. J. Docherty (Eds.), *Urban voices: Accent Studies in the British Isles* (pp. 201-222). Arnold.

Stuart-Smith, J., Timmins, C., & Wrench, A. (2003). Sex and gender differences in Glaswegian /s/. *Proceedings of the 15th International Congress of Phonetic Sciences*, Barcelona, Spain, 3-9 August 2003, 1851-1854.

Stuart-Smith, J. (2020). Changing perspectives on/s/and gender over time in Glasgow. *Linguistics Vanguard, 6*(s1), 1-13.

Suire, A. (2019). *Évolution de la voix humaine : le rôle de la sélection sexuelle*. PhD dissertation, Université Montpellier.

Swartz, B. L. (1992). Gender difference in voice onset time. *Perceptual and Motor Skills, 75*, 983–992.

Teixeira, J. P., Oliveira, C., & Lopes, C. (2013). Vocal Acoustic Analysis – Jitter, Shimmer and HNR Parameters. *Procedia Technology, 9*, 1112-1122.

Titze, I. R. (1989). Physiologic and acoustic differences between male and female voices. *The Journal of the Acoustical Society of America, 85*(4), 1699-1707.

Titze, I. R. (2000). *Principles of Voice Production* (2nd ed.). National Center for Voice and Speech.

Wagner, A., & Braun, A. (2003). Is voice quality language-dependent? Acoustic analyses based on speakers of three different languages. *Proceedings of the 15th International Congress of Phonetic Sciences*, Barcelona, Spain, 3-9 August 2003, 651-654.

Wang, C., & Huang, H. (2004). Voice acoustic analysis of normal Taiwanese adults. *Journal of the Chinese Medical Association, 67*(4), 179-184.

Weirich, M., & Simpson, A. (2014). Differences in acoustic vowel space and the perception of speech tempo. *Journal of Phonetics, 43*(1), 1-10.

Whiteside, S. P., & Irving, C. J. (1997). Speakers' sex differences in voice onset time: Some preliminary findings. *Perceptual and Motor Skills, 85*, 459-463.

Whiteside, S. P., & Irving, C. J. (1998). Speakers' sex differences in voice onset time: A study of isolated word production. *Perceptual and Motor Skills, 86*, 651-654.

Wright, R., Mansfield, C., & Panfili, L. (2019). Voice quality types and uses in North American English. *Anglophonia*, 27.

Yang, B. (1996). A comparative study of American English and Korean vowels produced by male and female speakers. *Journal of Phonetics, 24*, 245-261.

Yoon, D. (2024). *Effets de la morphologie corporelle et de la langue parlée sur la parole d'hommes et de femmes*. PhD dissertation, Université Sorbonne Nouvelle.

Yuasa, I. (2010). Creaky voice: A new feminine voice quality for young urban-oriented upwardly mobile american women? *American Speech, 85*(3), 315-337.

Yüksel, M., & Gündüz, B. (2017). Long term average speech spectra of Turkish. *Logopedics Phoniatrics Vocology, 43*(3), 101-105.

Zwetsch, I., Fagundes, R., Russomano, T., & Scolari, D. (2006). Digital signal processing in the differential diagnosis of benign larynx diseases. *Scientia Medica, 16*(3), 109-114.

제4장

북한이탈주민의 남한 표준어 및 영어 습득

Chapter 04
북한이탈주민의 남한 표준어 및 영어 습득

정환민·한정임

1. 들어가기

포스트휴머니즘에서 중요한 이슈 중 하나는 신자유주의, 인종차별과 같은 여러 가지 형태의 차별과 불평등을 개선하는 것이다. 따라서 포스트휴머니즘에 기반하여 언어 습득을 연구하고자 할 때 현재 남한 사회에서 중요한 사회 문제로 대두된 북한이탈주민들의 남한 사회 적응을 위해 북한이탈주민의 남한 표준어 및 영어 습득에 대한 연구를 수행하는 것이 시급하다고 볼 수 있다.

북한이탈주민의 남한 방언 습득에 대한 이해를 위해서는 남북한이 서로 나뉘게 된 배경에 대한 이해가 필요하다. 남북한은 1945년 제2차 세계대전이 끝나고 일본이 패망하면서 한반도의 독립이 가능해졌는데, 한반도는 미국과 소련의 연합군에 의해 분할 점령되었다. 38선을 기준으로 미국은 한반도의 남부를 소련은 북부를 점령하게 되었는데 이로 인해 한반도 남북이 사실상 분단되었고, 각국은 자국의 이념과 정치체제를 한반도에 적용하려 하였다. 오랫동안 남북한은 군사적 대치와 함께 이념적 갈등을 겪었고, 양측은 서로를 인정하지 않고 적대적인 관계를 유지했다. 남한은 산업화와 경제성장을 이룩하며 세계에서 강력한 경제국가로 자리 잡은 데 비해 북한은 경제적 고립과 중앙집권적 계획경제로 어려움을 겪고 있다.

1990년대 이후 북한의 경제적 어려움이 가중되면서 탈북하여 남한으로 망명을 하는 북한 주민들이 많아지기 시작했는데, 북한이탈주민의 국내 입국 추세는 2000년대 이후 지속적으로 증가하여 2003~2011년에는 연간 입국 인원이 2,000명에서 3,000명 수준에 이르렀으나, 2012년 이후 연간 평균 1,300명대로 감소, 2021년에는 63명 입국, 2022년에는 67명이 입국하였다. 최근 입국 인원은 2023년 196명 그리고 2024년 236명으로 증가 추세에 있다. 2023년 6월 기준 통일부 발표에 의하면 총 33,981명의 북한이탈주민이 입국한 것으로 되어 있다. 이 중 여성 비율은 72%를 상회한다. 정부는 북한이탈주민이 우리 사회 일원으로 자립, 자활 의지를 갖고 안정적으로 정착하도록 「북한이탈주민의 보호 및 정착지원에 관한 법률」(1997.1.14제정)에 따라 다양한 정책적 지원을 시행하고 있다. 예를 들어 2012년에는 북한이탈주민정착지원사무소(제2하나원) 시설을 확충하고, 교육프로그램으로 여성특화교육을 강화하고 심리안정 및 건강회복 지원을 강화하고자 노력하였으며, 조속한 자립·자활을 지원하기 위해 북한이탈주민이 가장 큰 애로를 호소하는 취업문제 해결을 위해 노동부·기업 등과 유기적 협력관계를 구축하고 ‘북한이탈주민

일자리 창출 사업'을 진행하였다. 또한, 북한이탈주민지원재단·북한이탈주민 예비학교 설립, 취업지원 강화방안 등의 내용이 발표되었다.

이런 정부의 노력으로 남한 지역사회에 잘 적응해서 삶을 영위하고 있는 북한이탈주민들도 있지만 여전히 적응에 어려움을 겪고, 차별을 받고 있다고 느끼는 경우도 있다. 북한이탈주민들이 호소하는 여러 가지 어려움 중에 '언어' 문제가 있다. 남북한은 분단 이전에는 동일한 언어를 사용했기 때문에 지금도 서로 소통은 가능하고 동일한 철자를 사용하고 있지만 서로 다른 언어정책으로 인해 소리, 형태, 구조, 그리고 어휘에 있어서 남북한 언어의 간극이 점점 커지고 있다. 특히 어휘는 남북한 언어정책의 차이로 말미암아 가장 큰 차이를 보이고 있는데, 북한은 일제의 영향을 제거하고 외래어를 배격하여 순수 우리말을 사용하도록 하는 정책을 고수한 데 비해 남한은 한자어나 영어 외래어의 사용에 관대하여 우리 어휘의 한 축을 이루었다. 따라서 남한으로 망명한 후에 많은 북한이탈주민들은 이러한 외래어의 의미를 파악하는 데 어려움을 겪고 있는 것이다. 또한 오랜 고립으로 인해 발생한 남북한의 소리 구조의 차이도 무시할 수 없다. 다른 언어적 측면보다 변화의 속도가 빠른 소리 구조는 자음, 모음, 그리고 운율 구조에 있어서 많은 차이를 만들어냈다. 이러한 차이는 남한으로 이주하는 북한이탈주민에게 북한의 정체성과 언어를 드러내는 요인으로 작용할 수 있기 때문에, 많은 사람들이 남한 표준어를 습득하여 북한의 정체성을 드러내지 않기를 원하고 있다(Kang & Yun, 2018). 즉, 이러한 언어의 차이는 북한이탈주민들이 남한 사회에 빨리 적응해서 삶의 터전을 마련하기 위해 많은 노력을 기울이고 있음에도 여전히 어려움을 겪게 만드는 걸림돌이다. 남한 방언 습득과 더불어 북한이탈주민들이 경험하게 되는 또 다른 언어 문제는 영어 습득이다. 남한 사회에서 취업을 하기 위해서는 영어 구사력이 필수인데, 대부분 북한이탈주민들이 북한 사회에서 영어 학습이 제대로 이루어지지 않은 상태로 남한 사회로 넘어오게 된다. 따라서 남한 사회에서 요구하는 영어 능숙도의 수준을 달성하는 것은 매우 어렵기 때문에 가장 큰 애로를 호소하고 있는 것이다.

따라서 우리는 정부에서 진행하고 있는 다양한 교육 프로그램들이 보다 효과적으로 진행될 수 있도록 기초 연구 자료를 제공하고자 북한이탈주민들의 남한 방언과 영어 습득과 관련된 3가지 과제를 수행하고 그 내용을 소개하려고 한다. 먼저 첫 번째 과제에서는 남한 사회로 이주한 북한이탈주민들의 발화를 남한 주민들이 듣게 되었을 때 북한 방언의 특징이라고 강하게 인지되는 소리의 요소가 무엇인지 자음, 모음, 그리고 운율에 걸쳐서 조사하였다. 이 연구 결과는 북한이탈주민들이 남한 방언을 습득하는 교육 프로그램에서 북한 방언과 남한 방언의 차이를 인지하고 개선하는데 활용될 수 있다. 두 번째 과제에서는 현재 남한 사회에 거주하고 있는 북한이탈주민들이 어느 정도 또 구체적으로 어떤 언어적, 사회언어학적 측면에서 남한 방언에 수렴하고 있는지 조사하였다. 남한 사회에의 적응을 위해 이미 많은 북한 이탈주민들이 피나는 노력을 한 결과, 남한 방언에 어느 정도 수렴했다고 짐작할 수 있는데, 구체적으로 어느 정도 수렴이 이루어졌고, 어떤 소리의 요소들이 수렴에 걸림돌이 되고 있는지 다각도로 조사하였다. 마지막으로 세 번째 과제에서는 북한 이탈주민들과 남한 화자들이 가장 큰 어려움을 호소하는 영어의 모음을 학습할 때 각 모국어 방언이 어떻게 영향을 미치고 있는지 실험을 통해 살펴보았다. 마지막 과제의 경우는 북한이탈주민들이 영어를 학습할 때 남한 화자들에게 적용하는 방법을 그대로 사용하지 않고 북한이탈주민 맞춤 방법을 활용할 수 있도록 기초 자료를 제공하는 데 의의가 있다.

2. 첫 번째 과제: 북한 방언으로 인지되는 음향 특성(정환민, 오재혁, 한정임)

2.1. 연구 목적 및 배경

이 연구에서는 북한 방언과 남한 표준어의 음성적 차이에 주목하여, 북한이탈주민 화자가 의사소통 과정에서 북한 방언을 사용한다는 것이 남한 화자에게 인지되는 데 영향을 미치는 음향적 특성이 무엇인지를 파악하고자 하였다. 이를 위해 제2 언어의 외국 어투(foreign accent)의 연구 방법론을 활용하여 북한 어투(North Korean accent)의 음향적 근원을 조사하였다. Wayland(1997), Idemaru et al.(2019, 2021) 등의 연구를 통해 외국 어투의 정도가 L1-L2 쌍의 음성 대립 유형에 따라 다르게 인식된다는 것을 확인할 수 있다. 따라서 이 연구에서는 두 방언 간 음성적 차이를 통해 북한 어투 인지(perception of North Korea accent)에 기여하는 요인을 추출하고, 실제로 그러한 요인이 북한 어투 인지에 영향을 미치는 근원적인 음향 특성인지를 조사하였다.

이 연구에서는 선행연구를 토대로 크게 모음, 자음, 억양으로 구분하여 세 가지 음성적 차이에 집중하였다. 먼저 한국 전쟁 이전, 한국어의 단모음은 10모음 체계(/ㅣ, ㅔ, ㅐ, ㅡ, ㅓ, ㅜ, ㅗ, ㅏ, ㅚ, ㅟ/)를 유지하였다(Shin et al., 2013). 그러나 현재는 북한 방언과 서울 표준어 간의 차이가 몇 개의 모음 쌍에서 나타난다. 서울 표준어에서 모음 /ㅐ/는 /ㅔ/의 위치로 올라가서 합류되었으나(Eychenne & Jang, 2015; Lee & Cho, 2021; Kang, 2014), 북한 방언에서는 혀의 고저 차이로 /ㅔ/, /ㅐ/가 구분된다(Lee & Idemaru, 2024, Lee & Ramsey, 2000). 또한 서울 표준어에서 모음 /ㅗ/가 /ㅜ/ 쪽으로 높아지면서(Han & Kang, 2013), 이로 인해 /ㅜ/가 /ㅡ/에 가까워졌는데(Kang, 2014; Kang & Kong, 2016), Kang(2014)에서는 이 두 모음이 남한의 젊은 화자 사이에서 더 높은 F2(혀의 더 앞쪽에서)로 실현된다는 것을 보고하였다. 그러나 북한 방언에서는 모음 /ㅡ/는 모음 공간의 뒤쪽 영역인 /ㅜ/ 근처에서 발음된다. 마지막으로 북한 방언과 서울 표준어의 /ㅗ, ㅓ/는 서로 다른 스펙트럼 특성을 갖는다. 북한 방언에서는 /ㅗ/가 /ㅓ/보다 혀의 위치가 더 낮지만, 남한에서는 그 반대의 특성을 갖는다.

자음의 경우, 두 방언 간 두드러진 차이는 폐쇄음과 파찰음에서 관찰된다. 20세기 초 이전에는 폐쇄음의 세 가지 발성 유형의 대립인 평음, 경음, 격음이 VOT(voice onset time; 성대 진동 시작 시간)을 기준으로 구분되었다(Cho et al., 2002). 그러나 최근 음성학 연구(Bang et al., 2018; Kang & Guion, 2008; Silva, 2006)에서는 서울 표준어에서 폐쇄음의 세 가지 발성 유형은 VOT를 통해 경음과 나머지 유형이, 후행 모음의 음높이(F0)를 통해 평음과 나머지 유형이 구분됨을 밝혔다. 북한 방언의 폐쇄음 산출 양상은 대체로 알려지지 않았으나, 서울에 거주하는 북한이탈주민에 대한 선행 연구의 결과를 통해 북한이탈주민 화자가 VOT로 세 가지 폐쇄음을 구분하고, F0의 사용은 약한 것으로 나타났다(Kang & Yun, 2018; Lee et al., 2025).

파찰음 또한 남북한 모두 평음, 경음, 격음의 세 가지 발성 유형의 대립을 보인다. 그러나 선행연구에서는 두 방언 간 조음 위치의 차이를 보고하는데, 서울 표준어에서는 치경 마찰음(/ㅅ, ㅆ/)보다 더 뒤쪽에서 조음되는 특징을 보인다(Anderson et al., 2004; Kang & Kochetov, 2010). 북한 방언의 파찰음은 북한이탈주민 또는 중국어-한국어 이중언어 사용자 기반의 선행연구(Kang & Yun, 2018; Schertz et al., 2017)들을 통해 추정할 수 있다. 두 연구의 참여자들은 모두 COG 값이 남한 표준어 화자보다 높게 나타났으며 이것은 북한 방언의 파찰음이 더 앞쪽에서 조음된다는 것을 시사한다.

남한 표준어의 음운구(AP)는 4음절 기준으로 "THLH"의 음높이 패턴으로 실현되며, 첫 음절의 초성이 경음 또는 격음이 오면 "T"가 "H"로, 그 이외의 경우에는 "L"로 실현된다. 북한 방언의 억양 특성은 Lee(2000)의 인상주의적인 설명에 기반하여 북한 방언의 음운구가 "하강" 패턴(첫 음절이 "H"이고 마지막 음절이 "L"인 패턴, 즉 "H…L")을 가지고 있음을 추정할 수 있다. 그러나 이러한 인상주의적 설명은 아직 실험 연구를 통해 검증되지는 못하였다. 따라서 두 방언 간 음운구 및 억양구의 음높이 패턴은 동일한 패턴을 보일지, 서로 다른 패턴으로 실현될지 탐구할 가치가 있어 보인다.

이러한 음성적 차이에 기반하여, 이 연구에서는 서울에 거주하는 북한 이탈주민의 발화를 통해 남한 사람들이 지각하는 북한 어투의 음향 단서를 탐색하고자 하였다. 두 방언에서 불일치를 보이는 것으로 나타난 음성적 특징 중 하나를 각각 포함하는 목표 문장을 구성하였다. 그 음성적 특징으로는 모음의 포만트, 폐쇄음의 VOT와 F0, 파찰음의 위치 단서, 그리고 억양 패턴이 포함되었다. 북한이탈주민이 산출한 목표 문장을 남한 화자에게 들려준 뒤 북한 어투의 정도를 평가하도록 하였고, 그 평가 결과를 통해 북한 어투로 인식되는 데 가장 큰 영향을 미치는 음향적 특성이 무엇인지를 평가하였다.

2.2. 연구 방법

이 연구는 북한이탈주민의 발화를 녹음을 통해 수집하는 '산출 실험'과 녹음된 그 음성 자료를 듣고 남한의 표준어 화자들이 북한 어투의 정도를 평가하는 '청취 평가 실험'을 통해 진행되었다. 먼저, 북한이탈주민 화자가 산출할 문장을 제작하기 위해 먼저 세 개의 모음 쌍(/ㅔ-ㅐ/, /ㅡ-ㅜ/, /ㅓ-ㅗ/), 두 개의 폐쇄음 쌍(/ㅂ-ㅍ/, /ㄱ-ㅋ/), 두 개의 파찰음 쌍(/ㅈ-ㅊ/, /ㅈ-ㅉ/)을 구성하였다. 억양의 경우 두 방언 간 차이를 탐색하고자 다양한 음운구를 고려하여, 세 개의 억양 쌍(L/H로 시작하는 3음절 음운구, L/H로 시작하는 4음절 음운구, L/H로 시작하는 5음절 음운구)을 구성하였다. 각 목표 쌍은 실험 문장에 하나씩 포함되었다. 분절음의 경우 어두와 비어두 위치에 따른 북한 어투 정도의 차이를 고려하여 2개씩 제작하였다. 따라서 분절음 평가를 위한 문장은 총 14개, 억양 평가를 위한 문장은 총 6개로, 실험 문장은 총 20개였다. 이 20개의 문장은 북한 출신의 모델 화자 2명의 음성을 사용하여 지연 반복 기법(Delayed repetition task; Flege et al., 1995, 2006)을 통해 녹음되었다. 북한 출신의 모델 화자 중 한 명은 평안도/양강도 출신의 50대 여성 화자였고, 다른 한 명은 평안도/함경도 출신의 60대 여성 화자였다. 두 사람 모두 남한에서의 거주 기간이 5년이었다.

이 연구에 참여한 북한이탈주민 참여자는 모두 34명이었으며(남성 8명, 여성 26명), 평안도(7명), 황해도(2명), 함경도(22명), 양강도(2명), 강원도(1명) 출신의 20세부터 80세까지의 (평균 52.38세)의 화자들이었다. 이들의 남한 도착 평균 연령은 38.49세(범위: 10세~68세)였으며, 한국에 거주한 지 평균 13.78년(범위: 6~23년)이 되었다.

산출 실험을 통해 북한이탈주민의 발화 680개가 녹음 수집되었으나, 이 수량 전체에 대한 평가는 청자에게 부담이 크다는 점, 그리고 각 문장이 연구자의 의도를 잘 반영했는지에 대한 검토가 필요하다는 점을 고려하여 음성학 전문가가 이 토큰들을 평가하는 과정을 거쳤다. 세 명의 전문가와 본고의 연구자들이 북한 어투에 기여하는 요인이라고 동의하는 문장을 최종 자극 문장으로 선정하였고, 그 결과 아래와 같이 총 6개의 문장이 한국어 표준어 화자에게 제시될 청취 평가 실험의 최종 자극 문장으로 선정되었다.

〈표 1〉 목표 문장

문장 번호	북한 어투 기여 요인	목표 문장
S04	모음 쌍 /ㅡ-ㅜ/	그림책을 구매해요
S05	모음 쌍 /ㅓ-ㅗ/	어린이는 오늘까지요
S08	폐쇄음의 VOT	파란색 바지뿐이죠
S14	파찰음의 조음 위치	짜증이 자연스럽죠
S15	억양	이것만 다하고 나갈게요
S16	억양	이것만 끝내고 나갈게요

청취 평가 실험에서 사용할 토큰은 총 204개(북한이탈주민 참여자 34명 * 문장 6개) 중, 화자의 발음 오류로 인해 '어린이는 오늘까지요' 문장에서 토큰 1개가 제외되었다. 따라서 청취 평가 실험에서 제시된 토큰은 모두 203개였다. 청취 평가 실험에는 청각 및 언어 장애가 없는 49명의 서울 수도권 출신의 화자들이 평가자로 참여하였다(남성 19명, 여성 30명; 평균 연령 25.47세). 평가자들은 방음 부스에서 Praat의 experimentMFC (v.6.4.21)와 헤드폰 Sennheiser HD 599를 사용하여 개별적으로 평가를 진행했다. 1점은 북한 어투가 전혀 없음을, 7점은 북한 어투가 매우 강함을 나타내는 7점 리커트 척도를 사용하여 북한 어투의 정도를 평가하였고, 이 결과를 통해 북한 어투로 인지되는 데 영향을 미치는 음향 단서가 무엇인지를 분석하였다.

2.3. 결과 및 시사점

각 문장에 대한 북한 어투의 정도는 전반적으로 평균 2~4점 정도로 나타났다. 그러나 문장별로 평가 결과가 차이가 있는 것으로 나타났는데 ($F(5, 240) = 79.68$, $p < .001$), 선형 혼합 모델 결과에서는 모음 /ㅓ-ㅗ/를 포함하는 "어린이는 오늘까지요" 문장의 점수가 가장 높고, 폐쇄음 VOT 포함하는 문장 "파란색 바지뿐이죠"의 점수가 가장 낮은 것으로 나타났다. 나머지 네 개의 문장은 서로 비슷한 정도로 평가되었다.

북한이탈주민 참여자가 산출한 문장 "그림책을 구매해요"의 모음 쌍 /ㅡ-ㅜ/, "어린이는 오늘까지요"의 모음 쌍 /ㅓ-ㅗ/에서 F1과 F2를 측정 및 분석하였다. 북한 방언에서는 /ㅡ/가 /ㅜ/에 가깝게 실현된다는 인상주의적인 설명과 달리, 실제로 서울 표준어와 유사하게 /ㅜ/보다 더 앞쪽에서 실현된 것으로 나타났다. 이것은 음향적으로 서울 표준어가 갖는 특징에 적응됐을 가능성을 시사한다. 그러나 모음 /ㅓ-ㅗ/는 서울 표준어와 뚜렷한 차이를 보였다. 선행연구에서도 언급했듯이 /ㅓ/가 /ㅗ/보다 낮게 실현되는 서울 표준어와 달리, 실제로 북한이탈주민 참여자의 /ㅓ/는 /ㅗ/보다 더 높게 실현되었다. 청취 평가 실험에 참여한 표준어 화자들이 이 /ㅓ-ㅗ/가 포함된 "어린이는 오늘까지요" 문장에서 북한 어투를 가장 강하게 인식한 것으로 보아, 남한 표준어와 반대 스펙트럼의 관계를 갖는 모음 쌍 /ㅓ-ㅗ/의 대립이 북한 어투를 강하게 예측하는 데 가장 중요한 역할을 함을 시사한다.

북한이탈주민 참여자가 산출한 문장 "파란색 바지뿐이죠"에서 폐쇄음의 VOT, "짜증이 자연스럽죠"에서 파찰음의 COG를 측정하였다. 폐쇄음의 VOT의 경우, 평음의 평균은 21.9ms, 격음의 평균은 81.1ms이었고, 이러한 차이는 통계적으로도 유의미하였다(β = 59.235, p 〈 0.001). 선행연구와 달리 폐쇄음의 후행 모음의 F0는 평음보다 격음에서 남녀 화자 모두 더 높게 실현되었다(남성의 경우 β= -33.889, p〈 0.001; 여성의 경우 β= -53.280, p〈 0.001). 이것을 통해 이 연구에 참여한 북한이탈주민 화자들은 VOT와 F0를 모두 사용하여 평음과 격음을 구별하는 것을 알 수 있다. 즉 북한 어투 평가가 가장 낮았던 평음과 격음 폐쇄음의 대립에서는 북한이탈주민 참여자들이 북한에서 주요한 단서로 사용하는 VOT와 남한의 주요 단서인 F0를 모두 사용하고 있음을 알 수 있다. 파찰음의 GOG는 여성 화자의 경우 평음이 평균 6030Hz, 경음이 평균 6455Hz로, Kang & Yun(2018)의 값보다 더 낮거나 유사한 결과이다. 낮은

COG는 남한 화자와의 유사성을 나타내는 것으로 북한이탈주민 참여자의 파찰음 산출은 남한어에 적응한 것으로 해석된다.

억양이 목표 대상이었던 "이것만 다하고 나갈게요, 이것만 끝내고 나갈게요"의 문장에서는 억양 패턴을 조사하였는데, 목표 음운구였던 두 번째 음운구(AP), "다하고, 끝내고" 수준에서는 서울 표준어와 북한 방언 간 음높이 패턴의 두드러진 차이가 나타나지 않았다. 예상과 달리 음운구보다 더 높은 범주인 억양구(IP)에서 그 차이가 드러났다. 서울 표준어에서는 음운구 마지막 음절에서 경계 성조(boundary tone)가 얹히면서 억양구를 형성하나, 북한 방언에서는 끝에서 두 번째 음절과 마지막 음절 모두에서 실현되는 특징을 보였다. Lee(2000)에서는 북한어의 억양은 끝에서 두 번째 음절에서 상승했다가 마지막 음절에서 하강하는 패턴을 보인다고 언급한다. 이 연구의 데이터에서도 이러한 특징이 관찰되었는데, S15, S16의 마지막 음운구인 "나갈게요"의 '게'에서 억양이 상승했다가 '요'에서 하강하는 패턴을 보였다. 이러한 북한식 억양 패턴을 보인 토큰을 구분하여 북한어투 평가 점수를 재분석한 결과, 이러한 패턴이 북한어투를 더 강하게 인지하도록 유도하는 것으로 나타났다(β= 0.23, $p<0.001$). 대분의 북한이탈주민 참여자가 남한식 억양에 적응했으나, 일부 화자는 고유한 북한식 억양을 유지하고 있고 이것이 북한 어투 인지에 직접적으로 영향을 미친다는 것을 시사한다.

이 연구는 서울 수도권에 거주하는 북한이탈주민이 산출한 문장에서 인지된 북한 어투의 음향적 근원을 조사하였고, 모든 음향적 특성이 북한 어투가 인지되는 정도를 동일하게 예측하는 것은 아니라는 것을 발견하였다. 모음 /ㅓ-ㅗ/의 스펙트럼 특징이 서울 표준어와 완전하게 반대적인 특성을 지닌다는 점이 북한 어투 인지에 가장 크게 기여하였으며, 대부분의 음향적 특징은 남한 방언에 적응된 것으로 나타났다. 이주로 인한 방언 특징의 변화는 제2 방언 습득 연구에서도 일관되게 나타나는데, 북한이탈주민의 경우 사회적 지위 또는 남한 사회에 적응하고자 하는 강한 동기로 인해 서울 표준어에 대한 적응이 빠르게 집중적으로 일어날 수 있었을 것이다. 이 연구의 결과는 북한과 남한 화자 모두에게 교육학적 함의를 갖는다. 북한이탈주민들은 한국에 도착하면 12주 동안 남한 언어와 문화를 배우는 적응 프로그램에 참여한다. 남한 화자들은 북한 방언을 대부분 이해할 수 있지만, 많은 북한이탈주민들은 두 번째 방언인 남한 방언의 발음을 익히는 데 어려움을 겪는다. 제한된 시간 안에서 효율성을 높이기 위해서는 북한이탈주민들이 북한 방언과 남한 방언의 차이점을 알고, 어떤 차이점이 북한 억양에 더 큰 영향을 미치는지 면밀히 조사해야 한다. 동시에, 이 연구 결과는 남한 화자들이 두 방언의 발음 차이로 인해 탈북민 화자를 차별하지 않도록 교육하는 자료로 활용될 수 있다. 이 연구는 북한이탈주민의 제2 방언 습득 과정에 대한 실증적 데이터를 제공하며, 교육적 실천에도 기여할 수 있을 것으로 기대한다.

3. 두 번째 과제: 남한 방언으로의 수렴(정환민, 오은혜, 한정임)

3.1. 연구 목적 및 배경

음성 수렴(phonetic convergence)은 화자가 자연스러운 대화 상황에서든 실험적 환경에서든, 대화 상대나 청취 모델의 음성적 특성을 닮도록 자신의 음성 발화를 조절하는 현상을 말한다(Pardo, 2012, 2013). 일부 연구자들은 음성 수렴이 음성 지각과 발화 사이의 직접적인 결합에서 비롯되는, 대체로 자동적 인지 과정이라고 주장하였다(Goldinger, 1998; Shockley et al., 2004). 그러나 수렴이 언어적 요인과 사회적 요인 모두에 의해서 조절된다는 연구들이 점점 더 많아지고 있는데, 대화 상대가 매력적일 때는 음성 수렴의 가능성이 높으나(Babel, 2010, 2012) 음운 대립이 약화될 경우에는 수렴 가능성이 낮아진다(Mitterer & Ernestus, 2008; Nielsen, 2008).

이 연구는 단어 따라 말하기 실험을 통해 방언 간 음성 수렴을 조사하며, 언어 및 사회적 선택성을 조사하였다. 방언 간 적응(accommodation)을 비교하는 것은 언어적 및 사회적 선택성을 모두 살펴볼 수 있는 이상적인 사례이다. 방언 간 다양한 차이는 언어적 요인과 사회적 요인에 따라 서로 다른 수준의 수렴을 보일 수 있기 때문이다. 특히 북한 방언과 서울 표준어, 두 방언은 서로 이해할 수 있음에도 오랜 단절로 인해 소리, 형태, 문법, 어휘 등 사용 양상이 뚜렷한 차이를 보이는 방언들로, 독특한 유형의 방언 간 음성 수렴 현상을 탐색할 수 있다. 특히 남한에 거주하는 북한이탈주민의 북한 방언은 비권위적인 방언으로 간주되어 부정적 고정관념에 노출되기 쉽다. 그러나 이러한 남북한 방언 간 수렴을 실험실 환경에서 다룬 연구는 극히 드물며, 양 방언 간 음성 수렴을 본격적으로 분석한 사례는 아직 보고되지 않았다.

음성 모방에 대한 선행 연구들은 수렴이 선택적으로 발생할 수 있음을 보여 주었다. 예를 들어, 수렴은 음소 하위 세부 사항보다는 음운론적으로 대립되는 특징이 모방되고(Mitterer & Ernestus, 2008), 폐쇄음의 음향적 특성인 후행 모음의 F0나 VOT와 같은 특성은 청자의 음운 범주를 위협하지 않을 때 모방된다(Nielsen, 2008, 2011; Kwon, 2021;). 연령, 성별, 민족, 사회 계층, 모델 화자와 따라 말하는 화자 간 사회적 거리, 그리고 모델 화자의 매력도 같은 사회적 요인 또한 수렴에 영향을 미친다. 성별과 같은 인구통계학적 변수는 상이한 결과들을 보였으나(Namy et al., 2002 vs. Pardo, 2006), 화자가 자신이 모방하는 상대방에 대해 어떻게 느끼느냐에 따라서는 음성 조절에 대한 더 일관된 효과가 나타났다(Babel, 2010, 2012; Yu, et al., 2013).

음성 수렴이 일어날 때 언어적 및 사회적 요인이 상호작용할 수 있는데, 방언 간 수렴을 비교함으로써 이러한 상호작용을 탐구할 수 있다. 실험실 기반의 음성 수렴에 대한 연구는 아직 많지 않지만, 선행연구에서는 의미 있는 수렴의 효과를 보고한다. Walker & Campbell-Kibler(2015)에서는 모델 화자의 방언이 참여자의 방언과 음성적으로 멀리 떨어져 있거나, 목표 모음의 조음 공간이 넓을 때 수렴이 더 많이 일어난다는 것을 발견하였고, Clopper & Dossey(2020)는 화자들이 강하게 고정관념화되지 않은 특성들에는 수렴하지만, 부정적인 고정관념을 가진 특징(미국 남부 방언의 "/aɪ/의 단모음화"와 같은 특징)은 모방하지 않는다는 것을 보여 주었다. 이러한 연구들은 음성 수렴이 언어적 거리와 특정 특징이 부여된 사회적 의미 모두에 의해 영향을 받는다는 것을 시사한다.

남북한의 언어적 맥락에서, 한국 전쟁 이후 분단의 역사는 모음 체계에 상당한 차이를 가져왔다. 두 방언은 사회정치적 또는 이념적 차이에 의해 언어적 차이가 심화되었다. 예를 들어, 북한은 어휘 차용을 제한하고 특정 모음 자질을 보존한 반면, 남한은 더 많은 외래어를 차용하고 모음 합류 및 이중모음화 같은 음성적 변화를 겪었다. 구체적으로 네 가지 측면에서 모음이 구별된다. (1) 서울 표준어는 /ㅗ/를 /ㅜ/쪽으로 올리는 반면(Han & Kang, 2013), 북한 방언의 /ㅗ/는 더 낮게 실현된다(Kang & Yun, 2018). (2) 서울 표준어는 /ㅔ/와 /ㅐ/가 합류되었으나, 북한 방언에서는 명확한 대립을 유지한다(Eychenne & Jang, 2018; Lee & Idemaru, 2024). (3) 북한 방언의 /ㅡ/는 서울 표준어보다 /ㅜ/에 더 가깝다. (4) 서울 표준어에서 /ㅟ/와 /ㅚ/는 이중모음으로 실현되나(Shin et al., 2013; Sohn, 1999), 북한 방언에서는 여전히 단모음을 유지하며, 일부는 원순성을 잃어버리고 전설모음으로, 또는 이중모음으로 발음하기도 한다(Kang, 1997; Kwak, 2003; Lee et al., 2009).

이 연구는 언어적, 사회적 요인이 방언 간 음성 조절에 어떻게 영향을 미치는지를 조사하였으며, 특히 북한 화자가 서울 표준어에 어떻게 적응하는지에 초점을 맞추었다. 실험 집단인 북한이탈주민화자 그룹(이하, NK 그룹)과 통제 집단인 서울 표준어 화자 그룹(이하, SK 그룹) 모두 북한 출신의 모델과 서울 출신의 모델 화자가 생성한 단어를 따라 말하는 실험에 참여하였다. 음성 수렴에 대한 평가는 두 방언 간에 차이를 보이는 네 가지 모음의 음향 측정값을 통해 이루어졌으며, 각 대상은 다음과 같다: (1) /ㅗ/와 /ㅓ/의 스펙트럼 위치; (2) /ㅔ/와 /ㅐ/의 합류; (3) /ㅡ/와 /ㅜ/의 근접성; (4) /ㅟ/와 /ㅚ/의 이중모음화. 이 연구는 선행연구를 바탕으로 NK 그룹의 화자가 사회적 지위가 높은 서울 표준어로 더 큰 수렴을 보일 것이며, 이러한 수렴은 방언 차이가 서울 표준어에서 중요한 소리 대립을 방해할 수 있는 모음 특징에서 더 강할 것이라고 예측하였다.

3.2. 연구 방법

남한으로 이주하여 서울 수도권에 거주하는 북한이탈주민 21명이 실험에 참여하였다(NK 그룹). 참여자 대부분은 여성이었고(16명), 실험 당시 이들의 평균 연령는 41.8세로 20세부터 59세 사이에 분포하였다. 함경도 출신 화자들이 16명으로 가장 많았고, 그 외에 평안도(3명), 양강도(2명) 출신 화자들도 포함되었다. 이들은 평균적으로 남한에서 13년 정도 거주하였으며, 남한에 도착하기 전 중국에서도 일정 기간(평균 6.81년) 거주한 것으로 나타났다. 북한어와 남한어에 대한 방언사용 양상은 화자마다 달랐으나, 전반적으로 북한 방언을 더 많이 사용하는 것으로 나타났다(북한어 70%, 남한어 30% 정도). 비교를 위해 연령과 성별이 유사한 서울 표준어 화자 22명이 비교 그룹(SK 그룹)으로 참여하였다.

〈표 2〉 자극 단어

<table>
<tr><td rowspan="6">목표단어</td><td>[ㅐ]</td><td>태양</td><td>개살구</td></tr>
<tr><td>[ㅓ]</td><td>어제</td><td>어머니</td></tr>
<tr><td>[ㅗ]</td><td>소나무</td><td>호랑이</td></tr>
<tr><td>[ㅡ]</td><td>음식</td><td>그림자</td></tr>
<tr><td>[ㅚ]</td><td>회오리</td><td>괴로움</td></tr>
<tr><td>[ㅟ]</td><td>위신</td><td>뒤꿈치</td></tr>
<tr><td rowspan="4">기준단어</td><td>[ㅏ]</td><td>다리미</td><td>가정</td></tr>
<tr><td>[ㅔ]</td><td>게시판</td><td>메뚜기</td></tr>
<tr><td>[ㅜ]</td><td>수저</td><td>무지개</td></tr>
<tr><td>[ㅣ]</td><td>기울기</td><td>이모</td></tr>
</table>

남북한에서 모두 사용되는 20개의 단어가 목표 단어로 고려되었는데,

10개의 모음이 각각 2-3음절의 단어 2개를 구성하였으며, 목표 모음은 모두 단어의 첫 음절에 위치하였다.

북한 출신 여성과 서울 출신 여성 한 명씩, 총 2명이 따라 말하기 실험의 음성 모델로 선정되었다. 북한 출신의 모델은 50대의 평안도 출신의 화자로, 문화어를 사용하였다. 또한 5년 전 한국에 도착한 이후로 서울에 거주하고 있었으며, 일상 생활에서 서울말을 10% 정도 사용하는 것 외에는 북한 방언을 사용한다고 자가 보고하였다. 서울 모델 화자는 서울에서 태어나 자랐으며 표준어를 사용하였다. 두 모델은 조용한 방음실에서 단어를 녹음하였고, 각 단어의 가장 자연스러운 버전을 선별하여 본 실험에 사용하였다. 두 모델의 음성 자료에서 목표 모음 F1과 F2를 측정하였는데, /ㅏ, ㅐ, ㅓ, ㅔ, ㅗ, ㅜ, ㅡ, ㅣ/는 모음의 안정구간에서, /ㅚ, ㅟ/는 10%와 60% 지점에서 측정하였다. 모음 /ㅔ, ㅣ, ㅜ, ㅏ/는 두 모델 화자 간에 큰 차이가 없었으나, 모음 /ㅓ, ㅗ, ㅡ, ㅐ, ㅟ, ㅚ/는 서론에서 언급한 바와 같이 뚜렷한 차이를 보였다. 예를 들어, 모음 /ㅡ/의 경우 북한 모델은 /ㅜ/에 더 가까웠으나, 서울 모델은 더 앞쪽에 위치하였다. 모음 /ㅔ/와 /ㅐ/는 북한 모델의 발화에서는 구분되었으나, 서울 모델의 발화에서는 합류되었다. 모음 /ㅗ/와 /ㅓ/는 북한 모델의 /ㅗ/가 더 낮았고 서울 모델은 반대로 /ㅓ/가 더 낮았다. 복잡한 패턴을 보인 /ㅚ, ㅟ/의 경우, 두 모델 화자 모두 단어에 따라 다양한 변이를 보였다. 발음 규범상 이 모음들은 북한에서는 단모음(/ø, y/)으로, 남한에서는 이중모음([we, wi])으로 발음된다고 명시되어 있으나 실제 생산에서는 일관되지 않았다. 이러한 특징을 가진 두 모델의 음성 단어가 본 실험에서 사용되었다.

실험에서 참여자들은 방음실에서 두 가지 녹음 실험을 수행하였다. 먼저, 각 참여자마다 기준선 발화를 확보할 수 있도록 20개의 단어를 하나씩 소리 내어 읽고 녹음하였다. 두 번째로는 따라 말한 발화를 확보하기 위해 모델 화자의 음성을 듣고 각 단어를 소리 내어 따라 말하였다. 두 번째 실험은 두 개의 블록을 통해 음성이 제시되었는데, 첫 번째 블록에서는 자신과 동일한 방언을 갖고 있는 모델의 음성이 제시되었고, 두 번째 블록에서는 자신과 다른 방언을 갖고 있는 모델의 음성이 제시되었다. 화자의 출신지 정보는 화자의 발화에 대한 인식에 영향을 미치므로(Hay et al., 2006; Hay & Drager, 2010), 참여자들에게 각 블록을 시작하기 전에 모델 화자의 출신지 정보를 명확하게 제공하였다. 블록 내에서 단어는 무작위로 제시되었고, 블록과 블록 사이에서 참여자는 쉬는 시간을 가질 수 있었다. 실험이 끝난 뒤 단어에 대한 친숙도와 자신의 언어 배경에 대한 설문지를 작성하였다.

실험을 통해 수집한 2,559개의 토큰은 Praat 스크립트를 통해 모델 화자의 토큰과 동일한 방식으로 F1, F2를 측정하였다. 모든 포먼트 값은 Lobanov(1971) 방법을 통해 정규화하였다. 선행연구와 두 모델 화자 간 음향 차이를 바탕으로, 이 연구에서는 /ㅐ, ㅓ, ㅗ/에 대해서는 F1을, /ㅡ/에 대해서는 F2를 주요 분석 지표로 삼았다. 각 목표 모음에 대해, 수렴 점수는 모델 화자의 발화에 대한 기준선 발화와 따라 말한 발화 간 거리 차이(DID: difference in distance)로 정의되었다. 먼저 기준선 거리(baseline distance)는 "기준선 발화와 모델 발화 사이의 차이의 절댓값", 그리고 따라 말한 거리(shadowed distance)는 "따라 말한 발화와 모델 발화 사이의 차이의 절대값"으로 계산되었다. DID 수렴 점수는 "따라 말한 거리 - 기준선 거리"로 정의되며, 차이값이 음수인 경우를 수렴한 것으로 본다(Babel, 2010, 2012; Clopper & Dossey, 2020 참조). /ㅚ, ㅟ/의 경우, 10%와 60% 지점에서의 F1, F2를 이용하여 유클리디안 거리값을 구했고, 수렴 점수 산출 방식은 다른 모음들과 동일하게 적용되었다.

3.3. 결과 및 시사점

참여자의 음성이 어떻게 변화하는지를 살펴보기 전에, NK 그룹과 SK 그룹이 각 모델 화자와 얼마나 유사하게 혹은 얼마나 다르게 발화했는지를 단어 읽기 실험의 결과를 통해 기준선 거리(baseline distance)를 살펴보았다. NK 그룹의 화자들은 한국에서의 거주 기간이 6년 이상으로 다소 길었으나, 모음의 특성은 남한 모델과 차이를 보였다. R(R Core Team, 2024)의 brms 패키지(Bürkner, 2017)를 사용한 베이지안 다수준 회귀모형을 사용하여 참가자들이 산출한 모음과 모델 화자의 모음 간 거리(baseline distance)를 통해 두 방언 참가자들이 모델 화자와 어느 정도 다른지를 분석하였다. 모형에는 참여자 그룹(NK vs. SK), 모델 화자 방언(NK vs. SK), 그리고 그 상호작용이 고정효과로 포함되었다. 단모음의 경우, 참여자 그룹과 모델 화자 방언 간의 신뢰할 수 있는 상호작용 효과를 보였는데(β = -0.19, 95% CI = [-0.27, -0.11]), 사후 분석 결과 NK 참여자들은 NK 모델 화자에 더 가깝게 모음을 산출했고(estimate = -0.34, 95% HPDI = [-0.57, -0.10]), SK 참가자들은 SK 모델 화자에 더 가까게 산출한 것으로 나타났다(estimate = 0.43, 95% HPDI = [0.21, 0.66]). 즉 모든 NK 참가자들이 남한 방언에 노출된 정도와 방식은 다양했지만, 그들의 평균적인 모음의 산출은 여전히 SK 모델 화자와 유의한 차이를 보인 것이다. 이중모음의 경우에도 참여자 그룹과 모델 화자 방언 간 신뢰할 수 있는 상호작용 효과가 나타났다(β = -0.10, 95% CI = [-0.17, -0.03]). 사후 분석 결과, NK 참가자들은 NK 모델 화자와의 거리가 SK 모델보다 유의하게 가까웠으나(estimate = -0.36, 95% HPDI = [-0.56, -1.67]), SK 참가자들은 두 모델 화자 간에 유의한 차이를 보이지 않았다(estimate = 0.03, 95% HPDI = [-0.16, 0.22]). 이 결과는 NK 참가자들이 이중모음을 SK 참가자들과는 다르게 산출했음을 시사한다.

그렇다면, 두 모델 화자의 음성을 듣고 따라 말하는 과제에서 두 그룹 참여자들은 자신의 발화를 조절하였을까? 이것을 살펴보기 위해 6개 목표 모음에 대해 DID 점수(따라 말한 거리 - 기준선 거리)를 계산 및 분석하였다. 통계 분석을 위해 참가자 집단(NK, SK), 모델 화자의 방언(NK, SK), 그리고 그 상호작용을 고정 효과로 고려한 베이지안 다수준 회귀모델을 구축하였다. 먼저, 단모음에 대한 분석 결과, 참여자 집단과 모델 화자 방언 간의 상호작용이 유의미하게 나타났고(β = 0.08, 95% CI = [0.03, 0.14]), NK 참가자가 전반적으로 SK 참가자보다 더 높은 수렴 점수를 보이는 경향이 있었다. 사후 분석 결과, NK 참가자들은 SK 모델 화자에 더 많이 수렴하는 경향이 있었고(estimate = 0.15, 95% HPDI = [-0.01, 0.30]), SK 참가자들도 예상치 못하게 NK 모델 화자에 더 가까운 수렴을 보였다(estimate = -0.19, 95% HPDI = [-0.33, -0.04]). 이는 두 참가자 집단 모두 익숙하지 않은 방언 모델 화자에게 수렴했음을 의미한다. 추가적으로 NK 그룹에 대해 네 개의 단모음(/ㅐ/, /ㅡ/, /ㅗ/, /ㅓ/)과 모델 화자 방언의 효과를 분석하였다. 사후 분석 결과, /ㅗ/(contrast = 0.27, HPDI = [0.01, 0.52]), /ㅓ/(contrast = 0.40, HPDI = [0.14, 0.65])에서 SK 모델 화자에 대한 수렴이 더 컸고, /ㅐ/(-0.01, HPDI = [-0.27, 0.24])와 /ㅡ/(-0.06, HPDI = [-0.32, 0.20]) 에서는 두 모델 화자 간 수렴 차이가 거의 없었다. 이 결과는 NK 참여자들이 모음별로 서로 다른 수렴 양상을 보였으며, 특히 모음 /ㅗ/와 /ㅓ/에서 SK 모델 화자에 대해 강하게 수렴했음을 시사한다. 이중모음의 수렴은 NK와 SK 참가자들이 이중모음에 대해 전반적으로 다른 수렴 양상만을 보였는데, NK 참가자들이 더 높은 수렴을 보였고, SK 참가자들은 거의 변화가 없었다. 또한 NK 참가자들이 /ㅚ/, /ㅟ/를 발화할 때 두 모델 화자 간 차이를 뚜렷하게 구분하지 않았으며, 이중모음 두 개 모두 유사한 수렴 정도와 변동성을 보였다.

이 연구의 결과는, 남북한의 화자 간 음성 수렴이 화자와 모델 화자 사이의 음향적 거리가 멀 때 강하게 발생한다는 것을 보여 주었다. 또한 음소 간 수렴 양상이 남한어 음운 체계와도 관련이 있었는데, /ㅐ, ㅡ/보다 /ㅗ/와 /ㅓ/에서 훨씬 더 뚜렷한 수렴이 관찰되었다. 북한 방언에서는 서울 표준어와 달리 /ㅗ/가 /ㅓ/보다 낮게 실현되고, 이러한 북한식 발음이 유지된다면, '고리'와 '거리' 같은 단어들 간에 혼동을 유발할 수 있기 때문에 이러한 음운적 대립을 유지하려는 부담감이 있었을 것이다. 서울 표준어에서 /ㅐ/는 /ㅔ/와 합류했기 때문에 이를 따라하면 오히려 단어의 구별이 어려워질 수 있고, /ㅡ/의 경우 /ㅜ/가 다른 후설모음보다 더 앞쪽에서 조음되어 음향적 근접성이 그 원인이 된 것으로 보인다. 이러한 결과는 모든 모음이 똑같이 수렴하는 것이 아니며, 특정 음운적 제약이나 인지적 요인이 수렴에 영향을 준다는 것을 보여준다. 이러한 수렴 양상은 언어적 요인만으로는 설명되지 않으며, 사회적 요인 또한 영향을 미칠 수 있다. 이 연구에서는 연령, 지역, 남한 도착 나이, 남한 체류 기간, 남한어 사용 비율, 남한 학교 교육 여부 등 다양한 사회적 변인을 고려했으나, 이러한 요소들은 수렴에 뚜렷한 영향을 미치지 않았다. 이 연구에서는 모든 참여자가 남한에 최소 6년 이상 체류한 사람들이었기 때문에, 이미 발화에서 남한어 적응이 많이 이루어졌고, 사회적 변인의 효과가 희석되었을 가능성이 있다. 또한 이 연구의 NK 참여자들은 대부분 남한 중심의 정체성을 보였으나 이것이 음성 수렴에 직접적으로 영향을 미치지는 않았다. 그러나 양극단의 태도를 보인 참가자들을 통해 개인의 정체성이나 태도가 수렴 양상과 밀접한 관련이 있을 수 있음을 확인하였다. 이번 연구는 방언 간 음성 수렴에서 언어적 및 사회적 요인이 어떻게 작용하는지를 이해하는 데 기여한다. 특히 북한이탈주민은 사회 음성학 연구에서 아직 충분히 연구되지 않은 집단으로, 이 연구는 이들이 언어적, 사회적 압력 속에서 어떻게 발화 수렴을 수행하는지를 실증적으로 보여 주었다. 참가자들이 대부분 오랜 기간 남한에 거주했지만, 이들의 수렴 양상은 방언 간 음성 수렴 현상을 깊이 이해하는 데 중요한 단서를 제공한다.

4. 세 번째 과제: 북한이탈주민의 영어 습득(정환민, 오은혜, 한정임)

4.1. 연구 목적 및 배경

화자가 가지고 있는 모국어(L1)의 음성학적 및 음운론적 특성은 제2 언어(L2) 소리의 인식(perception)과 산출(production)에 상당한 영향을 미친다. PAM-L2(Best & Tyler, 2007) 및 음성 학습 모델(Flege, 1995;

Flege & Bohn, 2021)과 같은 이론적 모델은 언어 간 유사성이 L2 습득에 미치는 영향을 설명한다. L2 소리가 L1의 범주와 매우 유사할 경우, 학습자는 미묘한 차이를 인지하는 데 어려움을 겪어 새로운 음성 범주를 형성하기가 더 어려워진다. 이러한 아이디어는 Bohn & Flege(1990)에서 비롯되었는데, 이 연구에서는 L2 소리가 L1과 유사할 때 학습자가 L2 경험이 많더라도 L1 단서 가중치 전략(L1 cue-weighting strategies)을 계속 사용한다는 것을 발견하였다. 하지만 L2 소리가 L1 소리와 다르다면 학습자는 L2 경험이 많아질수록 단서의 사용 방식을 바꿀 가능성이 더 높다. 즉, L2 경험이 단서 가중치에 미치는 영향은 L2 소리가 기존 L1 범주와 유사한지 또는 다른지에 따라 달라진다.

많은 연구에서 언어 간 효과를 조사하였지만, L1 방언 변이가 L2 모음 습득에 어떻게 영향을 미치는지를 연구한 사례는 많지 않다. 방언의 차이는 단서 가중치 전략과 L1 및 L2 모음의 인지와 산출에 영향을 미친다. 최근 연구(예, Weiss, 1972; Simon et al., 2015)에 따르면 서로 다른 방언의 화자들은 모국어와 제2 언어 모두에서 모음을 식별할 때 모음의 질(스펙트럼)이나 길이(지속 시간)와 같은 서로 다른 음향 단서를 사용한다.

이 연구는 남북한 화자 간 방언적 차이가 영어 모음 인식에 어떤 영향을 미치는지 조사함으로써 이러한 연구의 범위를 확장한다. 두 방언 모두 합류(merger)와 상승(rising)과 같은 독특한 모음 변화의 패턴을 보였다. 예를 들어, 서울 표준어에서는 /ㅐ/가 /ㅔ/쪽으로, /ㅗ/가 /ㅜ/쪽으로 높아지는 경우가 많은 반면(Lee & Cho, 2021; Han & Kang, 2013), 북한 방언, 특히 평안 방언에서는 /ㅡ/와 /ㅜ/의 변별성이 약화되어, 젊은 세대에서는 두 음의 거의 합류한 것으로 나타났다. 이러한 변화들은 화자가 L2 모음을 인식하고 생성하는 방식에 영향을 미칠 수 있으며, 특히 L2에서 구분되어야 하는 모음들이 화자의 모국어에서는 이미 합류하거나 변화한 경우, 그 차이를 구분하거나 학습하는 데 어려움을 겪을 수 있다. 이러한 차이로 인해 이 연구에서는 각 지역의 화자들이 자신의 방언의 모음 패턴에 따라 L2 모음을 배울 때 서로 다른 어려움에 직면할 수 있다고 가정하였다.

한국어 모음이 영어 모음 지각에 미치는 언어 간 영향에 대한 연구들을 통해, 한국어 화자들이 새로운 그리고 유사한 영어 모음을 지각하고 산출하는 데 겪는 어려움에 주목해 왔다. Lee & Cho(2015)에서는 학습자가 종종 유사한 모음(예, /i/-/ɪ/와 /u/-/ʊ/, /ɛ/-/æ/)을 한국어의 단일 범주로 대응하였으며, 과도한 일반화로 인해 유사한 모음보다 /æ/와 같은 새로운 모음에 대한 식별 정확도가 더 높았다는 것을 발견했다. Lee & Cho(2018)은 수정된 L1 대응 모델을 사용하여 식별 정확도를 예측한 결과, /i/, /u/, /oʊ/에 대한 일관된 대응을 발견했으나, 모음 /ʌ/는 한국어의 여러 모음에 대응되는 일대다 대응(one-to-multiple mapping)이 나타나 모호하고 정확한 식별이 어려운 것으로 나타났다. 그러나 Tsukada et al.(2005)에서는 /æ/, /ɑ/, /ʌ/가 한국어 /ㅏ/에 대응되었다. 이러한 연구 간 차이는 한국어 학습자의 L2 영어 모음 인지의 다양성을 보여주며, 방법론이나 참여자의 인구 통계 및 언어 경험의 차이가 한국어 모음 체계 내에서 L2 모음을 식별하는 방식에 영향을 미칠 수 있음을 시사한다.

이 연구에서는 서울 표준어와 북한의 평양 및 함경도 방언을 기반으로 모음의 특성을 고찰하였다. 북한의 단모음은 10모음 체계로, 표준 북한어 발음 지침에서는 이들을 단모음으로 발음해야 함을 명시하고 있다

(Kang et al., 2024). 그러나 평양을 포함하는 북서 방언에서는 단모음 /ㅚ, ㅟ/가 없고, /ㅏ, ㅓ, ㅗ, ㅜ, ㅡ, ㅣ, ㅔ, ㅐ/의 8모음 체계를 유지한다(Kim, 2013). 함경을 포함하는 북동 방언도 유사한 체계를 갖고 있으나, 모음 합류 패턴에서 차이를 보인다. 초기 연구(Kang, 1996; 1997; 1999)에서는 모음 /ㅔ, ㅐ/의 합류를 보고했으나, 최근 연구(Lee et al., 2010; Kang & Yun, 2018; Lee & Idemaru, 2024)에서는 혀의 고저 차이로 두 모음의 구분된다는 것이 밝혀졌다. 함경도 방언에서는 /ㅓ/가 원순 모음 /ɔ/로 발음될 수 있고, /ㅡ/는 원순성으로 인해 종종 /ㅜ/와 유사하게 실현된다. 서울 표준어는 음운론적으로 10모음 체계를 유지하나, /ㅚ, ㅟ/는 이중모음으로 발음된다. /ㅔ/와 /ㅐ/는 1980년대 이후로 통합되어(Jung, 2002; Lee, 2023), 현대 서울 표준어 단모음은 7개로 유지된다. 2000년대 이후 이러한 모음은 변화하여 /ㅗ/의 상승이 관찰되었고(Lee, 2023), /ㅡ/는 특히 젊은 화자들 사이에서 더 앞쪽으로 이동하는 경향을 보인다(Jang et al., 2015).

이 연구의 목표는 L1 방언의 차이가 L2 모음의 인지 및 산출에 미치는 영향을 조사하는 것에 있다. 구체적인 연구 질문을 아래에 제시하였다.

1) 남북한 화자는 L1 한국어 모음과 관련하여 L2 영어 모음을 어떻게 인지하고 분류하는가?
2) 남북한 화자는 L2 영어 모음 산출에 있어 어떤 차이를 보이는가?
3) 각 방언 집단 내에서 인식 및 산출 패턴이 어느 정도 일치하는가?

모음 체계의 차이로 인해 남북한 화자는 영어 모음 인지 및 산출에서 뚜렷한 패턴을 보일 것으로 예상되었다. 북한 화자는 모음이 중첩되거나 원순성을 갖고 실현되어 더 큰 가변성을 보이는 반면, 남한 화자는 더 일관된 대응을 보일 수 있다. 또한, 서울 방언은 F2 구분에 대한 의존도가 높아지는 반면 일부 북한 방언은 여전히 높이 기반 또는 원순성 기반 대립을 더 많이 유지하고 있다는 점을 고려할 때, 두 집단이 영어 모음 쌍의 구분에서 서로 다른 단서를 사용할 것으로 예측하였다. 이러한 예측은 인지 및 산출 과제를 통해 검증되었다.

4.2. 연구 방법

먼저 지각 실험에 사용할 자극 단어를 서울에 거주하는 미국 출신의 영어 원어민 화자 두 명(오하이오 출신의 24세 여성 화자, 캘리포니아 출신의 21세 남성)을 통해 생성하였다. 단어는 모두 11개였으며('beat[i], bit[ɪ], bait[eɪ], bet[ɛ], bat[æ], pot[ɑ], bought[ɔ], boat[oʊ], put[ʊ], boot[u], but[ʌ]'), "I said again"이라는 틀 문장에 넣어, 무작위 순서로 세 번 녹음되었다. 각 단어를 문장으로부터 분리하고 가장 명료하고 잡음이 없는 토큰을 선별하여 음성 자극으로 사용하였다.

이 연구의 참여자는 서울 수도권에 거주하는 북한이탈주민 그룹(이하, NK 그룹)과 서울 수도권 출신 그룹(이하, SK 그룹)이 포함되었다. NK 그룹의 참여자는 총 20명이었으며, 20대부터 50대까지의 연령대가 다양하였다. 한국에서의 거주 기간은 평균 13년이었고, 16명은 남한으로 이주한 후 영어를 공부한 것으로 나타났다. SK 그룹의 참여자는 22명이었고, 연령대는 20대부터 50대까지 다양하였다. SK 그룹에서는 50대 여성 1명을 제외하고 모든 참여자가 학교에서 영어를 배운 것으로 나타났다. 이 두 그룹은 두 가지 실험에 참여하였다. 모음 지각을 위한 모음 대응(범주화) 실험과 모음 산출을 위한 영어 단어 따라 말하기 실험으로 구성된다. 먼저, 참여자들은 무작위로 제시된 11개의 영어 단어를 듣고, 해당 단어에 포함된 영어 모음과 가장 유사하다고 판단되는 한국어 모음을 10개(/ㅏ, ㅓ, ㅗ, ㅜ, ㅡ, ㅣ, ㅔ, ㅐ, ㅚ, ㅟ/)의 선택지 중에서 선택하였다. 이 선택지는 모든 자극에서 일관되게 표시되었고, 자극당 하나의 모음만 선택할 수 있었다. 모음 선택이 끝나면 화면 아래에 새로운 7점 척도가 추가로 제시되었고, 참여자들은 '1'(확실하지 않음)에서 '7'(매우 확신함)까지의 척도를 통해 자신의 선택에 대해 얼마나 확신하는지를 평가하였다. 다음으로 지각 실험에서 관찰된 패턴이 영어 모음 산출에서도 적용되는지를 단어 따라 말하기 실험을 통해 살펴보았다. 모음 대응 실험에 참여했던 참여자들에게 영어 원어민 화자가 생성한 동일한 단어 세트를 듣고 따라 말하도록 했다. 이 방법은 읽기 능력의 영향을 최소화하고 참여자들의 모음 산출이 인지 처리를 더 정확하게 반영하도록 돕는다. 또한 지각과 산출 간의 직접적인 비교를 통해, 다양한 방언 화자의 제2언어 모음 습득 과정에서 이 두 영역이 어떻게 상호작용하는지를 이해할 수 있는 통찰을 제공한다.

지각 실험과 산출 실험에서 11개의 영어 단어가 모델당 2개 블록으로 할당되어, 총 4개의 블록이 제시되었다. 지각 실험과 산출 실험에서 참여자마다 88개의 반응과 토큰을, 총 1,848개의 반응과 토큰을 수집하였다. 두 실험 모두 각 블록 내에서 11개의 영어 단어가 무작위로 제시되었고, 각 본 실험 전에 본 실험에 포함되지 않은 9개의 단어로 연습을 하며 실험 방식을 익혔다. 특히 산출 실험에서 얻은 토큰을 대상으로 모음의 F1, F2 값과 모음의 길이(duration)를 분석하여 영어 모음의 특성을 파악하였다.

또한 선형 혼합 효과 모델을 사용하여 NK 그룹과 SK 그룹이 산출한 모음 간 차이를 조사하였다.

4.3. 결과 및 시사점

먼저 지각 실험의 결과, NK 그룹은 영어 /i/가 평균 6.4점의 높은 확신으로 /ㅣ/(88%)로 가장 일관되게 대응되었다. 또한 영어 모음 /ɑ/(76%)와 /æ/(69%)를 동일하게 /ㅏ/에 대응하였으며, /æ/는 2차적으로 17% 정도는 /ㅐ/로 대응하였다. 영어 모음 /ɪ/와 /ei/는 주로 /ㅔ/(50%)로 대응되었고, /ɜ/는 /ㅐ/(43%)에 대응되었다. 이는 NK그룹이 지각적으로 모음 /ㅔ/와 /ㅐ/를 구분한다는 것을 시사한다. 후설 모음의 경우, 1순위와 2순위 대응 빈도가 비슷한 경우가 있었는데, 영어의 /ʌ/는 /ㅓ/(51%)와 /ㅏ/(25%)로 대응되었으나, /ou/는 /ㅗ/(41%)와 /ㅓ/(32%)에, /ʊ/는 /ㅜ/(41%)와 /ㅓ/(35%)에 대응되었다. 영어 모음 /u/는 /ㅜ/에 가장 많이 대응되었고 확신도 평균 6.3점으로 매우 높았다.

SK 그룹은 영어 /i/가 확신도 평균 6.2점으로 /ㅣ/(94%)에 매우 강하게 대응되었다. 영어 /ɪ/는 /ㅣ/(80%)에 주로 대응되었으나, 확신의 정도는 평균 5.8로 상대적으로 낮았다. 영어 /ʌ/와 /ㅓ/(85%), 영어 /ɑ/와 /ㅏ/(75%), 영어 /oʊ/와 /ㅗ/(89%) 사이에도 강한 일치가 나타났다. 영어 /i/(94%), /ɪ/(80%), /ei/(47%)는 /ㅣ/와 일치하였고, 영어 /ʌ/(85%), /ɔ/(69%), /ɛ/(31%)는 /ㅓ/와 대응되었다. 영어 /ʊ/(69%)와 /u/(69%)는 모두 동일하게 /ㅜ/에 대응되었고, /ʊ/는 /ㅡ/(25%)에도 대응되었다. 그 외에도 영어 /ei/, /ɛ/, /æ/, /ɛ/는 /ㅔ/와 /ㅐ/에 대응하였다.

NK 그룹과 SK 그룹 모두 영어 모음 /i/와 /ɑ/에 대해 높은 대응 비율을 보였으나, 두 그룹 모두 영어 모음을 한국어 모음에 대응시킬 때 /ㅡ, ㅚ, ㅟ/는 거의 선택하지 않았다. NK 그룹의 경우 영어 /ɪ/와 /ei/는 일반적으로 /ㅔ/에 대응되었고, /æ/와 /ɔ/는 자주 /ㅏ/에 대응되었다. SK 그룹은 /ɪ/와 /eɪ/를 /ㅣ/에, /æ/는 /ㅐ/에, /ɔ/는 /ㅓ/에 대응하였다.

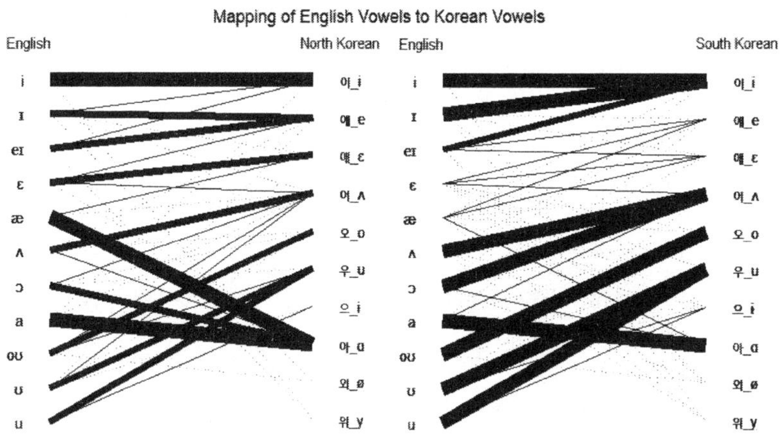

〈그림 1〉 NK 그룹(왼쪽)과 SK 그룹(오른쪽) 화자의 영어와 한국어 범주 간 대응(선의 너비는 매핑 빈도를 나타냄)

NK 그룹은 11개의 영어 모음을 대응하는 데 더 다양한 모음(총 7개의 한국어 모음)을 사용하여 응답 전체에서 더 많은 변형과 적은 일치를 보였다. SK 그룹은 참여자 간에 더 일관되게 대응하는 경향이 있었고 모두 6개의 모음 범주를 사용하였다. SK 그룹은 더 일관된 모음 대응을 보인 반면, NK 그룹은 더 다양한 대응을 보였다. 예를 들어, SK 그룹은 /i/, /ɪ/, /ei/를 /ㅣ/에 균등하게 대응한 반면, NK 그룹은 /i/, /ɪ/, /ei/의 대응을

/ㅣ/와 /ㅔ/로 분산하였다. SK 그룹은 영어 /ʌ/와 /ɔ/를 일관되게 /ㅓ/에 대응하였지만, NK 그룹은 /ㅓ/와 /ㅏ/에 대응하여, 서로 대응하는 방식이 다름을 알 수 있었다. 또한 SK 그룹은 대부분 영어 /oʊ/를 /ㅗ/와 일치시켰고, 영어 /ʊ/와 /u/를 /ㅜ/에 대응하였다. 반대로 NK 그룹은 영어 /oʊ/의 대응을 /ㅗ/와 /ㅓ/로, 영어 /ʊ/를 /ㅜ/와 /ㅓ/로, 영어 /u/를 /ㅜ/와 /ㅡ/로 나누어 대응하였다. NK 그룹에서 영어 모음을 한국어 모음에 대응시킬 때 다양한 모음을 선택한 것은, 새로운 영어 소리에 대한 모음의 음운 범주가 명확히 형성되지 않았거나, 지역 방언의 영향이 반영된 결과일 수 있다. 반면, SK 그룹의 화자들은 학교나 미디어, 차용어 등을 통해서 영어에 더 일찍, 더 많이 노출되었기 때문에 더 일관된 대응을 보였을 가능성이 있다.

산출 실험 결과, 일부 산출 패턴은 지각 대응 결과와 일치하였다. 예를 들어, NK 그룹은 영어 /æ/를 더 낮게(더 높은 F1) 산출했는데, 이는 /æ/를 /ㅏ/로 가장 많이 대응한 것과 일치한다. 또한 F2 결과는 전반적으로 NK 그룹이 SK 그룹보다 모음을 더 뒤쪽에서 발음하는 것으로 나타났다. 그러나 모음 /i/와 /ʊ/의 경우에는 SK 그룹보다 더 앞쪽에서 발음한 것으로 나타났다. 이로 인해 /i/-/ɪ/와 /u/-/ʊ/와 같은 긴장-이완 모음 쌍의 구별이 더 명확해졌다. 이러한 패턴은 지각 결과와 일치한다. SK 그룹은 /i/와 /ɪ/를 하나의 한국어 범주로 대응하였으나, NK 그룹은 이를 더 개별적으로 취급하여 서로 다른 소리로 지각하는 것으로 나타났다. 그러나 지각과 산출의 관계가 NK 그룹과 SK 그룹 모두 단순하지만은 않았다. 특정 모음 쌍이 동일한 한국어 범주로 지각된 경우에도 모음 산출에서는 F1 및 F2를 기준으로 명확히 구별되는 양상이 관찰되었다. 예를 들어 NK 그룹은 영어 /ɔ/와 /ɑ/를 모두 /ㅏ/로 지각적으로 범주화했음에도 이 두 모음은 산출에서는 F1과 F2가 구별되는 것으로 나타났다. 남한 화자들 또한 영어 /ɔ/와 /ʌ/를 지각상으로는 모두 /ㅓ/로 대응했음에도 산출에서는 F1과 F2를 구분하였다.

이러한 연구 결과는 남북한 화자들이 영어 모음을 인식하고 산출하는 방식이 서로 다르다는 것을 보여주며, 이는 PAM-L2와 같은 L2 학습 이론에 중요한 한의를 제공한다. 남한의 표준어 화자들은 일반적으로 더 일관된 모음 대응을 보였으며, 종종 긴장-이완 모음의 쌍(예, /i/-/ɪ/)을 단일 L1 범주에 동화시켜 지각 민감도가 감소하고 발음의 명료성이 떨어졌다. 이와 대조적으로 북한이탈주민 화자들은 방언의 다양성과 덜 강력한 L1 모음 범주로 인해 더 다양한 대응을 보였는데, 이는 L2 소리가 단일 L1 범주에 동화될 때 구별이 더 어렵다는 PAM-L2의 예측과 일치한다. 그러나 북한이탈주민 화자들은 명확하게 지각적으로 대응하지 못하더라도, 산출 과정에서는 모음을 구별하여 생성할 수 있었으며, 이는 산출이 지각보다 더 유연할 수 있음을 시사한다. 이러한 결과는 L1 방언 배경과 지각 동화 패턴 모두 L2 모음의 학습 및 산출 방식을 형성하는 데 중요한 영향을 미침을 시사한다.

5. 나오기

본 장에서는 현재 남한 사회가 당면한 사회 문제인 북한이탈주민의 남한 사회에의 부적응을 해결하기 위해 언어 측면에서 도움이 될 수 있는 기초 연구자료를 제공하기 위해 세 가지 연구과제를 수행하고 그 핵심 결과를 살펴보았다. 구체적으로 북한이탈주민들이 어떤 음성적 요소로 인해 북한 방언의 특징이 나타난다고 인지되는지 그 원인을 찾아내고, 현시점에서 어느 정도, 그리고 어떤 언어적 측면에서 남한 방언에 수렴되었는지 언어적, 사회언어적 요인들을 두루 살펴보면서 고찰하였다. 마지막으로 북한이탈주민들이 취업을 위해 가장 큰 어려움을 느낀다고 한 영어 습득의 효율적인 방안을 마련하기 위해 남한 방언과 북한 방언의 차이를 기초로 해서 각 방언이 영어의 모음을 습득할 때 어떻게 전이되는지 살펴보았다. 이러한 차이는 향후 북한이탈주민들의 영어 학습에서 남한 학생들과는 다른 교수 방법을 사용해야 한다는 것을 시사한다.

남한으로 유입하고 있는 북한이탈주민의 수는 앞으로도 지속적으로 증가할 것이라는 점을 고려한다면 남한의 문화적 적응을 위해 영어, 한국어 교육 지원이 효율적으로 진행되어야 한다. 하지만 이런 지원 제도의 틀을 마련할 기초 연구가 많이 부족한 실정이고, 특히 언어 관련 연구는 소수 연구자들에 국한되어 폭넓게 언어의 다양한 측면들을 연구하지 못하고 있다. 본 장에서 소개한 연구들이 소리 측면에 초점을 두어 수행되었지만 향후 많은 북한이탈주민들의 언어 습득에 관한 후속 연구를 이끌어 낼 수 있다고 본다. 특히 소리 측면의 자료뿐 아니라 의미, 화용, 형태, 구조 등에 대한 연구로의 확장을 기대하고, 언어에 영향을 줄 수 있는 다양한 사회적 변인들, 제스처, 기계학습 등과 같은 요인들과의 상호작용에 대해서도 연구가 진행되기를 희망한다. 이러한 언어 연구자들의 노력은 궁극적으로 북한이탈주민의 행복한 정착과 나아가 우리 사회의 통합적 발전에 기여하리라 생각한다.

참고 문헌

Anderson, V., Ko, I., O'Grady, W., and Choo, M. (2004). A palatographic investigation of place of articulation in Korean coronal obstruents. *Korean Linguist*, 12, 1-24.

Babel, M. (2010). Dialect divergence and convergence in New Zealand English. *Language in Society, 39*(4), 437-456.

Babel, M. (2012). Evidence for phonetic and social selectivity in spontaneous phonetic imitation. *Journal of Phonetics, 40*(1), 177-189.

Bang, H.-Y., Sonderegger, M., Kang, Y., Clayards, M., & Yoon, T.-J. (2018). The emergence, progress, and impact of sound change in progress in Seoul Korean: Implications for mechanisms of tonogenesis. *Journal of Phonetics, 66*, 120-144.

Best, C. T. & Tyler, M. D. 2007. Nonnative and second-language speech percep- tion: Commonalities and complementarities. In Murray J. Munro and Ocke-Schwen Bohn (eds.), *Language experience in second language speech learning: In honor of James Emil Flege,* 13-34. Amsterdam: John Benjamins Publishing Company.

Bohn, O.-S., & Flege, J. E. (1990). Interlingual identification and the role of foreign language experience in L2 vowel perception. *Applied Psycholinguistics, 11*(3), 303-328.

Bürkner, P.-C. (2017). brms: An R Package for Bayesian Multilevel Models Using Stan. *Journal of Statistical Software, 80*(1), 1-28.

Cho, T., Jun, S.-A., and Ladefoged, P. (2002). Acoustic and aerodynamic correlates of Korean stops and fricatives. J. *Phonetics, 30*, 193-228.

Clopper, C. G., & Dossey, E. (2020). Phonetic convergence to Southern American English: Acoustics and perception. *Journal of the Acoustical Society of America, 147*(1), 671-683.

Eychenne, J., & Jang, T.-Y. (2018). On the role of contrastivity in the development of the /e ~ ɛ/ merger in Korean. *Journal of East Asian Linguistics, 27*(2), 111-139.

Eychenne, J., & Jang, T.-Y. (2015). On the merger of Korean mid front vowels: Phonetic and phonological evidence. *Journal of the Korean Society of Speech Sciences, 7*, 119–129.

Flege, J. E., Bohn, O.-S., & Jang, S. (2006). Degree of foreign accent in English sentences produced by Korean children and adults. *Journal of Phonetics, 34*(2), 153–175.

Flege, J. E., Munro, M. J., & MacKay, I. R. A. (1995). Factors affecting degree of perceived foreign accent in a second language. *The Journal of the Acoustical Society of America, 97*(5), 3125–3134.

Flege, J. E. 1995. Second language speech learning: Theory, findings, and problems. In Winifred Strange (ed.), *Speech perception and linguistic experience: Issues in cross-language research*, 233–277. Timonium, MD: York Press.

Flege, J. E. & Bohn, O.-S.. (2021). The revised speech learning model (SLM-r). In Ratree Wayland (ed.), *Second language speech learning: Theoretical and empirical progress*, 3–83. Cambridge: Cambridge University Press.

Goldinger, S. D. (1998). Echoes of echoes? An episodic theory of lexical access. *Psychological Review, 105*(2), 251–279.

Han, J. & Kang, H. (2013). Cross-generational change of /o/ and /u/ in Seoul Korean I: Proximity in vowel space. *Journal of the Korean Society of Speech Sciences, 5*(2), 27-33.

Hay, J., & Drager, K. (2010). Stuffed toys and speech perception. *Linguistics, 48*(4), 865–892.

Hay, J., Warren, P., & Drager, K. (2006). Factors influencing speech perception in the context of a merger-in-progress. *Journal of Phonetics, 34*(4), 458–484.

Idemaru, K., Kato, M., & Tsukada, K. (2021). "Foreign accent in L2 Japanese: Cross-sectional study," in Second language speech learning: Theoretical and empirical progress, ed. R. Wayland (Cambridge: Cambridge University Press), 377-396

Idemaru, K., Wei, P., & Gubbins, L. (2019). Acoustic sources of accent in second language Japanese speech. *Language and Speech, 62*(2), 333-357.

Jang, H., Shin, J. and Nam, H. (2015). Aspects of vowels by ages in Seoul dialect. *Studies in Phonetics, Phonology and Morphology 21*(2): 341–358.

Jung, M-S. (2002). Diachronic study of sound changes in modern Korean: Focused on the speech used in broadcasting from the 1950s. PhD Dissertation. Korea University.

Kang, J., & Kong, E. J. (2016). Static and dynamic spectral properties of the monophthong vowels in Seoul Korean: Implication on sound change. *Phonetics and Speech Sciences, 8*(4), 39-47.

Kang, K.-H., & Guion, S. G. (2008). Clear speech production of Korean stops: changing phonetic targets and enhancement strategies. *The Journal of the Acoustical Society of America, 124*(6), 3909-17.

Kang, S-K. (1996). Acoustic analysis of South and North Korean vowels. *Language Research 32*(1), 1-18.

Kang, S-K. (1997). The vowel systems of the Hamkyung dialect. *Language Research 33*(1), 117-135..

Kang, S-K. (1999). The vowel systems of the Hwanghae dialect. *Korean Journal of Linguistics 24*(3), 335-356.

Kang, Y. (2014). A corpus-based study of positional variation in Seoul Korean vowels. *Japanese/Korean Linguistics, 23*, 1-20.

Kang, Y., Han, S., Ryu, N.-Y., Schertz, J., & Yun, S. (2024). Front rounded vowels of heritage Korean in Northern China. In R. Rao (Ed.), *The phonetics and phonology of heritage languages* (pp. 16-42). Cambridge University Press.

Kang, Y., & Kochetov, A. (2010). Place of articulation and lingual coarticulation of Korean coronal obstruents: An electropalatographic study [Poster presentation]. LabPhon 12, University of New Mexico, Albuquerque, NM, United States. July 8-10

Kang, Y., & Yun, S. (2018) Acquisition of second dialect features by North Koreans in Seoul. [Poster presentation]. LabPhon 16. University of Lisbon, Lisbon, Portugal. June 19-22.

Kim, Y.-H. (2013). *Korean dialectology* [In Korean]. Thaehaksa.

Kwak, C.-G. (2003). Hyeondaegugeoui moeumchegyewa geu byeonhwaui banghyang [The vowel system of contemporary Korean and direction of change]. *Journal of Korean Linguistics, 41*, 59-91.

Kwon, H. (2021). A non-contrastive cue in spontaneous imitation: Comparing mono- and bilingual imitators. *Journal of Phonetics, 88*, Article 101083.

Lobanov, B. M. (1971). Classification of Russian vowels spoken by different listeners. *The Journal of the Acoustical Society of America, 49*(2), 606-608.

Lee, H. B. (2000). On the pronunciation differences between South and North Korean [Nam-Bukhaneo balum chaie gwanhayeo]. *Gyoyuk Hangeul, 13*, 43-54. [in

Korean]

Lee, H., Park, S., & Jeong, I. (2009). Saeteomin Eoneo Jeongeung Hunlyeon Peulogeulaem Gaebal Yeongu [A study on the development of North Korean refugees' language accommodation program]. National Institute of Korean Language.

Lee, H.-Y., Jeong, I-h., & Park, S. (2010). A study on the pronunciation of North Korean defectors [In Korean]. In Myung-Ok Choi (ed.), Korean Linguistics Collection (In Honor of Professor Myung-Ok Choi's Retirement, 585-608. Paju, South Korea: Thaehaksa.

Lee, I., & Ramsey, S. R. (2000). The Korean language. Albany, NY: State University of New York Press.

Lee, J., & Idemaru, K. (2024) Investigating vowel differences in North and South Korea: Phonetic analysis of younger speakers in read and conversational speech. *Phonetics and Speech Sciences, 16*(3), 7–23.

Lee, J., Idemaru, K., & Vaughn, C. (2025). Second dialect acquisition by North Korean refugee speakers: Acquiring Seoul Korean stops. *Language and Speech*, 1–29.

Lee, K.-Y., & Cho, M.-H. (2015). Perception of English vowels by Korean learners: Comparisons between new and similar L2 vowel categories. *The Journal of the Korea Contents Association, 15*(8), 579–587.

Lee, N. (2023). The sound changes in standard Korean: Variation of announcers' speech through- out 50 Years of News. PhD Dissertation. Korea University.

Lee, S., & Cho, M.-H. (2018). Predicting L2 vowel identification accuracy from cross-language mappings between L2 English and L1 Korean. *Language Sciences, 66*, 183–198.

Lee, Y.-C. & Cho, S. (2021). The merger of /e/ and /ɛ/ in Seoul Korean tracing speakers born from the 1930s to the 1960s. *Studies in Linguistics, 61*, 1-16.

Mitterer, H., & Ernestus, M. (2008). The link between speech perception and production is phonological and abstract: Evidence from a shadowing task. *Cognition, 109*(1), 168–173.

Namy, L. L., Nygaard, L. C., & Sauerteig, D. (2002). Gender differences in vocal accommodation: The role of perception. *Journal of Language and Social Psychology, 21*(4), 422–432.

Nielsen, K. (2011). Specificity and abstractness of VOT imitation. *Journal of Phonetics, 39*(2), 132–142.

Nielsen, K. Y. (2008). Word-level and feature-level effects in phonetic imitation (Doctoral dissertation, University of California).

Pardo, J. S. (2006). On phonetic convergence during conversational interaction. The *Journal of the Acoustical Society of America, 119*(4), 2382–2393.

Pardo, J. S. (2012). Reflections on phonetic convergence: Speech perception does not mirror speech production. *Linguistics and Language Compass, 6*(12), 753–767.

Pardo, J. S. (2013). Measuring phonetic convergence in speech production. Frontiers in Psychology. 4, Article 559.

R Core Team. (2024). R: A language and environment for statistical computing (Version 4.4.1). R Foundation for Statistical Computing.

Schertz, J., Kang, Y., Kochetov, A., Kong, E., & Han, S. (2017). Cross-language correspondences in the face of change: Phonetic independence versus convergence in two Korean-Mandarin bilingual communities. *International Journal of Bilingualism, 21*(1), 1–43.

Shin, J., Kiaer, J., & Cha, J. (2013). *The sounds of Korean*. Cambridge: Cambridge University Press.

Shockley, K., Sabadini, L., & Fowler, C. A. (2004). Imitation in shadowing words. *Perception and Psychophysics, 66*(3), 422-429.

Silva, D. J. (2006). Variation in voice onset time for Korean stops: A case for recent sound change. *Korean Linguistics, 13*(1), 1–16.

Simon, E., Debaene, M., & Herreweghe, M. V. (2015). The effect of L1 regional variation on the perception and production of standard L1 and L2 vowels. *Folia Linguistica, 49*(2), 521–553.

Sohn, H.-M. (1999). *The Korean language*. Cambridge University Press.

Walker, A., & Campbell-Kibler, K. (2015). Repeat what after whom? Exploring variable selectivity in a cross-dialectal shadowing task. Frontiers in Psychology. 6, Article 546.

Tsukada, K., Birdsong, D., Bialystok, E., Mack, M., Sung, H., & Flege, J. E. (2005). A developmental study of English vowel production and perception by native Korean adults and children. *Journal of Phonetics, 33*(3), 263–290.

Wayland, R. (1997). Non-native production of Thai: Acoustic measurements and accentedness ratings. *Applied Linguistics, 18*(3), 345-373.

Weiss, R. (1972). Perceptual parameters of vowel duration and quality in German. In Andre Rigault and Rene Charbonneau (eds.), Proceedings of the 7th

International Congress of Phonetic Sciences, Montreal 1971, 633-636. The Hague: Mouton.

Yu, A. C. L., Abrego-Collier, C., & Sonderegger, M. (2013). Phonetic imitation from an individual-difference perspective: Subjective attitude, personality, and "autistic" traits. *PLOS ONE, 8*(9), Article e74746.

제5장

감성분석:
의태어를 중심으로

Chapter 05

감성분석: 의태어를 중심으로

윤수원·안희돈

1. 들어가기

언어는 흔히 마음을 비추는 거울로 비유된다. 그러나 인간은 사회적·이성적 존재로서, 감정을 직접적이고 노골적으로 표현하기보다 간접적이고 세련된 방식으로 전달하는 경향이 있다. 이러한 경향은 각 언어마다 고유한 감성 표현 전략을 발달시켰으며, 한국어 역시 다양한 감각적·정서적 표현 자원을 통해 미묘한 감정의 결을 구현해 왔다.

예를 들어, 한국어의 색채어, 미각어, 청각·후각어, 촉각어, 온도어와 같은 오감 관련 어휘군은 양성/음성 모음 변이를 통해 긍정적·부정적 감성을 체계적으로 반영한다. 평음과 경음의 교체와 같은 자음 변화는 감정의 강도와 방향성을 미세하게 조정하는 데 기여한다. 같은 빨간색이라도 '발그레한'은 부드럽고 긍정적인 인상을, '시뻘건'은 강렬하고 부정적인 인상을 준다. 짠맛을 표현하는 '짭짤한'과 '찝찔한' 역시 표면적 의미는 비슷하지만, 감정적 함의와 평가적 태도는 크게 다르다.

이러한 감성의 차이는 의성어·의태어에서 더욱 뚜렷하게 드러난다. '알록달록'과 '얼룩덜룩', '보글보글'과 '부글부글', '촉촉'과 '축축'은 단순한 의미 대비를 넘어 긍정과 부정의 감정을 명확히 구분한다. 이는 의태어가 단순한 감각 재현을 넘어, 화자의 정서와 태도를 세밀하게 부호화하는 언어적 장치임을 시사한다.

본 연구는 한국어 의태어에 내재된 감정 표현의 이중성, 특히 긍정성과 부정성의 함의에 주목한다. 지금까지 한국어 감성분석에서 의태어는 그 정서적 섬세함에도 불구하고 분석의 주요 대상으로 잘 다뤄지지 않았으며, 감성사전에서도 의태어에 대한 체계적 감성 태깅이 제한적이었다. 이는 감성분석의 정밀도를 제약하는 중요한 요인 중 하나다.

기존 연구는 한국어와 영어 의태어의 의미론적 특성, 감각 이미지 환기, 정서 반응 유발 효과 등에 주목했지만, 특정 의태어가 전달하는 감정 방향성(긍정/부정)을 체계적으로 분석한 시도는 드물다. 특히 한국어는 세계적으로도 방대한 수의 의태어를 보유한 언어로, 국립국어원의 표준국어대사전에 약 3만 개가 수록되어 있으며, 다양한 파생 규칙을 통해 신조어로 확장되기도 한다. 양성/음성 모음과 자음군의 조합을 기반으로 한 정밀한 음성상징 체계는 한국 문화에서 중시하는 조화와 균형의 미학과도 깊이 연결되어 있다.

본 장에서는 이러한 의태어의 긍정/부정 감정 표현 양상을 중심으로, 음운적 특징이 감정 의미 형성과 어떻게 상호작용하는지를 분석한다. 더불어 한국어와 영어 의태어 체계를 비교하여, 의태어가 언어 내에서 의미와 감정을 어떻게 통합적으로 연결하는지를 고찰한다. 특히 포스트휴머니즘 기반의 다언어 연구 관점에서, 감성 표현은 단일 언어 체계 내부에서만 형성되는 것이 아니라, 다언어 화자가 언어 간 전환 과정에서 감정을 어떻게 조정·강화·약화하는지, 그리고 이러한 과정이 디지털 환경과 기계 번역·감성분석 시스템 속에서 어떻게 재구성되는지까지 포함해 이해해야 한다.

인공지능과 빅데이터 기반 감성 분석 기술이 빠르게 발전하고 있음에도 불구하고, 한국어 의태어의 미묘하고 다층적인 감성을 기계적으로 해석하는 데에는 여전히 한계가 있다. 표면적 의미 분석만으로는 음운·형태·문화적 맥락이 결합된 감정 함의를 충분히 포착하기 어렵기 때문이다. 따라서 본 연구는 (1) 한국어 의태어의 음운적 특성과 감정적 함의의 상관관계 분석, (2) 정서적 태도 기반 감성 표현 유형화, (3) 차별언어와 감성의 상호작용 연구 기반 마련을 목표로 한다. 이를 통해 한국어 의태어의 감성적 층위를 명확히 규명하고, 실용적 감성사전 개발과 인공지능 기반 텍스트 분석 기술의 고도화, 그리고 다문화·다언어 환경에서의 감성 소통 개선에 기여하고자 한다.

2. 한국어 의태어의 형태-음운적 파생

2.1. 의태어의 음성 상징

의태어의 가장 주목할 만한 특성 중 하나는 음성 상징이다. Hinton,

Nichols, and Ohala(1994)는 음성 상징을 "소리와 의미 사이에 체계적이고 반복적인 연관이 존재한다"는 가설적 개념으로 정의한 바 있다. Ohala(1997) 역시 대부분의 언어적 의미가 자의적으로 음형과 연결된다는 일반적인 전제에 동의하면서도, 플라톤의 『크라틸로스』에 나타난 고대의 관점—곧 이름과 대상 간의 자연적 대응 관계—이 여전히 현대 언어 현상에 대한 통찰을 제공할 수 있음을 강조한다.

음성 상징의 대표적 예는 음운 범주와 의미 범주의 상관성에서 발견된다. 예컨대 고주파 음은 공손함, 작음, 섬세함 등을 함축하는 경향이 있으며, 저주파 음은 위협성, 무게감, 분노 등의 정서를 나타낸다. Shinohara와 Kawahara(2012)의 실험 연구에 따르면, 모음의 고저(high vs. low vowels), 전후성(frontness vs. backness), 그리고 폐쇄음의 유성 여부는 지각적 의미 형성에 유의미한 영향을 미치며, 이러한 경향은 한국어에서도 유사하게 관찰된다.

Sohn(1999)에 따르면, 한국어에는 수천 개의 음성 상징어가 존재하며, 이들은 대부분 고유어 계열로 구성되어 있다. 이러한 어휘들은 섬세한 감각 정보와 정서적 뉘앙스를 함축하고 있으며, 일상 회화뿐만 아니라 시, 소설, 광고 언어 등 다양한 담화 장르에서 표현력을 강화하는 데 널리 활용된다.

한국어의 음성 상징은 형용사, 부사, 동사, 지시어 등 여러 품사 범주에 걸쳐 나타나며, 자음 및 모음의 교체를 통한 체계적인 파생 규칙을 내포하고 있다. 예를 들어, 영어에서는 회전 동작을 나타내는 의태어들이 상대적으로 고정된 형태를 유지하는 경향이 있으나, 한국어의 '빙글'은 가령 '뱅글'등으로 확장 가능하며, 이들 간의 변이는 속도, 크기, 강도와 같은 의미 차원을 반영한다. 이러한 변이는 단순한 형태 변화를 넘어 감각 정보와 화자의 정서 상태가 결합된 이차원적 의미 체계가 한국어 의태어에 내재되어 있음을 시사한다.

2.2. 긍정형 vs. 부정형 의태어

한국어는 감각적 경험—예컨대 소리, 모양, 움직임—을 표현하는 데 있어, 다른 언어들, 특히 영어에 비해 훨씬 정교한 의태어 체계를 발전시켜 왔다. 이러한 정교함은 크게 두 가지 언어적 요인에서 기인한다. 첫째, 음운적 변이—특히 음양 모음의 대립과 자음 교체—를 통해 감정적 의미 차이를 섬세하게 구현할 수 있으며, 둘째, 접두사, 접미사, 중첩(reduplication) 등을 통한 생산적인 형태적 파생이 가능하다는 점이다.

특히 주목할 점은, 영어에서는 긍정적·부정적 의미를 별개의 어휘로 표현하는 경향이 강한 반면, 한국어는 동일한 기본형에서 음운적 변형을 통해 감정적 의미의 스펙트럼을 다양하게 파생시킨다는 점이다. 다음 예시는 이를 구체적으로 보여준다:

(1) a. 영어: vibrant (긍정) vs. gaudy (부정)
   b. 한국어: 알록달록 (긍정) vs. 얼룩덜룩 (부정)

이러한 대조는 한국어 의태어가 단순한 감각적 묘사에 그치지 않고, 정서적 평가와 감정적 뉘앙스를 체계적으로 표현할 수 있는 감성 자질을 내포하고 있음을 시사한다. 즉, 음운적 변이를 통해 동일한 기본 의미에서 화자의 감정적 태도—호감, 혐오, 친근감, 불쾌감 등—를 변별적으로 드러낼 수 있으며, 이는 한국어 표현 어휘 내에서 정서 지수(emotional index)의 구축 가능성을 뒷받침하는 실증적 근거가 된다.

결론적으로, 한국어 의태어는 음운 및 형태 변이를 통해 감정적 함축을 체계적으로 실현하는 능동적 언어 자원이며, 이는 감성 분석 및 감정 태도 예측 분야에서도 중요한 분석 지표로 활용될 수 있다.

2.3. 영어와 한국어의 음운 변이

한국어는 다양한 감각적 경험—예컨대 소리, 모양, 움직임 등—을 표현하는 데 있어 방대한 의태어 어휘를 보유하고 있는 언어로 널리 알려져 있다. 이러한 의태어는 단순한 감각적 기술을 넘어, 표현 대상의 크기, 강도, 정서적 태도까지 섬세하게 반영하는 특징을 지닌다. 이는 다음과 같은 근본적인 질문을 제기한다: 한국어는 어떻게 이처럼 다양한 감각적·감정적 차이를 의태어를 통해 정교하게 구현할 수 있는가?

이러한 고도의 표현력은 한국어가 지닌 두 가지 언어적 특성에 근거한다. 첫째, 자음 및 모음의 체계적 교체를 통해 음성 상징과 감정적 함의를 구현할 수 있으며, 특히 음/양 혹은 밝음/어두움에 기반한 모음 대립은 감정적 방향성(positivity vs. negativity)을 조직하는 핵심 메커니즘으로 기능한다(2.2절 참조). 둘째, 교착어적 구조를 기반으로 하여 접두사, 접미사, 중첩 등 다양한 파생 전략이 누적적으로 활용될 수 있다(2.4절에서 자세히 논의됨). 이처럼 다층적인 파생 체계는 화자의 감정적 태도뿐 아니라, 대상의 크기·강도·움직임의 미묘한 차이를 정밀하게 포착할 수 있는 언어적 토대를 제공한다.

한편 영어는 감정의 긍·부정적 평가를 표현할 때, 각각의 의미를 서로 다른 어휘로 분리하여 표현하는 경향이 강하다. 반면, 한국어는 동일한 어근 혹은 기본형에서 음운적 변이를 통해 다양한 정서적 파생형을 생성할 수 있으며, 이는 감성 표현 체계의 생산성과 유연성을 잘 보여준다. 다음의 예시는 이러한 대비를 명확히 보여준다.

(2) 한국어 의태어의 음운 변이를 통한 감정 표현 대립 예시

a. 알록달록 '다채롭고 경쾌한 색채감(긍정)'
vs. 얼룩덜룩 '지저분하거나 불규칙한 색감(부정)'

b. 보글보글 '부드럽고 작게 끓는 소리(긍정)'
vs. 부글부글 '세고 탁한 끓음(부정)'

c. 포동포동 '통통하고 귀여운 모습(긍정)'
vs. 피둥피둥 '과도하게 뚱뚱한 모습(부정)'

d. 반짝반짝 '작고 생기 있는 빛의 반사(긍정)'
vs. 번쩍번쩍 '강하고 자극적인 빛남(부정)'

e. 촉촉 '쾌적하고 부드러운 습기(긍정)'
vs. 축축 '과도하고 불쾌한 습기(부정)'

f. 살짝 '부드럽고 조심스러운 동작(긍정)'
vs. 슬쩍 '교묘하거나 의심스러운 동작(부정)'

g. 졸졸 '조용하고 부드럽게 흐르는 물소리(긍정)'
vs. 줄줄 '과도하게 흐르며 시끄러운 물소리(부정)'

위의 사례들은 음운적 변이가 단지 음향적 속성이나 감각적 차이를 넘어, 화자의 정서적 평가와 감정 상태를 드러내는 언어적 장치로 기능함을 보여준다. 동일한 기본형에 자음 또는 모음의 미세한 변화를 가함으로써, 한국어는 정서적 방향성(positivity/negativity), 강도(intensity), 친밀감 혹은 불쾌감 등의 감성적 벡터(emotive vectors)를 정밀하게 조절할 수 있다.

이러한 음운 변이는 한국어 감성 분석 체계 구축에 있어 핵심적인 변수로 작용할 수 있으며, 텍스트 분석 및 감정 인식 기술에 적용될 수 있는 정교한 언어적 메커니즘으로 주목할 가치가 있다.

2.4. 영어와 한국어의 음운 변이 비교

본 절에서는 한국어와 영어의 음운 변이가 감정적 함축(affective connotation)에 어떻게 기여하는지를 대조적으로 살펴본다. 특히 한국어에서는 모음 교체가 감정 표현의 정교한 조절 장치로 작용하는 반면, 영어에서는 그러한 기능이 상대적으로 제한됨을 보이고자 한다.

영어에서도 특정 모음 유형이 지각적 특성과 연관되는 경우가 있다. 예컨대, 고전설 모음 [i]는 drip, ping 등에서 날카롭고 가벼운 느낌을, 저모음 [ɑ]는 drop, pong 등에서 무겁고 둔탁한 느낌을 전달할 수 있다. 그러나 이러한 변이는 대체로 물리적 소리의 특성이나 운동의 질감에 관련된 것으로, 화자의 감정 상태나 정서적 평가를 함축하지는 않는다. 다음 예시는 이러한 경향을 잘 보여준다:

(3) 영어의 모음 교체 예시

a. drip vs. drop

b. clank vs. clunk

c. ping vs. pong

d. splish vs. splash

이처럼 영어의 음운 변이는 청각적/운동적 대비를 위한 기제로는 기능하지만, 화자의 감정적 태도(예: 친근감, 혐오, 경멸 등)를 체계적으로 반영하는 장치로 활용되지는 않는다. 이 점에서, 정서적 방향성과 강도를 정밀하게 조절할 수 있는 한국어의 음운 변이 체계와 본질적인 차이를 보인다.

한국어에서는 자음과 모음의 변이를 통해 감정의 강조(intensification) 또는 약화(diminution)를 조절할 수 있으며, 특히 모음조화(vowel harmony) 규칙은 음운 구조와 감정 함의 간의 상관관계를 조직하는 중심 원리로 기능한다. 기본적인 모음조화의 규칙은 다음과 같다:

- 양성 모음(陽性母音, bright vowels): /a/, /ya/, /o/ 등은 밝음, 작음, 부드러움, 친근감 등의 정서적 특성과 연관된다.
- 음성 모음(陰性母音, dark vowels): /e/, /yeo/, /u/ 등은 어두움, 무거움, 둔함, 불쾌함 등의 정서를 함축한다.
- 단어 내에서는 대체로 양성/음성 모음이 혼합되어 나타나는 것을 피하며, 어근의 모음 유형은 파생 접사의 모음 선택에 영향을 미친다.

Kim(1985)의 연구에 따르면, 중국어 차용어의 유입과 역사적 음운 변화에도 불구하고, 토착 한국어 의태어에서는 이러한 모음조화 규칙이 여전히 생산적으로 작동하고 있다. 모음조화는 단지 음운론적 제약이 아니라, 감정적·심상적 정보의 부호화 체계로서 기능하는 것이다.

다음은 Kim(1985: 432)이 제시한 모음조화 기반의 색채 표현 변이 예시이다:

(4) 모음조화에 따른 모음 교체 예(Kim 1985: 432)

양성 모음 형태	**의미**	**음성 모음 형태**
하얗다	하양	허옇다
빨갛다	빨강	뻘겋다
까맣다	검정	꺼멓다
파랗다	파랑	퍼렇다
노랗다	노랑	누렇다

이러한 모음 교체는 단순한 음향적 차이를 넘어서, 감정적 뉘앙스를 체계적으로 조절하는 언어적 메커니즘으로 작용한다. 예를 들어, '하얗다'는 긍정적이고 정결한 인상을 주는 반면, '허옇다'는 창백하고 기운이 빠진 인상을 전달한다. 이처럼 같은 개념 범주(색상) 내에서도, 모음 변이를 통해 화자의 평가적 태도와 심상적 이미지가 정밀하게 차별화된다.

요컨대, 한국어의 음운 변이 체계는 정서적 표현의 미묘한 조절을 가능케 하는 핵심 장치로 기능하며, 이는 감정 중심의 언어 처리 연구뿐 아니라 인공지능 기반 감성 분석 시스템의 정밀도 향상에도 결정적인 이론적·실용적 기여를 할 수 있다.

Koo와 Rhee(2018)는 Jung(1938), Kim(1977), Kim-Renaud (1976), Martin(1962), Koo(2007) 등 다수의 선행 연구를 종합하여, 한국

어에서 자음 및 모음의 음향적 특성과 감정 표현 간의 관계를 도식화한 바 있다. 이들의 분석은 의태어가 단지 상징적 표상이 아니라, 체계적인 감정 구조를 반영하는 언어 단위임을 보여준다.

(5) 모음 극성(vowel polarity)의 분류(Koo & Rhee, 2018 정리)

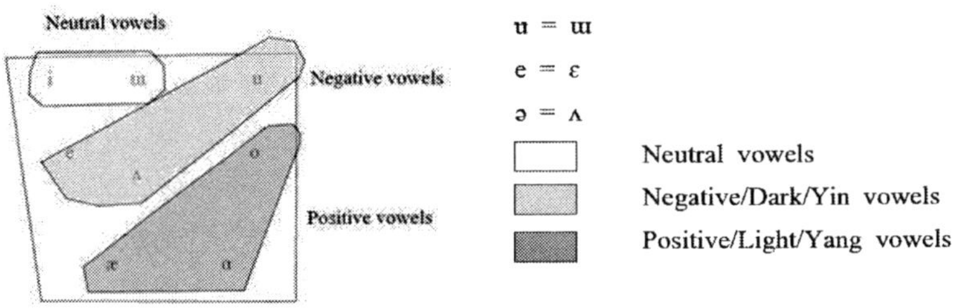

이 도식에 따르면, 한국어의 모음은 정서적 평가에 따라 세 가지로 분류된다: (1) 긍정적/밝은 모음, (2) 부정적/어두운 모음, (3) 중립 모음. 각 모음군은 구체적인 정서적 특성과 결합되어 특정한 의미 영역을 구성한다.

- 긍정적/밝은 모음: [a], [o], [æ] 및 관련 이중모음들은 작고 섬세하며 부드러운 움직임이나 밝은 색, 사랑스러운 대상을 묘사하는 데 사용된다.
- 부정적/어두운 모음: [ə], [e], [u] 등은 크고 무겁고 둔한 움직임, 탁하거나 불쾌한 대상에 주로 결합된다.
- 중립 모음은 특정 정서적 방향성이 불분명하거나 상황에 따라 긍/부정의 해석이 달라질 수 있는 경우에 해당한다.

이러한 체계는 Sapir(1929), Newman(1933), Jespersen(1933), Tarte(1974), Ultan(1978) 등이 제시한 전통적 음성 상징 이론과는 다소 상충하는 측면도 있다. 예컨대, Diffloth(1994)는 [i]가 오히려 큰 대상이나 확산적인 움직임에 결합된다고 주장하며, [a]가 작고 집중된 운동을 상징한다고 본다. 이는 전통적 연구에서 제안한 '[i]는 작음, [a]는 큼'이라는 이분법적 대응을 비판적으로 재해석한 것이다. Koo와 Rhee(2018) 또한 이러한 논의에 동조하며, 음향-의미 간 대응은 일률적 보편성이 아니라 언어별 체계 내에서 구조화된 결과임을 강조한다.

모음과 더불어 자음 변이 역시 한국어 의태어에서 감정적 뉘앙스의 강조 또는 조절에 기여하는 핵심 요소로 작동한다. 영어에서도 일부 자음이 특정 소리나 동작을 연상시키는 경향은 있으나, 이들이 감정적 함의를 직접적으로 포함하는 경우는 드물다. 예컨대 다음과 같은 자음 교체 예는 물리적 특성은 반영하지만 정서적 평가를 포함하지는 않는다:

(6) 영어의 자음 교체 예시

a. thump vs. thud

b. chirp vs. cheep

c. rustle vs. ruffle

반면 한국어에서는 자음 강도 변화—특히 평음(p) → 경음(pp) 전환—가 의미의 강조 및 감정 표현의 강도를 명시적으로 조절하는 데 활용된다. Kim(1985)이 정리한 색채어 사례는 이를 잘 보여준다:

(7) 한국어의 자음 교체 예(Kim 1985:432)

평음형 (덜 강조)	의미	경음형 (강조)
가맣다	검정	까맣다
거멓다	검정	꺼멓다
검다	검정	껌다
발갛다	빨강	빨갛다
벌겋다	빨강	뻘겋다

이처럼 자음 교체는 정서의 강도와 평가 방향성을 조절하는 기능을 갖는다. 이러한 변이는 Koo(2007)가 주장한 '조음 동작에 내재된 힘의 역학(force dynamics)'과도 밀접하게 연관된다.

Koo와 Rhee(2018)는 한국어의 삼분 음운 체계—평음(p), 유기음(ph), 경음(pp)—가 각각 다른 힘의 분포를 반영하며, 이는 정서적 의미 형성에 기여한다고 분석한다.

(8) 자음 계열에 따른 힘의 분산 구조

a. 경음(pp, tt, kk): 집중적이며 국소적인 강한 힘

→ 예: 진한 색상, 강한 감정, 공격적 뉘앙스

b. 유기음(ph, th, kh): 분산적이고 외향적인 강한 힘

→ 예: 갑작스러운 동작, 격한 반응 등

이러한 음운적 변이는 감정의 질감까지도 섬세하게 조절하는 수단으로 작용한다. 다음의 예시들은 이러한 원리를 잘 보여준다.

(9) 끓는 소리 예시

a. 보글보글: 작은 냄비에서 부드럽고 경쾌하게 끓는 소리 (긍정)

b. 뽀글뽀글: 진한 국물이 끓는 보다 강한 소리 (중립~강조)

c. 부글부글: 억눌린 분노나 짙고 거센 끓음 (부정)

(10) 걷는 동작 예시

a. 졸랑졸랑: 망아지가 천천히 따르는 가벼운 움직임 (긍정)

b. 촐랑촐랑: 가볍지만 산만하고 부산스러운 동작 (부정 또는 과장)

(11) 감정 일치/불일치 예시

a. ✔ 맛있는 찌개가 보글보글 끓고 있다

→ 부드럽고 긍정적

b. ✘ 맛있는 찌개가 부글부글 끓고 있다

→ 음성 모음과 어두운 자음이 '맛있음'과 부조화

이상의 분석을 종합하면, 한국어는 모음조화, 자음 강도 변화, 조음 역학을 기반으로 한 복합적 음운 체계를 통해 감정의 방향성뿐 아니라 강도, 미묘한 평가 태도까지도 정밀하게 조절할 수 있다. 이는 영어의 음운 구조가 주로 물리적 성질의 기술에 한정되는 것과는 현저히 대비된다. 결과적으로, 한국어 의태어는 감정 분석 및 감성 인식에 있어 보다 풍부하고 정밀한 자료로 활용될 수 있으며, 이는 언어 기반 인공지능 시스템의 정서 감응 능력을 고도화하는 데 중요한 이론적 자산이 된다.

2.5. 형태적 변이: 접두사와 중첩을 통한 감정 강조

한국어 의태어는 음운 변이뿐만 아니라 형태론적 파생을 통해 감정의 방향성과 강도, 그리고 미묘한 정서적 뉘앙스를 더욱 정밀하게 조절한다. 이러한 파생 방식에는 주로 강조 접두사와 중첩이 활용되며, 이는 어휘의 감성적 층위를 다층적으로 구성하는 핵심 메커니즘으로 기능한다.

2.5.1. 강조 접두사: 새-, 시-, 처- 계열

한국어에서는 특정 색채 표현이나 정서 어휘에 접두사를 결합함으로써 감정적 강조를 실현한다. 특히 '새-'(양성 모음 기반)와 '시-'(음성 모음 기반)는 경음형 의태어와 결합하여 정서적 강도를 극대화하는 용법을 보인다(Yoon, 2018). 다음은 Kim(1985:432)의 자료를 기반으로 정리한 예시이다:

(12) 강조 접두사에 의한 정서 강조

기본형	의미	경음형	강조형
가맣다	검정	까맣다	새까맣다
거멓다	검정	꺼멓다	시꺼멓다
발갛다	빨강	빨갛다	새빨갛다
벌겋다	빨강	뻘겋다	시뻘겋다

이들 접두사는 일반적으로 경음형 어근에만 결합 가능하며, '까맣다-새까맣다', '뻘겋다-시뻘겋다'와 같이 경음 파생과 접두사 결합이 동시에

이루어질 때, 이중 강조 효과가 발생한다. 반면, 하얗다, 파랗다, 노랗다 등 경음 파생이 불가능한 형태에서는 강조 접두사가 직접 기본형에 부착된다(예: 새하얗다, 시퍼렇다 등).

이와 유사하게, 신조어에서도 정서적 강조를 위해 접두사가 활용된다. 예를 들어 다음 예시는 부정적 정서를 담은 과도한 먹는 행위를 묘사하며, 이때 '처-'는 강한 부정성을 내포하는 강조 접두사로 기능한다.

(13) 처묵처묵 → '과도하게 먹는 부정적 행동' (처-: 부정 정서 강조)

2.5.2. 중첩(reduplication): 강조, 분포, 정서적 미세 조절

중첩은 한국어 의태어에서 감정의 강도를 높이거나, 색이나 동작이 부분적으로 분포되어 있음을 나타내는 데 활용된다(Yoon, 2018; Kroeger, 2016). 중첩은 음운적 반복을 기반으로 하되, 단순 반복 이상의 정서적/운율적 기능을 수행한다. 다음 예시는 중첩을 통한 정서 강조 및 분포적 특성의 예를 보여준다:

(14) 중첩에 따른 의미 변이

a. 가마가맣다 — 매우 진한 검정

b. 감디감다 — 검정이 부분적으로 있는 경우

c. 거머거멓다 — 아주 옅은 검정

d. 거뭇거뭇하다 — 검정이 얼룩처럼 있는 경우

e. 검디검다 — 극도로 검정

f. 까뭇까뭇하다 — 선명한 진한 검정

g. 꺼뭇꺼뭇하다 — 강하고 진한 검정

영어에도 중첩 구조가 일부 존재하나, 이는 주로 유희적(rhythmic) 반복이나 소리 묘사에 국한되며, 감정의 정밀한 뉘앙스를 조절하는 기능은 제한적이다:

(15) 영어의 중첩 예
a. choo-choo
b. knock-knock
c. flip-flap

반면, 한국어 중첩은 완전 중첩(전체 음절 반복)뿐 아니라, 부분 중첩(음절 일부만 반복)도 활발히 나타나며, 이는 동작이나 소리의 반복, 강도 변화, 정서 강조 등을 동시에 표현한다(Koo & Rhee, 2018).

(16) 중첩의 점진적 확장(Rhee 2016 인용)
a. 풍덩: 큰 물체가 깊은 물에 빠지는 단일 소리
b. 풍덩풍덩: 반복적으로 빠지는 동작
c. 풍더덩: 거친 물체가 튕기듯 떨어지는 상황
d. 풍더더덩: 반복성과 강도가 더해진 극적 동작

2.5.3. 중첩에 따른 감정 방향성 분화

중첩은 단순한 반복이 아니라 운율적 효과(rhythmic effect)와 감정적 방향성을 조절하는 정서 표현 장치로 기능한다. 동일한 기본형에서 중첩 여부와 음운 선택이 달라질 때, 정서적 평가는 극명하게 나뉠 수 있다:

(17) 긍정/부정 정서에 따른 중첩 의태어 예시

a. 포동포동 — 통통하고 귀여운(긍정) 피둥피둥 — 뚱뚱하고 과한 느낌(부정)

b. 촉촉 — 촉촉하고 부드러운(긍정) vs. 축축 — 축축하고 눅진한(부정)

이처럼, 한국어 의태어는 음운 변화뿐만 아니라 형태소 파생과 중첩을 통해 감정의 방향과 강도, 정서적 뉘앙스를 정교하게 조절하는 복합적 표현 체계를 이루고 있다. 이러한 형태적 변이는 감성 분석의 정밀도를 높이는 데 있어 핵심적인 언어 자원이며, 언어 기반 감정 인식 시스템의 정서적 민감도 향상에 기여할 수 있는 중요한 실증적 근거를 제공한다.

3. 의태어의 의미론적·화용론적 차원

3.1. 감정 표현으로서의 의태어: 표현소적 성격(Emotive Ideophones as Expressives)

한국어 의태어는 소리, 모양, 움직임 등 감각적 현상에 대한 기술적 내용을 전달하는 데 그치지 않고, 화자의 감정적 태도와 관련된 은유적·함축적 의미 층위를 동시에 내포한다. 이러한 다층적 의미 구조는 형태·음운적 구성의 정교함과 더불어, 한국어 의태어가 표현소(expressive)의 하위 유형으로 이론적으로 분류될 수 있음을 시사한다.

이러한 분석은 Potts(2005, 2007)가 제시한 고정함축 이론(Conventional Implicature; CI)의 틀 안에서 이해될 수 있으며, 기존의 연구들(Kim & Sells, 2007; McCready, 2010; Sawada, 2010; Gutzmann, 2011; Yoon, 2011, 2015; Yae & Yoon, 2017 등)도 한국어와 유사한 언어에서 유의미한 표현소의 존재를 입증해 왔다.

표현소의 가장 핵심적인 특징은 화자의 감정적·평가적 태도를 문장 외적인 층위에서 전달한다는 점이다. 예컨대 영어의 confidentially ('비밀스럽게')나 damn ('제기랄')과 같은 부사 및 욕설 표현은 명제적 내용과는 별개의 정서적 관점을 독립적으로 부호화한다.

이러한 표현소는 다양한 언어에서 관찰된다. 일본어 부사 yoku, yokumo (McCready, 2004), 독일어 강조 부사 sau, total, voll (Gutzmann & Turgay, 2012), 그리고 존대 표현(한국어 및 일본어의 높임법; Potts, 2007; Kim & Sells, 2007) 등이 대표적이다. 또한 동격 구문(appositives), 비교 구문 내 even, 한국어 및 그리스어의 언어외적 조사(metalinguistic particles) 등도 표현소적 속성을 가지는 것으로 분석된다(Giannakidou & Yoon, 2011).

이러한 관점에서 볼 때, 감정적으로 변형된 의태어를 사용한 화자의 발화는 정서적 입장을 표명하는 것이며, 이는 단순한 기술이 아닌 시점 지시적 표현(stance marker)으로서 기능한다.

Potts(2005, 2007)가 제시한 표현소의 핵심 특성인 의미의 독립성(independence)과 시점 의존성(perspective dependence)은 한국어 의태

어의 표현소적 성격을 이론적으로 뒷받침한다. 예컨대 다음의 영어 문장에서:

(18) That bastard Frederic is famous.

→ bastard는 명제 내용("프레데릭은 유명하다")과는 별개로, 화자의 부정적 태도를 표현소 층위에서 드러낸다.

이와 유사하게, 한국어 의태어 알록달록도 단순히 '화려한'의 기술적 의미를 넘어서, 화자의 긍정적 정서를 수반하는 표현이다.

(19) 꽃들이 알록달록 저마다의 빛깔을 뽐내고 있다.

→ 기술적 묘사 + 화자의 감정이 개입된 정서적 평가

이러한 감정적 입장은 상위언어 부정(metalinguistic negation)이나 비교 표현을 통해 조정될 수 있다는 점에서 더욱 두드러진다:

(20a) 찌개가 "보글보글"이 아니라 "부글부글" 끓었다.

→ 기술 내용은 동일하되, 감정적 태도만 전환됨

(20b) 찌개가 "부글부글"이라기보다는 "보글보글" 끓었다.

→ 표현소 층위에서 감정 평가 조정

이러한 사례들은 Potts(2007)가 주장한 "표현 의미(expressive meaning)와 기술 의미(descriptive content)는 통합되지 않는다"는 원칙을 지지하면서도, 표현-기술 의미의 혼합적 사용 가능성을 열어둔다. 즉, 일부 표현소는 기술적 의미를 감정적으로 재구조화하는 의미적 인터페이스 역할을 수행할 수 있으며, 한국어 의태어는 그러한 하이브리드 표현소의 전형적 예라 할 수 있다.

또한, 한국어 의태어는 비대체성(nondisplaceability)이라는 표현소의 또 다른 특성을 지닌다. 즉, 의태어는 화자의 현행 발화 맥락과 감정 태도에 의존하며, 인용이나 서술적 맥락에서 감정의 복제(reproduction)가 제한된다. 다음 예문은 이러한 특징을 명확히 보여준다:

(21) 존은 그녀의 피둥피둥한 얼굴을 보았다.

→ '피둥피둥'은 기술적 묘사가 아닌, 화자의 정서가 개입된 평가적 표현이다.

✔ 화자는 그녀를 매력적으로 보지 않았음을 드러낸다.

✘ "나는 그녀가 예쁘다고 생각해"와 같은 긍정적 진술과의 결합은 정서적 충돌을 야기함.

이처럼, 의태어는 문장의 명제적 내용과 병렬적으로 작동하면서, 화자의 감정 상태를 표현소 층위에서 정서적으로 부호화한다. 따라서 한국어 의태어는 단순한 감각 기술어가 아니라, 화자의 주관적 태도를 시점화(perspectivization)하는 감정 표현 장치로서 기능하며, 이는 의미론적·화용론적 차원에서의 독립적인 분석 단위를 정당화한다.

3.2. 분석: 고정함축(Conventional Implicature, CI)으로서의 의태어

한국어 의태어의 감정적 함의를 이론적으로 설명하기 위해, 본 절에서는 Potts(2005)의 고정함축(CI) 이론을 분석 틀로 채택한다. Potts는 Karttunen과 Peters(1979)의 고전적 논의를 기반으로, 의미의 다차원성(multidimensionality)을 정식화하고 CI 의미가 어떻게 명제적 의미(at-issue meaning)와 병렬적으로 작동하는지를 정교하게 설명하였다.

CI 이론은 특히 표현소(expressive)와 같이 화자의 감정 상태를 전달하는 요소들이 기술적 내용과 분리된 층위에서 해석되는 현상을 설명하는 데 효과적이다. Potts(2005)는 이를 정식화하기 위해, 표현 항목이 명제적 의미(e)와 표현적 의미(ε)의 두 차원으로 구성되어 있음을 다음과 같이 제안한다:

(22) [[부글부글]]

at-issue 의미: '끓는 소리 (boiling sound)' → 타입 e

CI 의미: negative-attitude(boiling sound) → 타입 ε

이 분석에서 부글부글은 표면적으로는 단순한 의성어처럼 보이지만, 실제로는 그 끓는 소리에 대한 화자의 부정적 정서 평가를 수반한다. 이러한 정서적 의미는 명제적 층위와는 별개의 표현 층위에서 작동한다.

Potts의 형식 의미론에서, 이러한 이중 의미 구조는 bullet function (•) 으로 연결된 λ-표현식을 통해 다음과 같이 구성된다:

(23) 의미 구조:

boiling sound: e

•

negative-attitude (boiling sound): ε

negative-attitude: < e, ε > **boiling sound: e**

[[부글부글]] = λx. boil(x) • negative-attitude(x)

이 구조는 '부글부글'이라는 표현이 동시에 두 가지 정보를 전달한다는 점을 보여준다. 즉,

- 기술적 정보(boiling): 무엇인가 끓고 있다,
- 감정적 평가(negative-attitude): 화자는 그 끓는 상태를 불쾌하거나 부담스럽게 여긴다.

이러한 함의의 병렬적 전달은 Potts가 제안한 CI 이론의 핵심 제약 조건 중 하나인 tree-admissibility 조건을 만족한다. 이 조건은 CI 표현이 반드시 명제적 의미의 구성 요소에 작용하여, 새로운 CI 의미를 유도해야 함을 의미한다(Potts 2005: 48). 즉, CI는 의미의 주석(annotation)이 아니라, 구조적으로 독립적이고 해석적으로 활성화된 의미 단위로 작동한다.

이와 같은 이론적 틀은 한국어 의태어가 단순한 감각 기술을 넘어서 화자의 정서적 관점을 문장 내에 동시에 삽입한다는 사실을 정식화할 수 있게 한다. 또한 '부글부글'과 같은 표현이 화자의 평가적 태도를 직접적으로 표상하며, 감정적 시점 표현(stance encoding)으로 기능함을 구조적

으로 설명해준다.

요컨대, Potts의 CI 이론은 의태어의 표현소적 성격을 다층적으로 분석할 수 있는 이론적 장치를 제공하며, 한국어 감정 표현의 의미론적 구조를 기술하는 데 있어 강력한 설명력을 지닌다. 이 분석은 또한 향후 한국어 감성 사전 구축이나 감정 인식 모델 설계 시 의태어를 정밀하게 계량화하는 기반 이론으로 기능할 수 있다.

4. 나가기

본 연구는 한국어 의태어의 음운적 변이와 감정적 함의를 체계적으로 분석하고, 이를 영어 의태어와 비교함으로써 의태어가 단순한 감각 재현을 넘어 화자의 정서와 태도를 정밀하게 부호화하는 언어 장치임을 밝혔다. 특히 양성/음성 모음과 자음군 교체를 통한 감정 방향성 조절, 그리고 긍정·부정 감성의 뚜렷한 대비는 한국어 의태어의 독자적 특징으로 드러났다.

이론적으로는 Potts(2005)의 고정함축 이론을 적용하여, 의태어의 감정적 의미가 명제적 층위와 독립된 표현소 층위에서 작동함을 보였다. 이를 통해 한국어 의태어를 표현소의 독립 하위 유형으로 분류할 수 있으며, 이는 영어 의태어와의 대조를 통해 언어 간 감정 표현 방식의 구조적 차이를 부각시켰다. 더 나아가 의태어가 민족 비하적 표현, 맛 표현, 경멸적 지시어 등과 같이 화자의 주관적 시점과 복합적 주관 양태를 전달한다는 점에서, 감정 정보의 문법화 과정에 깊숙이 관여함을 확인하였다.

또한 포스트휴머니즘 기반의 다언어 연구 관점에서, 의태어의 감성 기능은 단일 언어 체계 내부의 산물이 아니라 다언어 화자의 인지 공간에서 여러 언어가 상호작용하며 형성·변형될 수 있음을 논의했다. 이는 다언어 환경에서 특정 언어의 감성 자원이 다른 언어 사용 시 강화되거나 약화되는 현상, 그리고 디지털 환경과 인공지능 기반 감성 분석 시스템이 이러한 감성 표현을 어떻게 재구성·재해석하는지에 대한 이해를 확장시킨다.

궁극적으로 본 연구는 의태어가 의미론적 명제 층위와 화용론적 표현 층위를 동시에 구성하는 이중 구조를 지닌다는 점을 실증적으로 보여주었다. 이러한 분석은 감성 언어학과 형식 의미론, 화용론뿐 아니라, 다언어·다문화 사회에서의 감성 소통 연구와 인공지능 감성 분석 기술의 정밀화에도 중요한 이론적·실천적 기반을 제공한다.

참고 문헌

Cruse, D. A. (1986). *Lexical semantics*. Cambridge University Press.

Diffloth, G. (1994). i: Big, a: Small. In L. Hinton, J. Nichols, & J. J. Ohala (Eds.), *Sound symbolism* (pp. 107–114). Cambridge University Press.

Giannakidou, A., & Yoon, S. (2009). Metalinguistic functions and the expressive dimension in Greek and Korean: Attitude semantics, expressive meaning and NPI licensing. In L. Geist, K. von Heusinger, H. Kamp, U. Klein, F. Martin, E. Onea, A. Riester, & T. Solstad (Eds.), *Proceedings of the 13th Sinn und Bedeutung* (pp. 141–156). Stuttgart: OPUS, Universität Stuttgart.

Giannakidou, A., & Yoon, S. (2011). The subjective mode of comparison: Metalinguistic comparatives in Greek and Korean. *Natural Language & Linguistic Theory, 29*(3), 621–655.

Grice, H. P. (1975). Logic and conversation. In P. Cole & J. Morgan (Eds.), *Syntax and semantics III: Speech acts* (pp. 41–58). Academic Press.

Gutzmann, D. (2011). Expressive modifiers and mixed expressives. In O. Bonami & P. C. Hofherr (Eds.), *Empirical issues in syntax and semantics* (Vol. 7, pp. 123–141). Colloque de Syntaxe et Sémantique de Paris.

Gutzmann, D., & Turgay, K. (2012). Expressive intensifiers in German: Syntax-semantics mismatches. In C. Piñón (Ed.), *Empirical issues in syntax and semantics* (Vol. 9, pp. 149–166).

Hinton, L., Nichols, J., & Ohala, J. J. (1994). *Sound symbolism*. Cambridge University Press.

Jespersen, O. (1933). Symbolic value of the vowel i. In *Linguistica: Selected papers of O. Jespersen in English, French and German* (pp. 283–303). Levin and Munksgaard.

Jung, I. S. (1938). Moum sangtay pepchikkwa caum kasey pepchik [Principles of vowel relativity and consonant reinforcement]. *Hangeul, 60*, 10–25.

Karttunen, L., & Peters, S. (1979). Conventional implicature. In C.-K. Oh & D. A. Dinneen (Eds.), *Syntax and semantics: Vol. 11. Presupposition* (pp. 1–56).

Academic Press.

Kim, A. (1985). Korean ideophones: An aspect of semantic fields and related phenomena. *Anthropological Linguistics, 27*(4), 425-436.

Kim, J.-B., & Sells, P. (2007). Korean honorification: A kind of expressive meaning. *Journal of East Asian Linguistics, 16*, 303-336.

Kim, K.-O. (1977). Sound symbolism in Korean. *Journal of Linguistics, 13*, 67-75.

Kim-Renaud, Y.-K. (1976). Semantic features in phonology: Evidence from vowel harmony in Korean. *Chicago Linguistic Society, 12*, 397-412.

Kölbel, M. (2004). Faultless disagreement. *Proceedings of the Aristotelian Society, 104*(1), 53-73.

Koo, H. J. (2007). Force dynamics as a variational factor: A case in Korean. *LACUS Forum, 33*, 201-210.

Koo, H. J., & Rhee, S. (2018, July 2-6). Systematicity and synesthesia of ideophones in Korean. Paper presented at *Ideophones in the Language Sciences Workshop, 20th International Congress of Linguists*, Cape Town International Convention Center, South Africa.

Kroeger, P. (2016, October 21). Expressive reduplication in Kimaragang. Handout presented at DFW Metroplex Conference.

Lasersohn, P. (2005). Context dependence, disagreement, and predicates of personal taste. *Linguistics and Philosophy, 28*, 643-686.

Lasersohn, P. (2008, May). Quantification and perspective in relativist semantics. Paper presented at the *University of Chicago Compositionality Workshop*.

Lasersohn, P. (2009). Relative truth, speaker commitment, and control of implicit arguments. *Synthese, 166*, 359-374.

Löbner, S. (2002). *Understanding semantics*. Arnold/Blackwell.

Martin, S. E. (1962). Phonetic symbolism in Korean. In *American studies in Altaic linguistics* (UA Series 13, pp. 117-189). Indiana University.

Morton, E. W. (1977). On the occurrence and significance of motivation-structural rules in some bird and mammal sounds. *American Naturalist, 111*, 855-869.

McCready, E. (2004). Two Japanese adverbials and expressive content. In *Semantics and Linguistic Theory* (Vol. 14, pp. 163-178).

McCready, E. (2010). Varieties of conventional implicature. *Semantics and Pragmatics, 3*, 1-57.

Newman, S. S. (1933). Further experiments in phonetic symbolism. *American Journal of Psychology, 45*, 53–75.

Ohala, J. J. (1997). Sound symbolism. In *Proceedings of the 4th Seoul International Conference on Linguistics (SICOL)* (pp. 98–103).

Potts, C. (2003). Expressive content as conventional implicature. In M. Kadowaki & S. Kawahara (Eds.), *Proceedings of the North East Linguistics Society* (Vol. 33, pp. 303–322). GLSA.

Potts, C. (2005). *The logic of conventional implicature*. Oxford University Press.

Potts, C. (2007). The expressive dimension. *Theoretical Linguistics, 33*, 165–197.

Sapir, E. (1929). A study in experimental symbolism. *Journal of Experimental Psychology, 12*, 225–239.

Sawada, O. (2010). *Pragmatic aspects of scalar modifiers* (Doctoral dissertation). University of Chicago.

Sohn, H.-M. (1999). *The Korean language*. Cambridge University Press.

Shinohara, K., & Kawahara, S. (2012). A cross-linguistic study of sound symbolism: The images of size. In *Proceedings of BLS* (Vol. 36). http://www.rci.rutgers.edu/kawahara/pdf/BLSpaperShinoKawafixedOct2010.pdf

Tarte, R. D. (1974). Phonetic symbolism in adult native speakers of Czech. *Language and Speech, 17*, 87–94.

Ultan, R. (1978). Size-sound symbolism. In J. H. Greenberg (Ed.), *Universals of human language* (Vol. 2, pp. 525–568). Stanford University Press.

Yae, J., & Yoon, S. (2017). Compatibility condition for expressives revisited: A big data-based trend analysis. *Language Sciences, 64*, 69–192.

Yoon, S. (2011). *'Not' in the mood: The syntax, semantics, and pragmatics of evaluative negation* (Doctoral dissertation). University of Chicago.

Yoon, S. (2013). Parametric variation in subordinate evaluative negation: Japanese/Korean vs. others. *Journal of East Asian Linguistics, 22*(2), 133–166.

Yoon, S. (2015). Semantic constraint and pragmatic nonconformity for expressives: Compatibility condition on slurs, epithets, anti-honorifics, intensifiers, and mitigators. *Language Sciences, 52*, 46–69.

Yoon, S. (2018). 77 shades of black: Pragmatics of emotive color terms. *Journal of East Asian Linguistics, 27*(1), 1–34.

제6장

데이터로 읽는 문학: 포스트휴머니즘 언어학과 번역 스타일 연구

Chapter 06

데이터로 읽는 문학: 포스트휴머니즘 언어학과 번역 스타일 연구

전문기·류지수

1. 들어가기

문학 번역은 오랫동안 인간 중심의 해석과 이해에 기반한 작업으로 간주되어 왔다. 특히 번역 스타일(style)에 관한 연구는 원문과 번역문 간의 문학적, 미학적, 언어적 상관관계를 분석하는 데 있어서 번역가의 의도, 작가의 개성, 시대적 맥락 등 인간적 요소에 주목해왔다. 이러한 접근은 자연주의, 모더니즘 등과 같은 문학사조 이론을 포함하는 휴머니즘적 이론 체계에 깊이 뿌리내리고 있으며, 언어를 인간 고유의 표현 도구로 전제하는 전통적 관점에 기초한다.

그러나 인간의 언어 능력에는 본질적인 한계가 존재한다. 기억의 왜곡, 주의력의 편향, 추론의 오류 등 인지적 제약은 언어 분석의 객관성과 정확성에 지속적인 도전을 가하고 있다. 이러한 배경에서, 본 장은 기존 번역 스타일 연구의 인간 중심적 분석의 틀을 넘어, 인공지능 기반 다차원적 언어분석 시스템이 적용된 포스트휴머니즘적 방법론을 탐색하고자 한다.

구체적으로, 본 장에서는 최신 인공지능 기반 영어 텍스트 언어분석 도구인 Coh-Metrix 시스템과 한국어 텍스트 분석 도구인 Auto-Kohesion 시스템을 활용하여, 원문 텍스트에 반영된 작가의 글쓰기 스타일이 번역문에서도 일관되게 유지되는지를 다차원적으로 분석한 결과를 제시하고자 한다. 이 두 시스템은 인지과학, 컴퓨터과학, 언어학, 심리학, 교육학, 심리언어학 등과 같은 융복합적 방법론이 적용된 최신 인공지능 분석 알고리즘을 기반으로 텍스트의 응집성, 복잡성, 추론 가능성 등 다양한 언어적 특성을 정량화한 심리언어적 측정치를 제공하며, 인간의 직관에 의존해온 전통적 언어분석 방법을 보완하는 새로운 가능성을 제시한다. 이러한 시도는 단순히 기술적 도구를 활용한 분석을 넘어, 텍스트 해석과 분석의 주체로서 인공지능의 역할을 재정립하고자 하는 포스트휴머니즘적 전환의 일부로 이해할 수도 있겠다. 인간 번역가의 의도와 AI 기반 시스템의 정량적 분석이 융합되는 이 새로운 분석 텍스트 분석 패러다임은 텍스트를 인간만의 산물이 아닌 인간-기계 복합지능의 결과로 재구성하며, 포스트휴머니즘 시대의 번역 연구가 나아갈 새로운 방향성을 제시한다.

요약하면, 본 장은 빅데이터와 알고리즘에 기반한 언어 분석이 기존의 인간 중심 번역 연구의 한계를 어떻게 극복할 수 있는지를 보여줌으로써, 인간과 기계가 공존하며 상호 진화하는 포스트휴머니즘의 실천적 장으로서의 번역 연구의 가능성을 탐색한다.

2. 번역 스타일 연구

스타일에 대한 최근의 정의에 따르면, 스타일은 시간, 장소, 분야에 따라 변화함에도 불구하고 정량적 및 정성적으로 관찰 가능한 일련의 형식적 특징들로 구성된 텍스트의 속성으로 간주될 수 있다(Herrmann, van Dalen-Oskam, & Schöch, 2015). 스타일은 코퍼스언어학이나 전산언어학, 문학 연구, 문학 번역 등 다양한 분야에서 주목을 받아 왔다. 문학 텍스트에서 스타일이 차지하는 중심적 역할과 문학 연구에서 컴퓨터 도구의 중요성을 고려할 때, 지난 수십 년간 많은 연구자들이 전산언어학적 기법을 활용하여 문학 텍스트의 스타일을 탐구해 왔다(Fischer-Starcke, 2009). 특히 스타일은 콘코던스(concordance), 키워드(keyword), n-그램(n-grams: n개의 단어로 이루어진 일련의 단어쌍)과 같은 전산언어학적 방법을 통해 분석되어 왔다. 또한 연구자가 선택한 특정 어휘 묶음(lexical bundles)의 빈도를 분석함으로써 스타일을 규명하려는 시도도 이루어져 왔다.

그러나 최근 10년 사이 전산 문체론(computational stylistics) 분야에서는 통계 기법의 상당한 발전이 있었다. 연구자들은 저자의 스타일을 분석하기 위해 요인 분석(factor analysis), 군집 분석(cluster analysis), 다차원 척도법(multidimensional scaling), 로지스틱 회귀분석(logistic regression analysis) 등 다양한 다변량 통계 기법들(multivariate statistical analyses)을 적용하기 시작했다(Rybicki, 2012). 이러한 통계 기법은 코퍼스 언어학적 연구 방법론의 확장에 기여했으며, 연구자들은 다양한 언어적 지표들을 고려함으로써 저자의 글쓰기 스타일과 유의미하게 관련된 언어적 속성들(features)을 체계적으로 식별할 수 있게 되었다. 그들은 저자의 스타일과 관련된 다양한 언어적 표현을 분석하기 위해 주로 빈도 자료 분석에 기반한 앞서 언급한 전산언어학적 기법(콘코던스 분석, 키워드 분석, N-그램 분석)을 적용하였다. 따라서 이러한 통계 기법에 사용된 대부분의 변수 유형은 최빈도 어휘(MFW, most frequent word)와 같은 빈도 자료였다(Burrows, 2002; Rybicki, 2012).

최근에는 코퍼스 문체론(corpus stylistics)과 전산 문체론에서 사용된 방법론이 문학 번역 연구에도 점점 더 많이 활용되고 있다. 이를 통해 원문(ST, source text)의 스타일이 번역문(TT, target text)의 스타일에 영향을 미치는지(Baker, 2004; Bosseaux, 2004), 또는 번역가 고유의 스타일이 존재하는지를 파악하고자 하는 시도가 이루어지고 있다(Rybicki, 2012). 하지만 지금까지의 코퍼스 기반 문학 번역 연구는 주로 스타일의 한두 가지 측면(예를 들면, 통사적 전이 유형, MFW 등)만을 다루는 데 그쳤으며, 다양한 유형 담화적 특성들을 종합적으로 고려하지는 않았다. 현재까지 널리 사용되는 대부분의 분석 도구는 키워드, MFW, N-그램, 어휘 묶음(lexical bundles)과 같은 단어 수준 분석에 집중되어 있다(Forchini & Murphy, 2008). 그러나 스타일은 다양한 언어적 수준에 존재하는 많은 가능한 특징들로 구성되며, 단순히 문장 수준의 특성에 국한되지 않고 문장을 넘어서 존재하는 특성들을 포함한다(Herrmann, van Dalen-Oskam, & Schöch, 2015).

본 장에서는 기존 분석 패러다임을 확장하여 원문(ST)에 내재된 스타일이 번역문(TT)에 반영되는지를 탐색한 결과를 제시하고자 한다. 이를 위해 본 장은 다층적 언어 분석 도구인 Coh-Metrix(영어 원문 분석용, Graesser, McNamara, & Kulikowich, 2011)와 Auto-Kohesion(한국어 번역문 분석용, Ryu & Jeon, 2020) 시스템을 활용하여 광범위한 언어적 및 심리언어적 특성을 분석한 결과를 제공한다. 구체적으로는 제임스 조이스(Joyce, 2000, 2006)의 두 원문 작품 사이에 반영된 스타일 차이를 김성숙(Joyce, 2011)이 번역한 두 번역 작품 간의 스타일 차이와 비교한 연구 결과를 제시한다. 두 영어 원문 간의 스타일 차이와 두 한국어 번역문 간의 스타일 차이를 비교함으로써, 기존 연구들이 하나의 문학 작품과 그에 상응하는 번역문 간의 언어적 차이를 비교 분석했던 방식(Johnson, 2016)과는 차별화된 접근을 시도하고자 하였다.

본 연구에서 선택된 영어 문학 텍스트는 제임스 조이스의 『더블린 사람들(Dubliners)』과 『젊은 예술가의 초상(A Portrait of the Artist as a Young Man)』이며, 이 두 작품의 한국어 번역본이 또한 분석 대상으로 선택되었다. 제임스 조이스는 언어에 대한 정교한 통제력과 독창적인 스타일로 잘 알려진 작가이며(Sotirova, 2013), 그의 작품은 문학 스타일(문체) 연구자와 번역 연구자들 모두에게 큰 관심의 대상이 되고 있다. 본 연구에서 주목할 또 다른 점은 이 두 작품이 동일한 번역자에 의해 번역되었다는 점이다. 이를 통해 번역자 차이에 기인하는 외생 변수(즉, 서로 다른 번역자에 의한 스타일 차이)의 영향을 효과적으로 통제함으로써 연구 결과의 타당성을 높이고자 하였다.

2.1. 코퍼스 문체론 연구

문학 텍스트에 반영된 스타일은 그 텍스트의 내용, 주제, 전반적인 어조와 밀접하게 연결되어 있으며, 따라서 번역 과정에서 스타일이 조금이라도 수정되면 텍스트에 대한 독자의 경험이 달라질 수 있다. 예를 들면,

정서적 반응이나 텍스트에 대한 전반적인 인상이 왜곡될 수 있다(Mahlberg, 2014; Mastropierro, 2020). 그러므로 문학 텍스트의 번역은 단순한 의미 전달을 넘어 스타일까지 함께 고려해야 하는 고도의 작업이라 할 수 있다. 성공적인 번역은 독자에게 원문과 유사한 문체적 효과를 전달할 수 있어야 하며, 이는 단지 내용뿐만 아니라 문체의 충실한 재현까지 요구한다(Čermáková, 2015; Johnson, 2016; Mahlberg, 2014).

코퍼스 기반 문학 번역 연구(Corpus-Based Literary Translation Studies)에서는 다양한 관점에서 원문(ST, Source Text)과 번역문(TT, Target Text)의 문체적 특성을 비교해 왔다. 예를 들면, 버지니아 울프의 『등대로(To the Lighthouse)』와 그 불어 번역본에서 시점, 특히 자유간접화법(free indirect discourse)의 차이를 분석한 연구(Bosseaux, 2004), 헨리 제임스의 『나사의 회전(The Turn of the Screw)』과 그 카탈루냐어 번역에서 전이(transitivity) 패턴을 분석한 연구(Marco, 2004), 번역본에 제시된 접속어 사용(Becher, 2011) 분석, 번역본에 나타난 반복 표현 사용(Abdulla, 2001; Bosseaux, 2004; Čermáková, 2015) 분석, 줄리언 반스의 『예감은 틀리지 않는다(The Sense of an Ending)』과 그 이탈리아어 번역에서 키워드 범주의 차이(Johnson, 2016) 등을 분석한 연구가 있다.

Marco(2004)는 헨리 제임스의 『나사의 회전』과 그 카탈루냐어 번역본 간의 전이(transitivity) 패턴을 분석하여, 이러한 전이의 변화가 등장인물에 대한 독자의 인식에 어떻게 영향을 미치는지를 보여준다. 예를 들면, 원문에서는 "the gloves had been dropped there(장갑이 거기에 떨어져 있었다)"라는 수동태 표현이 사용되었으나, 번역문에서는 "I had left the gloves there(내가 장갑을 거기에 두었다)"라는 능동태로 바뀌었다. 이러한 전이는 인물의 행위 의도를 다르게 해석하게 만들며, 번역문에서는 해당 인물이 더 큰 책임을 지는 것처럼 보이게 한다. 이런 스타일의 변화는 독자의 텍스트 경험은 물론, 그들의 심적 표상(mental representation)에도 영향을 미친다.

Mastropierro(2020)는 J. K. 롤링의 『해리 포터 시리즈』와 그 이탈리아어 번역에서 전달 동사(reporting verbs)라는 특정 문체 요소를 분석하였다. 그는 Caldas-Coulthard(1987)의 전달 동사 분류 체계를 기반으로 분석 대상이 되는 동사들을 선정한 뒤, 콘코던스 분석을 이용하여 ST와 TT로부터 세 인물(Harry, Ron, Hermione) 각각이 사용한 전달 동사의 키워드 목록을 추출하였다. 인물 별로 가장 자주 사용된 전달 동사와 다른 유형의 동사들을 비교함으로써, 원문에서 발견된 유형이 번역문에서도 관찰되는지를 살펴보았다. 분석 결과, 전달 동사의 사용에 있어서 ST와 TT 사이에 유의미한 차이가 존재하며, 이러한 문체적 변화(다시 말하면, 전달 동사의 선택 및 사용 빈도 변화)가 인물 형상화(characterization)에 영향을 줄 수 있음이 제시되었다.

위에 제시한 선행 연구들은 특정한 스타일 요소 한두 가지에 초점을 맞추어 코퍼스 기반 번역 연구의 기반을 형성하는 데 중요하게 기여하였다. 그러나 스타일은 언어의 다양한 수준에서 구현되며(Wang & Li, 2011), 따라서 스타일의 여러 측면을 밝히기 위해서는 다양한 언어 수준에서의 분석이 필요하다는 주장이 제기되었다(Graesser et al., 2014). 게다가, 대부분의 코퍼스 기반 문학 번역 스타일 연구는 하나의 번역문을 대응하는 하나의 원문과 직접 비교하는 데 집중해 왔다. 하지만 이러한 접근에는 방법론적 한계가 있다. Leech(2008)에 의하면, 어떤 텍스트의 고유한 문체는 그것이 다른 텍스트, 즉 기준점이 되는 텍스트와 얼마나 다른지를 통해 드러난다. 본 연구에서는 이러한 한계를 극복하기 위해 동일 작가의 두 원문(ST) 간의 스타일 차이를 동일 번역가가 번역한 두 번역문(TT) 간의 스타일 차이와 비교하는 방식을 채택하였다(Johnson, 2016).

3. 연구방법 및 결과

3.1. 코퍼스 수집

원문 텍스트인 Dubliners와 A Portrait of the Artist as a Young Man(이하 Portrait)은 고전 문학 텍스트를 디지털 형식으로 제공하는 Gutenberg Project 웹사이트(http://www.gutenberg.org/)에서 추출하였다. 두 작품의 번역문 코퍼스는 번역가 김성숙이 번역한 한국어 번역본을 스캔하여 확보하였다. 이 전자 텍스트들은 언어분석 시스템(Coh-Metrix, Auto-Kohesion)에서 처리 가능한 txt 파일 형태로 저장되었고, 통계 분석을 위해 텍스트 길이를 통제하였다(Graesser 외, 2004). 영어 텍스트는 평균 416단어, 한국어 텍스트는 평균 426단어로 구성되었다.

3.2. 연구 대상 코퍼스

본 연구에서는 『더블린 사람들(Dubliners)』과 『젊은 예술가의 초상(Portrait)』을 분석 대상으로 선정하였는데, 이는 두 원문 텍스트(ST)가 서로 비교했을 때 문체적 차이를 충분히 드러낼 만큼 구별되는 특징을 지니고 있기 때문이다. Dubliners는 리얼리즘 소설(realist novel)의 특징을 지니고 있는 반면(Bonapfel, 2014), Portrait는 일반적으로 모더니즘 소설(modernist novel)로 간주된다(Sotirova, 2013). 리얼리즘(Dubliners)과 모더니즘(Portrait)은 각각 철학적, 심리학적, 주제적, 예술적으로 서로 다른 문예 사조로 구분되며(Wales, 1992), 이로 인해 두 작품은 서로 다른 문체적 특징을 반영할 것으로 기대된다(Sotirova, 2013 참조).

이러한 문예사조의 차이 외에도, 두 작품은 다루는 주제 면에서도 명확히 구별된다. Dubliners는 더블린이라는 외부 환경과 그 안에서 영적 마비(spiritual paralysis) 상태에 빠진 사람들의 삶을 묘사하는 데 초점을 두고 있는 반면, Portrait는 도덕적, 종교적 관습에서 벗어나려는 한 인물의 혼란스러운 의식과 내면적 여정을 중심으로 전개된다.

그럼에도 불구하고 두 작품은 같은 작가(제임스 조이스)에 의해 집필되었으며, 출간 시기도 불과 2년 차이밖에 나지 않는다. 따라서 스타일에 영향을 줄 수 있는 출간 시기나 작가의 차이와 같은 요인들은 배제할 수 있다. 또한 두 번역 텍스트(TT) 모두 같은 번역가(김성숙)에 의해 2011년에 번역되었기 때문에, 번역 시점이나 번역가의 개입과 같은 오염 변수(confounding variables) 또한 통제되었다.

3.3. 코퍼스 분석 도구

본 연구에서는 원문 텍스트(ST, 영어) 분석을 위해 Coh-Metrix, 번역문(TT, 한국어) 분석을 위해 Auto-Kohesion 시스템을 활용하였다. 두

AI 기반 컴퓨터 시스템은 문학 텍스트와 비문학 텍스트 모두를 대상으로, 단어, 문장, 담화 수준의 다양한 지표에 기반하여 텍스트를 분석할 수 있도록 개발된 도구이다.

Coh-Metrix 시스템은 100개 이상의 다차원 언어 지표를 바탕으로 다양한 영어 텍스트를 분석할 수 있도록 설계된 프로그램이다(Graesser et al., 2014; Graesser, McNamara, & Kulikowich, 2011). 이 언어 지표들은 이전의 여러 연구를 통해 텍스트 이해에 유의미한 영향을 미치는 것으로 밝혀진 언어 요인들을 기반으로 개발되었다. 이러한 언어 지표들에, 예를 들면, 참조 정합성(reference cohesion), 대치 및 생략 정합성(substitution and ellipsis cohesion), 어휘 정합성(lexical cohesion), 접속 정합성(conjunction cohesion), 구신 단서(given-new cues), 동사 시제, 장면 전환, 구두점, 주제 문장, 수사 구조 표지어(rhetorical structure signals) 등이 포함된다(Graesser et al., 2011). 이외에도 Coh-Metrix는 텍스트 이해에 중요한 영향을 미치는 통사 복잡도(syntactic complexity)와 어휘 다양성(lexical diversity) 측정치를 제공한다(Graesser et al., 2014). 또한 Coh-Metrix는 정보 인출 기술, 품사 분석기(part-of-speech analyzer), 구문 분석기(syntax analyzer), 의미 분석을 위한 통계 모델, 다양한 코퍼스 기준(corpus norms), 최신 컴퓨터 언어 처리 알고리즘 등 최첨단 전산 언어학 기술을 통합하여 다양한 종류의 텍스트를 정교하게 분석할 수 있다(Graesser et al., 2011, 2014).

코퍼스 문체론, 담화 처리(discourse processing) 등 다양한 분야의 많은 연구들은 Coh-Metrix가 텍스트의 다층적 특성을 효과적으로 포착할 수 있다는 실증적 증거를 제시해왔다(Graesser et al., 2011). 문체 연구에 대한 이러한 Coh-Metrix 시스템의 타당성을 바탕으로, 본 연구는 원문 텍스트(영어)의 문체적 특성을 분석하는 데 있어서 Coh-Metrix가 적절한 도구라고 판단하였다.

Auto-Kohesion 시스템은 한국어 텍스트 분석을 위한 컴퓨터 프로그램으로, 40개 이상의 언어 지표를 기반으로 다층적 수준의 텍스트 특성을 분석한다(Ryu & Jeon, 2020). 이 도구는 다양한 언어 지표를 활용해 텍스트의 문체적 특성을 포괄적으로 밝혀낼 수 있도록 설계되었다. 최근에 건국대학교 다언어다문화연구소(Konkuk Research Institute for Multilingualism and Multiculturalism, KRIMM)에 의해 개발되었고, 코퍼스 기반 문체 분석에서의 활용 가능성은 충분히 실증적으로 입증되고 있다. 예컨대 Ryu와 Jeon(2020)은 이 시스템이 장르, 주제, 복잡성에 따른 텍스트 문체의 차이를 유의미하게 구별해낼 수 있음을 보여주었다. 따라서 Auto-Kohesion 시스템 역시 코퍼스 문체 연구에서의 유용성이 입증된 효과적인 도구이다.

3.4. 다층적 언어 측정치

본 연구에서는 코퍼스 문체론 및 문학 번역 연구에 핵심적인 지표로 간주되는 총 36개의 측정항목을 Coh-Metrix와 Auto-Kohesion 시스템에서 각각 18개씩 채택하여 활용하였다(표 1 참조). Coh-Metrix에서 선택된 18개의 지표는 Auto-Kohesion의 지표들과 상응하며, 표 1에 이탤릭체로 표시된 지표들은 두 시스템 간의 계산 방식이나 언어적 특성 차이로 인해 다소 차이가 있으나 상호 비교 가능한 항목들이다.

이탤릭체로 표시된 세 개의 지표를 제외하면, 나머지 모든 측정항목은 두 시스템 간에 동일하다. 언급된 세 지표는 두 언어의 구조적 차이로 인해 일부 상이하지만, 비교 가능한 언어적 특성을 지닌다. 각 범주에 포함된 지표들의 정의와 더불어, 이들이 코퍼스 기반의 문체 분석 및 문학 번역 연구에서 갖는 이론적 및 실증적 중요성에 대해 서술하면 다음과 같다.

먼저, 평균 단어 길이는 단어당 음절 수의 평균을, 평균 문장 길이는 문장당 단어 수의 평균을 나타낸다. 일반적으로 단어와 문장의 평균 길이가 길수록 텍스트의 난도는 높아지는 경향이 있다(Ryu & Jeon, 2020). 본 연구에서는 원문(ST)과 번역문(TT)의 언어적 복잡성을 분석하기 위해 이 두 지표를 채택하였다.

다음으로, 어휘 빈도 측정치는 Coh-Metrix에서는 CELEX 데이터베이스(Baayen, Piepenbrock, & Gulikers, 1996)를 기반으로 산출되며, Auto-Kohesion에서는 세종 말뭉치를 기반으로 구축된 데이터베이스를 활용하여 산정된다. 산출된 원시값은 극단값을 조정하고 통계 분석에 적합한 정규분포에 근접하도록 하기 위해 로그값으로 변환된다(Graesser, McNamara, & Kulikowich, 2011).

〈표 1〉 Coh-Metrix와 Auto-Kohesion 측정치

측정치	Coh-Metrix	Auto-Kohesion
기초산출치 (Basic statistics)	평균어휘길이 (mean word length)	평균어휘길이 (mean word length)
	평균문장길이 (mean sentence length)	평균문장길이 (mean sentence length)
어휘정보	내용어 어휘빈도	내용어 어휘빈도

(Lexical information)		(content word frequency)	(content word frequency)
		모든 어휘빈도 (all word frequency)	모든 어휘빈도 (all word frequency)
		어휘 다양성 (lexical diversity)	어휘 다양성 (lexical diversity)
인칭대명사 (Personal pronouns)		일인칭 대명사 (first-person pronouns)	일인칭 대명사 (first-person pronouns)
		이인칭 대명사 (second-person pronouns)	이인칭 대명사 (second-person pronouns)
		삼인칭 대명사 (third-person pronouns)	삼인칭 대명사 (third-person pronouns)
		전체 대명사 (all pronouns)	전체 대명사 (all pronouns)
통사적 복잡도 (Syntactic complexity)		*명사구 밀도* *(noun-phrase density)*	*수식어 비율* *(ratio of modifiers)*
		주부 밀도 *(subject density)*	*문장 성분 비율* *(ratio of constituents)*
정합성 (Cohesion)	참조 (Referential)	인접 명사반복 (adjacent noun overlap)	인접 명사반복 (adjacent noun overlap)
		전체 명사반복 (all noun overlap)	전체 명사반복 (all noun overlap)
	시간 (Temporal)	*시상 반복* *(tense and aspect repetition)*	*시간 표지어* *(temporal entities)*
	공간 (Spatial)	장소 표지어 (locational entities)	장소 표지어 (locational entities)
접속어 (Connectives)		인과 접속어 (causal connectives)	인과 접속어 (causal connectives)

	부가 접속어 (additive connectives)	부가 접속어 (additive connectives)
	모든 접속어 (all connectives)	모든 접속어 (all connectives)

어휘 다양성은 타입-토큰 비율(type-token ratio, TTR)을 통해 측정되며, 여기서 '타입(type)'은 텍스트에 출현하는 고유한 단어의 처음 빈도 수를, '토큰(token)'은 개별 단어의 총 출현 빈도 수를 의미한다. TTR 값이 높을수록 어휘 다양성이 높은 것으로 간주된다. 이러한 측정치는 텍스트 간 문체적 특성을 분석하기 위한 선행 연구들에서 폭넓게 활용되어 왔다(Baker, 2004; Čermáková, 2015; Graesser, McNamara, & Kulikowich, 2011). 본 연구에서는 연구대상인 문학 텍스트의 어휘 다양성을 분석하기 위해 Coh-Metrix 및 Auto-Kohesion에서 제공하는 표준화된 타입-토큰 비율 값을 사용하였다. 그러나 표준화된 TTR 점수는 텍스트의 길이에 민감하게 영향을 받을 수 있다는 점이 지적되어 왔다(McCarthy & Jarvis, 2010). 이에 본 연구에서는 텍스트 길이의 영향을 통제하기 위해 각 텍스트 파일의 분량을 통제하였으며, 비교 조건 간에 사용된 텍스트 파일의 길이가 거의 동일하도록 구성하였다.

대명사의 빈도는 1,000단어 당 발생 횟수로 측정된다(Graesser, McNamara & Kulikowich, 2011). 대명사는 글의 표현 방식과 관련된 관점(the point of view)을 제시하는 중요한 문체적 요소로 텍스트의 전체적인 인식에 영향을 미칠 수 있다(Bosseaux, 2004). 또한 대명사는 번역가가 어휘 반복을 대명사나 동의어로 대체하는지 여부와 관련된 문제에 있어서 중요한 역할을 한다(Blum-Kulka, 2000; Marco, 2004).

Coh-Metrix에서 명사구 밀도 점수는 명사구 당 수식어의 수로 측정되며, 주부 밀도 점수는 본동사 앞에 있는 단어의 수로 정의된다. Auto-Kohesion 시스템은 수식어 비율과 문장 성분 비율과 같은 다양한 지표를 사용하여 통사적 복잡성을 측정한다. 이 지표들은 표면적으로 Coh-Metrix 시스템의 지표와 다르지만, 두 시스템의 통사적 복잡성 지표는 유사한 언어적 특성을 공유한다. 구체적으로, 명사구와 문장의 길이가 길어질수록 두 시스템의 통사적 복잡성 지표의 값은 증가한다. 본 연구에서 통사적 복잡성은 의식의 흐름 기법(the stream of consciousness technique)과 밀접하게 관련된 중요한 문체적 요소로 간주된다.

정합성은 텍스트 구성 요소들이 명시적으로 서로 연결되는 정도를 나타낸다. 응집성은 중요한 문체적 특성 중 하나로 널리 인식되고 있다(Blum-Kulka, 2000). Blum-Kulka(2000)는 번역에서 흔히 발생하는 정합성의 변화가 텍스트의 중심 의미와 그 구조를 왜곡할 수 있음을 제시한다. 참조적 정합성은 인접한 문장 간 또는 전체 문장 간의 명사 중복 비율로 계산된다. 시간적 정합성은 Coh-Metrix 시스템에서는 시제와 상의 반복 점수로 계산되는 반면, Auto-Kohesion 시스템에서는 시간적 표지어들(예를 들면, *그때*, *then* 등)의 상대적 빈도 점수로 측정된다. 마지막으로, 공간적 정합성은 두 언어에서 장소적 표지어들(예를 들면, *거리*, *street* 등)의 상대적 빈도 점수를 통해 분석된다.

마지막으로, 접속어는 두 텍스트 요소 간의 연결을 촉진하여 정합성을 증가시킨다. 접속어는 중요한 문체적 요소이기 때문에 선행 번역 연구에서 활발하게 이용되었다(Marco, 2004). 본 연구에서는 인과, 부가 그리고 모든 접속어에 대해 1000단어 당 출현 빈도를 분석하였다.

3.5. 연구결과 및 논의

3.5.1. 기초산출치 분석 결과

먼저 원문에서는 두 텍스트 간에 평균 문장 길이에 유의미한 차이가 존재했지만, 평균 단어 길이에는 유의미한 차이가 없었다. 다시 말하면, Portrait의 구문이 Dubliners보다 더 복잡한 것으로 나타난다. Portrait의 통사적 복잡성은 모더니즘 텍스트에서 가장 중요한 특성 중 하나인 의식의 흐름 기법의 사용과 연결된다. 의식의 흐름에서는 개념과 생각의 무작위적인 연관이 단일 문장에서 이루어져 사고의 자유로운 흐름이 묘사되고, 이는 문장을 길게 만드는데 기여한다. 반면, Dubliners는 더 간결하고 단순한 언어로 쓰여져 있으며, 그 평균 문장 길이는 Portrait보다 유의미하게 짧아 통사적 복잡성이 낮음을 제시한다. 이러한 문체는 사실주의 문학의 기본적인 요소와 관련이 있다. 즉, 사실주의 텍스트의 언어는 전방에 두드러지지 나타나지 않으며(언어가 언어 자체에 주목되지 않음), 대신 평범하고 단순한 언어가 채택된다(Lodge, 1990; Rayment, 1996).

번역문에서는 평균 문장 길이에 대해서는 유의미한 차이가 발견되지 않았으나, 평균 단어 길이에 대해서는 유의미한 차이가 있었다. 이는 원문에서 나타난 문체적 패턴이 번역문에서는 반대로 나타난 것을 의미한다. 즉, 원문에서 더 긴 문장으로 표현된 언어적 복잡성이 번역문에서는 더 긴 단어로 제시된 것이다.

언어적 복잡성이 표현되는 수준의 차이(즉, 원문에서의 문장 수준의 복잡성과 번역문에서의 단어 수준의 복잡성)는 목표 언어의 문법적 시스템과 밀접하게 관련이 있다. 한국어는 일본어와 터키어처럼 교착어적 특성을 가진 언어로, 어간에 부착되는 조사와 굴절된(inflected) 단어에 붙는 어미 등과 같은 후속 접미사 시스템을 가지고 있다. 한국어에서 조사와 어미의 수는 약 2,000개에 달하는 반면, 현대 영어에서는 대부분의 굴절 어미가 사라졌고, 몇 가지 예외를 제외하고는 영어에서 굴절적인 특징이 거의 사라졌다. 이는 한국어에서는 어근과 접미사의 결합으로 다양한 형태-통사적 기능이 표현된다는 것을 의미한다. 반면, 영어는 주로 형태-통사적 기능이 독립적인 어휘 항목으로 표현되는 고립어적(분석적 언어) 특징을 가진다(Gu et al., 2015).

3.5.2. 어휘정보 분석 결과

원문에서는 어휘정보의 세 가지 측정항목 모두에서 유의미한 차이가 나타났다. 구체적으로, Dubliners에서 내용어와 전체 단어의 어휘 빈도 점수가 더 높았으며, Portrait에서는 내용어의 타입-토큰 비율이 더 높은 것으로 나타났다. 많은 사실주의 텍스트처럼, Dubliners는 고빈도(high frequency) 어휘를 사용하여 더블린 사람들의 일상생활을 묘사한다. Dubliners의 핵심 주제인 마비(paralysis)와 순환성(circularity)은 낮은 어휘적 다양성과 연결된다. 예를 들면, 마비는 'Clay'에 등장하는 Maria의 언어적 능력의 부재를 나타난다. Maria는 다양한 상황에서 'nice'라는 단어를 반복하여 사용하며, 이는 그녀가 상황을 적절히 처리할 수 있는 언어적 능력이 부재함을 제시한다.

전체 단어에 대한 빈도 점수는 두 하위 코퍼스 간에 유의미한 차이가 있었지만, 내용어의 빈도 점수는 유의미한 차이가 없었다. 그러나 내용어와 전체 단어의 어휘 빈도 점수는 Dubliners가 Portrait보다 더 높았으며, 이는 번역문의 스타일과 일치한다. 반면, 원문과 번역문에서의 타입-토큰 비율에 대해서는 반대의 패턴이 나타났다. 다시 말하면, 낮은 타입-토큰 비율 값의 Dubliners는 더 많은 어휘 반복을 포함하는 반면, Dubliners는 Portrait보다 더 다양한 어휘가 사용되어 번역되었다. 번역문에서의 반대의 경향을 설명할 수 있는 하나의 가능한 이유는 번역가가 단어 반복을 피하려는 경향이 있기 때문이다(Abdulla, 2001). 반복되는 단어는 종종 동의어로 대체되거나 번역에서 완전히 제거되는 경우가 많다. 반복을 의도적으로 피하는 전략은 거의 모든 번역 텍스트에서 공통적으로 나타나며, 이 전략은 번역 기준의 일부로 간주된다(Abdulla, 2001; Mastropierro, 2020). 이 연구에서 한국어 번역가가 이러한 전략을 사용했을 가능성이 있다. 그럼에도 불구하고, 문학 텍스트에서 반복은 중요한 문체적 장치이며 항상 의도적인 효과가 있기 때문에(Abdulla, 2001), 번역문에서 의도한 문체적 효과가 원문에서는 사라질 수 있다(Čermáková, 2015). 예를 들어, Dubliners 1장에서는 'death'라는 핵심 단어의 반복이 중심 주제인 순환성과 마비를 효과적으로 전달하는데 사용된다.

3.5.3. 인칭대명사 분석 결과

Dubliners는 Portrait보다 1인칭, 3인칭, 그리고 전체 인칭대명사를 더 많이 사용하는 것으로 나타났다. 단, 2인칭 대명사만은 Portrait에서 더 빈번하게 사용되었다. Dubliners에서 대명사 사용이 전반적으로 많은 이유는 총 15편의 단편으로 구성된 이 작품에 다양한 인물이 등장하고, 그에 따라 이들을 지칭하기 위해 대명사의 사용이 더 자주 이루어지기 때문이다.

대명사의 더 빈번한 사용은 이야기성(narrativity)의 정도가 더 높다는 점과 관련된다(Graesser, McNamara, & Kulikowich, 2011). 전형적인 이야기 구조에서는 비전형적인 구조보다 대명사의 사용 빈도가 높기 때문이다. 이는 Dubliners의 원문이 Portrait의 원문보다 더 서사적인 구조를 가지고 있음을 시사한다. 또한 주목할 만한 점은, 두 작품 모두에서 2인칭 대명사의 사용이 제한적이라는 사실이다. Dubliners와 Portrait는 모두 3인칭 시점으로 작성되었으며, 1인칭 대명사의 사용은 중간 정도에 그친다.

이러한 두 원문 하위 코퍼스 간 문체적 차이는 번역문에서도 유사하게 나타난다. Portrait의 번역문에서 2인칭 대명사가 더 많이 사용되었다는 점을 제외하면, 나머지 모든 인칭 대명사는 Dubliners의 번역문에서 더 자주 나타난다. 다만, 원문과 번역문 모두에서 유사한 사용 경향이 관찰되었음에도 불구하고, 번역문에서는 전체적으로 대명사의 사용 빈도가 매우 낮다는 점이 주목된다.

번역문에서 대명사 사용이 현저히 적은 것은, 목표어(target language)인 한국어의 언어적 특성과 관련이 있을 수 있다. 영어는 인칭 대명사 체계가 잘 발달되어 있는 반면, 한국어에서는 2인칭 및 3인칭 대명사의 사용이 드물고, 그 대신 화자의 사회적 관계나 맥락에 따라 청자를 직함이나 호칭

(예를 들면, '선생님', '교수님', '사장님' 등)으로 지칭하는 경향이 있다. 특히 2인칭 대명사는 청자의 사회적 지위가 화자보다 낮을 때 상대적으로 더 자주 사용된다(Gu et al., 2015). 또한 한국어는 주어 생략(null-subject)이 가능한 언어로, 특별한 의미(예를 들면, 강조)를 전달할 필요가 없을 경우 1인칭 대명사를 주어 위치에서 생략하는 것이 일반적이다.

3.5.4. 통사적 복잡도 분석 결과

원문에서는 통사적 복잡도의 두 지표 모두에서 유의미한 차이가 나타났다. 구체적으로, Portrait는 명사구 밀도와 주부 밀도 측면에서 더 높은 통사적 복잡성을 보였다. Portrait는 모더니즘 작품으로서 복잡한 언어 기법(말하자면, 의식의 흐름)을 반영한 장식적인 언어로 쓰였다. 의식의 흐름 기법은 다양한 생각이 동시에 떠오르는 과정을 언어로 재현하며, 이로 인해 본동사 앞에 복잡한 명사구와 많은 단어들이 연속적으로 나타나는 경향이 있다. 이는 앞서 언급한 Portrait의 문장이 더 길다는 연구 결과와도 일치한다.

번역문에서는 통사적 복잡도의 두 지표 간에 유의미한 차이가 나타나지 않았다. 다만, 문장성분 비율의 평균값에서는 Portrait가 약간 더 높은 복잡성을 보였다. 그러나 이 두 지표 모두에서 두 번역문 간 통사적 복잡성에 큰 차이는 없는 것으로 나타났다. 전체적으로 보면, Portrait와 Dubliners의 명사구 및 주부 밀도 점수는 유사하게 나타났다. 이는 원문에서는 Portrait가 더 높은 명사구 밀도를 보였던 것과는 상반되는 결과로, 두 번역문 간에는 문체적 유사성이 나타났음을 제시한다.

이러한 결과는 번역언어의 반복적으로 나타나는 특성 중 하나로 설명될 수 있다. 단순화 가설(simplification hypothesis)에 따르면, 번역가는 번역 시 원문보다 단순한 언어를 선택하는 경향이 있으며(Blum-Kulka, 2000), 이는 구조적 복잡성을 줄여서 대상 독자에게 이해하기 쉬운 문장을 제공하려는 의식적 혹은 무의식적인 전략으로 간주된다(Xiao, 2010). Portrait의 복잡한 언어는 번역가가 그 내용을 보다 효과적으로 전달하기 위해 의도적으로 더 단순한 언어를 선택하도록 유도했을 수 있으며, 이는 원문의 통사적 스타일을 희생하는 결과를 초래했을 수 있다. Portrait 원문의 복잡한 언어는 주인공의 복잡한 내면을 반영하기 위한 문체적 장치이며, 이와 같은 문체 효과는 번역문에서는 동일한 구문적 표지로 재현되지 못할 가능성이 있다. 대신, 이러한 문체 효과는 한국어 번역문에서 조사나 종결어미 등 형태통사적(morphosyntactic) 수준에서 작용하는 다른 문체적 장치를 통해 부분적으로나마 재현될 수 있겠다.

3.5.5. 정합성 분석 결과

두 원문은 인접 문장 간 명사 중복 점수에서 유의미한 차이를 보였으나, 전체 문장 간 명사 중복 점수에서는 유의미한 차이를 보이지 않았다. 시간적 정합성와 공간적 정합성 모두에 대해 두 원문 간에 유의미한 차이가 나타났으며, 이는 Dubliners에서 시제와 상 반복 점수 및 장소 표지어 점수가 더 높다는 결과로 확인되었다.

Portrait에서 더 높은 참조 정합성과 더 낮은 시간적 정합성은 모더니즘 문학의 대표적 문체적 특징인 의식의 흐름(stream of consciousness)과 관련된다. Portrait에서는 주인공의 내면적 의식의 흐름이 과거, 현재, 미래 사건이 무작위로 배열된 방식으로 제시되어 사건들의 시간적 순서를 약화시킨다. 반면, Dubliners는 도시의 냉혹한 현실을 연대기적 순서에 따라 객관적으로 드러내는 데 초점을 둔다. 사실주의 소설(말하자면, Dubliners)에서 나타나는 객관적 현실의 충실한 재현은 모더니즘 소설(말하자면, Portrait)에서 등장인물의 산만하고 단편적인 의식의 흐름을 묘사하는 방식과 뚜렷하게 대조된다(Fernihough, 2007). 이러한 시간 인식 방식의 차이는 시간적 정합성 지표로 설명될 수 있다. Dubliners에서 장소 표지어 점수가 더 높게 나타난 것은 지리적 세부 묘사에 대해 중점을 둔 것과 밀접하게 관련되며, 반면 Portrait는 외적 환경의 묘사보다는 주인공 Stephen Dedalus의 정신적 및 예술적 성장에 초점을 맞춘다.

모든 정합성 관련 지표에 대해 번역문에서도 유사한 경향이 확인되었다. 원문과 마찬가지로, Dubliners의 번역문은 참조 정합성이 낮았으며, 이는 인접 문장 간 명사 중복 점수와 전체 문장 간 명사 중복 점수가 낮다는 결과로 확인되었다. 이와 더불어, Dubliners의 번역문은 시간적 정합성과 공간적 정합성이 Portrait의 번역문보다 유의미하게 더 높게 나타났다. 영어와 한국어라는 언어 체계의 차이로 인해 절대적인 수치는 크게 다르지만, 전반적으로 원문과 번역문 사이에 매우 유사한 경향이 존재하였다. 이에 따라 정합성 측정치에 대해서는 번역문 또한 원문과 유사한 문체적 효과를 독자에게 유발할 것으로 예상된다.

주목할 만한 점은, 번역 과정에서 인접 문장 간 명사 중복 점수가 크게 증가했다는 사실이다. 이 점수의 증가는 강화된 명시성(explicitness)과 함께 나타나며, 번역에서 나타나는 일반적 경향 중 하나인 명시화

(explicitation) 가설과 관련될 수 있다(Xiao, 2010). Blum-Kulka(2000)가 제안한 명시화 가설은 원문에서 암시적으로 처리된 요소가 번역에서는 명시적으로 표현된다는 내용을 담고 있으며, 예를 들어 접속사의 추가(Xiao, 2010)나 정합성 강화(Øverås, 1998) 등을 통해 실현된다고 본다. 이 가설은 현재의 분석 결과와도 관련되며, 번역가가 암시된 지시 대상을 명시적으로 표현함으로써 참조 정합성을 높이는 방식으로 나타났다.

3.5.6. 접속어 분석 결과

인과 접속어, 부가 접속어, 전체 접속어에 대해 두 원문 간에 유의미한 차이는 나타나지 않았다. 이에 따라 접속어는 두 원문 간의 문체적 차이를 구분하는 주요 지표로 작용하지 않는 것으로 보인다. 이와 유사하게, 번역문에서도 접속어 사용에 관한 유의미한 차이는 관찰되지 않았다. 특히 주목할 점은 번역문에서의 접속어 빈도 점수가 현저히 낮다는 점이다. 이러한 접속어의 저사용 경향은 번역가가 번역어의 통사 규범에 맞추려는 의도적 선택으로 해석될 수 있다. 한국어에서는 연결 요소가 독립된 어휘 단위로 실현되기보다는 어미나 조사 등 접사적 요소의 첨가를 통해 표현되는 경우가 일반적이기 때문이다(Gu et al. 2015).

4. 나오기

본 연구의 결과는 원문에서 나타나는 전반적인 문체적 패턴들이 번역문에서도 여러 언어적 및 심리언어적 척도 측면에서 나타난다는 것을 보여준다. 더 구체적으로 말하자면, Portrait는 Dubliners에 비해 참조적 정합성은 더 높고, 시간적 및 공간적 정합성은 더 낮으며, 빈도가 낮은 단어들이 사용된 경향이 있고, 2인칭 대명사의 사용이 더 많다는 특징이 있다. 이러한 문체적 패턴은 원문과 일치하며, 이는 특정한 언어적 및 심리언어적 척도에 대해 번역문에서도 유사한 스타일적 효과가 나타날 수 있음을 시사한다.

앞서 언급된 척도에서 비슷한 경향이 관찰되었음에도 불구하고, 평균 문장 길이, 어휘 다양성, 명사구 밀도 및 주부 밀도와 같은 통사적 복잡도 측정 지표, 그리고 인과 및 부가 접속어와 같은 요소들은 번역문에 반영되지 않았다. 이는 원문에서 의도된 문체적 효과(예를 들면, 감정적 반응을 유도하거나 중심 주제를 강조하는 것)가 번역 과정에서 문체적 변화 의 가능성을 유발할 수 있음을 제시한다.

본 장에서 제시한 연구 결과는 번역가에 대한 비판을 목적으로 하지 않는다. 많은 번역 연구자들(Johnson, 2016; Marco, 2004)이 제시했듯이, 문학 번역가들은 원본 스타일을 재현하려는 요구와 목표 언어 고유의 규범 및 번역 전략을 채택하려는 요구 사이에서 이중적이고 종종 상충하는 압박을 받는다. 그 결과, 번역가는 종종 한쪽을 우선시하며 다른 쪽을 희생하게 된다. 원문과 번역문 사이에서 발견된 문체적 차이는 번역가가 목표 언어 규범과 번역 관습에 맞추려는 전략적 선택과 원문의 문체를 보존하려는 노력의 결과일 수 있다.

요약하면, 이러한 연구 결과는 포스트휴머니즘 언어학의 관점에서 번역의 과정이 인간-컴퓨터-시스템 간의 복합적인 관계를 기반으로 이루어진다는 점을 이해하는 데 중요한 통찰을 제공한다. 포스트휴머니즘은 인간 중심적 사고를 넘어, 다양한 비인간적 존재들—이 경우에는 번역가, 컴퓨터, 번역 시스템—이 텍스트를 어떻게 재구성할 수 있는지에 대한 탐구를 강조한다. 본 장에서 제시한 연구 결과는 원문에 나타난 문체적 패턴들이 번역문에 어떻게 반영되는지를 제시함으로써, 인간 중심의 분석에서 벗어나 Coh-Metrix와 Auto-Kohesion과 같은 컴퓨터 시스템이 어떻게 번역문에서의 문체적 변화를 분석하는 데 기여할 수 있는지를 제시한다. 다시 말하면, 본 장에서 제시한 이러한 접근법은 포스트휴머니즘에서 강조하는 비인간적 존재들과의 협력적 관계의 중요성을 부각시킨다.

참고 문헌

Abdulla, A. K. (2001). Rhetorical repetition in literary translation. *Babel, 47*(4), 289-303.

Aston, G., & Burnard, L. (1998). *The BNC handbook: Exploring the British National Corpus with SARA*. Edinburgh University Press.

Baayen, R. H., Piepenbrock, R., & Gulikers, L. (1996). *The CELEX lexical database [CD-ROM]*. Linguistic Data Consortium, University of Pennsylvania.

Baker, M. (2004). The treatment of variation in corpus-based translation studies. *Language Matters, 35*(1), 28-38.

Becher, V. (2011). Explicitation and implicitation in translation: A corpus-based study of English-German and German-English translations of business texts (Doctoral dissertation, Hamburg University).

Blum-Kulka, S. (2000). Shifts of cohesion and coherence in translation. In L. Venuti (Ed.), *The translation studies reader* (pp. 298-313). Routledge.

Bonapfel, E. M. (2014). Marking realism in Dubliners. In E. M. Bonapfel & T. Conley (Eds.), Doubtful points: Joyce and punctuation (*European Joyce Studies, 23*, pp. 67-86).

Bosseaux, C. (2004). Point of view in translation: A corpus-based study of French translations of Virginia Woolf's To the Lighthouse. *Across Languages and Cultures, 5*(1), 107-122.

Burrows, J. (2002). 'Delta': A measure of stylistic difference and a guide to likely authorship. *Literary and Linguistic Computing, 17*(3), 267-287.

Caldas-Coulthard, C. R. (1987). Reported speech in written narrative texts. In M. Coulthard (Ed.), *Discussing discourse* (pp. 149-167). University of Birmingham.

Čermáková, A. (2015). Repetition in John Irving's novel A Widow for One Year: A corpus stylistics approach to literary translation. *International Journal of Corpus Linguistics, 20*(3), 355-377.

Fernihough, A. (2007). Consciousness as a stream. In M. Shiach (Ed.), *The Cambridge companion to the modernist novel* (pp. 65-81). Cambridge University Press.

Fischer-Starcke, B. (2009). Keywords and frequent phrases of Jane Austen's Pride and Prejudice: A corpus-stylistic analysis. *International Journal of Corpus Linguistics, 14*(4), 492-523.

Forchini, P., & Murphy, A. (2008). N-grams in comparable specialized corpora: Perspectives on phraseology, translation, and pedagogy. *International Journal of Corpus Linguistics, 13*(3), 351-367.

Graesser, A. C., McNamara, D. S., & Kulikowich, J. M. (2011). Coh-Metrix: Providing multilevel analyses of text characteristics. *Educational Researcher, 40*(5), 223-234.

Graesser, A. C., McNamara, D. S., Louwerse, M. M., & Cai, Z. (2004). Coh-Metrix: Analysis of text on cohesion and language. *Behavior Research Methods, Instruments, & Computers, 36*(2), 193-202.

Graesser, A. C., McNamara, D. S., Cai, Z., Conley, M., Li, H., & Pennebaker, J. (2014). Coh-Metrix measures text characteristics at multiple levels of language and discourse. *The Elementary School Journal, 115*(2), 210-229.

Halliday, M. A. K. (1981). Linguistic function and literary style: An inquiry into the language of William Golding's The Inheritors. In D. Freeman (Ed.), *Essays in modern stylistics* (pp. 325-360). Methuen.

Herrmann, J. B., van Dalen-Oskam, K., & Schöch, C. (2015). Revisiting style, a key concept in literary studies. *Journal of Literary Theory, 9*(1), 25-52.

Johnson, J. H. (2016). A comparable comparison? A corpus stylistic analysis of the Italian translation of Julian Barnes' Il senso di una fine and the original text The Sense of an Ending. *Language and Literature, 25*(1), 38-53.

Joyce, J. (2000). *A portrait of the artist as a young man*. Oxford University Press.

Joyce, J. (2006). *Dubliners* (M. Norris, Ed.). W. W. Norton & Co.

Leech, G. (2008). *Language in literature: Style and foregrounding*. Routledge.

Lodge, D. (1990). The novel as communication. In D. H. Mellor (Ed.), *Ways of communicating* (pp. 96-112). Cambridge University Press.

Mahlberg, M. (2014). Corpus stylistics. In M. Burke (Ed.), *The Routledge handbook of stylistics* (pp. 378-392). Routledge.

Marco, J. (2004). Translating style and styles of translating: Henry James and Edgar Allan Poe in Catalan. In J. Boase-Beier (Ed.), Translation and style (*Language and Literature, 13*(1), 73-90).

Mastropierro, L. (2020). The translation of reporting verbs in Italian: The case of the Harry Potter series. *International Journal of Corpus Linguistics, 25*(3), 241-269.

McCarthy, P. M., & Jarvis, S. (2010). MTLD, vocd-D, and HD-D: A validation study of sophisticated approaches to lexical diversity assessment. *Behavior Research Methods, 42*(2), 381-392.

Øverås, L. (1998). In search of the third code: An investigation of norms in literary translation. *Meta, 43*(4), 557-570.

Rayment, A. (1996). Literary realism, modernism and postmodernism: A comparative introduction. *Contemporary Studies in Society and History, 38*(1), 182-188.

Rybicki, J. (2012). The great mystery of the (almost) invisible translator: Stylometry in translation. In M. P. Oakes & M. Ji (Eds.), *Quantitative methods in corpus-based translation studies: A practical guide to descriptive translation research* (pp. 231-248). John Benjamins.

Rybicki, J., Eder, M., & Hoover, D. L. (2016). Computational stylistics and text analysis. In C. Crompton, R. Lane, & R. Siemens (Eds.), *Doing digital humanities: Practice, training, research* (pp. 159-180). Routledge.

Ryu, J., & Jeon, M. (2020). An analysis of the text complexity of elementary school Korean textbooks using Auto-Kohesion. *Korean Language Education Research, 55*(3), 131-156.

Sotirova, V. (2013). *Consciousness in modernist fiction: A stylistic study*. Palgrave.

Wales, K. (1992). *The language of James Joyce*. Palgrave.

Wang, Q., & Li, D. (2011). Looking for translator's fingerprints: A corpus-based study on Chinese translation of Ulysses. *Literary and Linguistic Computing, 27*(1), 81-93.

Xiao, R. (2010). How different is translated Chinese from native Chinese? A corpus-based study of translation universals. *International Journal of Corpus Linguistics, 15*(1), 5-35.

제7장

다언어 어휘 처리와 습득

Chapter 07

다언어 어휘 처리와 습득

임정현·안희돈

1. 들어가기

국제화와 디지털 상호작용의 확산, 그리고 대규모 이주의 흐름 속에서 세 개 이상의 언어를 구사하는 다언어화자는 이제 전 세계적으로 보편적인 언어 사용자 유형으로 자리잡고 있다. 현대 사회에서 다언어성은 특정 지역이나 소수 집단에만 국한된 것이 아니라, 글로벌 사회 전반에서 점점 더 흔하게 관찰되는 보편적인 언어적 특성이 되고 있다. 이러한 사회적·문화적 변화는 언어 사용의 표면적 다양성뿐 아니라, 언어 인지와 처리 과정 자체에 대한 학문적 관심을 심화시키고 있다. 특히 인지과학, 언어학, 심리언어학 등 다양한 분야에서는 다언어 처리(multilingual processing)가 핵심 연구 의제로 부상하고 있다. 이 가운데 우리가 어휘, 즉 단어를 어떻게 인지하고 처리하는지를 살펴보는 연구는 인간의 언어 체계가 얼마나 유연하고 정교하게 작동하는지를 잘 보여준다. 다언어화자가 세 개 이상의 언어를 구사할 때, 우리는 종종 각 언어가 머릿속에서 따로따로 저장되고 필요할 때마다 독립적으로 꺼내 쓰인다고 생각하기 쉽다. 하지만 실제로는 그렇지 않다. 새로운 언어를 배우고 사용할 때, 이미 알고 있는 다른 언어들이 서로 도움을 주거나 방해하기도 한다. 이처럼 다언어 어휘 처리는 단순히 '언어 수의 증가'에 따른 처리 부담의 문제가 아니라, 복수의 언어 체계가 인지적으로 어떻게 공존하고 상호작용하는 지를 밝히는 과정이다. 그리고 이런 과정은 언어학자나 심리언어학자뿐 아니라, 여러 언어를 배우고 사용하는 우리 모두에게도 흥미로운 주제가 될 수 있다.

언어 수가 증가할수록 어휘 처리 과정에는 단순히 처리해야 할 언어가 하나 더 늘어나는 것 이상의 복잡성이 수반된다. 예를 들어, 삼중언어(trilingual) 화자의 경우, 언어 간 경쟁 및 상호작용 양상이 이중언어 화자보다 훨씬 더 복합적으로 나타날 수 있다. 특히 각 언어의 습득 순서(order of acquisition), 숙련도(proficiency), 언어 간 유사성(typological similarity), 사용 맥락(context of use) 등의 요소에 따라 단어의 활성화 방식과 처리 전략은 크게 달라질 수 있다. 이는 곧 다언어 환경에서 어휘가 인지 체계 내에서 어떻게 저장되고 접근되는지를 설명하기 위해, 기존의 이중언어 모델을 넘어선 새로운 이론적 틀과 개념적 전환이 요구됨을 의미한다.

그럼에도 불구하고, 지금까지의 연구는 대부분 이중언어 화자를 중심으로 이루어져 왔으며, 삼중언어 이상의 다언어화자에 대한 실험적 연구는 상대적으로 제한적이다. 이는 실험 설계의 어려움, 대상 집단의 제한, 언어 조합의 다양성 등 현실적인 문제와 맞물려 있다. 그러나 최근 들어 삼중언어 이상 화자를 대상으로 한 행동 실험, 자기 보고 설문, 뇌 영상(neuroimaging) 연구 등이 점차 활발히 이루어지고 있으며, 이를 통해 다언어 어휘 처리에 대한 구체적인 이해가 가능해지고 있다.

본 장에서는 이러한 문제의식을 바탕으로, 다언어 어휘 처리 연구의 이론적 토대와 주요 실증 연구들을 체계적으로 소개한다. 먼저 이중언어 어휘 처리 연구에서 제안된 대표적 이론들과 실험 방법론을 간결하게 정리한 뒤, 삼중언어 및 그 이상의 다언어화자를 대상으로 한 최근 연구들을 분석함으로써 언어 수의 증가가 어휘 처리에 미치는 영향을 보다 구체적으로 고찰할 것이다. 더 나아가, 다언어 환경에서 기존 이론이 어떻게 확장되고 수정되고 있는지를 검토하며, 향후 이 분야의 이론적 발전과 실험적 설계가 어떤 방향으로 나아갈 수 있을지에 대한 전망도 제시하고자 한다. 궁극적으로 이 장은 다언어화자의 어휘 처리 메커니즘을 통합적으로 이해하기 위한 개념적 기반을 마련하고, 후속 연구를 위한 학제적 논의의 출발점을 제공하는 것을 목표로 한다.

2. 이중언어 어휘 처리

이중언어 어휘처리(Bilingual Lexical Processing)는 두 언어가 한 개인의 인지 체계 내에서 어떻게 저장되고 활성화되며, 서로 어떤 방식으로 상호작용하는지를 규명하려는 심리언어학의 핵심 연구 분야이다. 이 영역의 연구들은 언어 간 전이(transfer), 경쟁(competition), 억제(inhibition) 등 주요 인지적 메커니즘을 중심으로, 이중언어 사용자의 어휘 처리 과정을 정교하게 설명하고자 한다. 이러한 메커니즘에 대한 이해는 다언어 어휘처리(multilingual lexical processing) 연구로의 이론적 확장을 위한 중요한 토대를 제공한다. 본 절에서는 이중언어 어휘처리를 설명하기 위해 제안된 주요 이론들을 심리언어학적 관점에서 검토하고, 이러한 이론들을 실증적으로 검토하기 위해 사용된 대표적인 실험 설계 및 방법론을 소개한다. 아울러 주요 연구 결과들을 종합적으로 논의함으로써, 이중언어 화자의 어휘 처리 방식에 대한 현재까지의 이론적 이해와 실증적 성과를 정리하고자 한다.

2.1. 주요 이론 소개

지난 수십 년간 이중언어 어휘 처리 연구에서는 두 언어가 인지 및 산출 과정에서 동시에 활성화되는지 여부를 둘러싸고 활발한 논의가 이어져 왔다. 즉, 언어 간 비선택적 접근(language non-selective access) 가설은 두 언어가 동시에 활성화된다고 보는 반면, 선택적 접근(language selective access) 가설은 오직 목표 언어만이 활성화된다고 본다. 이 논의는 이중언어화자의 어휘 처리 메커니즘을 설명하기 위한 다양한 이론적 모델의 등장을 촉진하였으며, 각 모델은 두 언어의 어휘가 인지 체계 내에서 어떻게 저장되고 접근되며, 상호 간의 활성화와 경쟁이 어떤 방식으로 조절되는지를 상이한 관점에서 제시한다.

본 절에서는 이중언어 어휘 처리에 관한 대표적인 세 가지 이론적 모델을 소개하고자 한다. 수정된 위계 모델(Revised Hierarchical Model, RHM; Kroll & Stewart, 1994), 이중언어 상호활성화 플러스 모델(Bilingual

Interactive Activation Plus Model, BIA+; Dijkstra & van Heuven, 2002), 그리고 억제 조절 모델(Inhibitory Control Model, IC; Green, 1998)이다. 우선 RHM은 어휘와 개념 간의 연결 구조를 중심으로, 언어 숙련도에 따라 개념 접근 경로가 변화함을 설명하며, 특히 제2 언어 습득 초기에는 모국어를 매개로 개념에 접근하지만 숙련도가 높아질수록 직접 연결이 강화된다고 본다. BIA+ 모델은 단어 수준에서 두 언어의 비선택적 활성화를 전제하며, 시각적 단어 인식 과정에서 언어 간 단어들이 자동적으로 활성화되고 상위 인지 제어 수준에서 그중 하나가 선택된다고 설명한다. 마지막으로 IC 모델은 목표 언어 선택을 위해 비목표 언어를 억제하는 억제 제어 메커니즘의 역할을 강조하며, 언어 전환 시의 인지적 부담이나 반응 지연 현상을 설명하는 데 유용한 틀을 제공한다. 이 세 모델은 각각 다른 인지적 메커니즘을 중심으로 이중언어 어휘 처리를 설명하지만, 공통적으로 언어 간 경쟁, 억제, 활성화와 같은 핵심 과정에 주목하며, 다언어 어휘 처리(multilingual lexical processing)로의 이론적 확장을 위한 중요한 토대를 제공하고 있다.

우선, Kroll & Stewart(1994)가 제안한 수정된 위계 모델(RHM)은 이중언어 화자의 어휘와 개념 간의 관계를 설명하기 위해 고안된 대표적인 이론 모델로, 특히 이해와 처리(processing)보다는 언어 산출(production) 과정에 초점을 맞추고 있다. 이 모델의 기본 가정은 이중 언어 화자의 머릿속 어휘심성집(mental lexicon)은 두 수준의 언어 표상, 즉 어휘 수준(lexical level)과 개념 수준(conceptual level)이 존재함을 가정하며, L1과 L2 어휘는 공통의 개념 수준에 연결되어 있으나, 그 연결 강도는 학습자의 숙련도에 따라 비대칭적(asymmetrical)이라는 것을 주장한다.

RHM에 따르면, L2 학습 초기 단계에서는 L2 어휘에서 개념 수준으로의 직접 경로(direct conceptual access)가 약하게 형성되어 있어, L2 단어를 처리하거나 산출할 때 L1 어휘를 매개로 개념 수준에 도달하는 간접 경로(indirect route)가 주로 사용된다. 예를 들어, 영어를 L2로 습득한 한국어 화자가 "apple"이라는 단어를 접했을 때, 우선 대응하는 L1 어휘 "사과"를 활성화한 후에 개념 수준에서 '사과'의 의미를 떠올리는 방식이다. 반면, L2 숙련도가 증가함에 따라 L2에서 개념 수준으로의 직접 연결이 점차 강화되어, L1 번역어를 거치지 않고도 의미에 도달할 수 있는 경로가 구축된다. 또한 RHM은 단어 번역의 방향성에 따른 인지적 차이에 주목한다. L1에서 L2로의 번역(L1→L2)은 개념 수준을 통해야 하므로 인지적 부하가 크고 처리 속도가 느리며, 반대로 L2에서 L1으로의 번역(L2→L1)은 상대적으로 자동화된 간접 경로를 활용할 수 있어 더 빠르고 효율적으로 수행된다고 본다. 이처럼 RHM은 언어 간 어휘 처리 경로의 비대칭성과 숙련도에 따른 변화 양상을 설명하는 데 유용한 틀을 제공하며, 이중언어화자의 어휘 처리 및 언어 발달 과정을 이해하는 데 중요한 이론적 기여를 하였다.

두 번째로 소개할 이중언어 상호활성화 플러스 모델(BIA+; Dijkstra & van Heuven, 2002)은 초기의 Bilingual Interactive Activation Model(BIA; Dijkstra & van Heuven, 1998)을 발전시킨 형태로, 이중언어 화자의 시각적 단어 인식(visual word recognition) 과정에서의 언어 간 상호작용을 설명하기 위해 제안된 연결주의(connectionist) 모델이다. BIA 모델은 이중언어 화자가 하나의 언어로 된 단어를 처리할 때, 비목표 언어의 단어들도 동시에 활성화될 수 있다는 언어 비선택적 접근을 핵심 가

정으로 한다. 즉, 단어 인식 과정에서 두 언어의 어휘 항목들이 형태적·의미적 유사성에 따라 자동적으로 활성화되며, 이들 간의 경쟁과 억제가 발생한다. BIA 모델은 세 가지 주요 처리 수준으로 구성된다. (a) 형태 자질 수준(feature level): 입력된 시각 자극의 형태적 자질(features)을 분석하는 단계로, 시각 입력(자극)의 형태적 정보를 분석하여 글자 수준(letter unit)으로 전달한다. (b) 단어 수준(word level): 두 언어의 모든 단어 후보들이 형태적 유사성을 기반으로 활성화되는 단계로, 여기서 활성화된 후보들 간에 측면 억제(lateral inhibition)가 발생하여 의미나 형태적으로 유사한 단어들 사이에 경쟁이 이루어진다. (c) 언어 노드 수준(language node level): 각 언어에 대응하는 언어 노드가 존재하며, 활성화된 단어들로부터 상향식(bottom-up) 입력을 받아 해당 언어의 전체 활성화 상태를 반영한다. 이 노드는 비목표 언어의 단어 후보들을 억제할 수 있는 하향식(top-down) 피드백 기능도 수행하지만, 이는 단어 인식 초기에 선택적으로 특정 언어를 제한하기 위한 것이 아니라, 비선택적 접근 이후의 단어 선택 과정(selection)을 조절하는 기능으로 작동한다.

그러나 초기 BIA 모델은 시각 입력에 기반한 상향식 처리 과정에 초점을 맞추고 있으며, 문맥이나 과제 요구(task demands)와 같은 상위 수준의 인지적 요인들이 단어 인식에 영향을 미치는 영향을 충분히 설명하지 못한다는 한계를 지닌다. 이러한 점을 보완하기 위해 제안된 것이 BIA+ 모델이다. BIA+는 하위 수준에서의 비선택적 활성화와 단어 간 경쟁만으로 언어 선택을 결정하지 않으며, 오히려 과제/결정 시스템(task/decision system)이라는 상위 인지적 메커니즘이 작동한다고 본다. 이 시스템은 화자의 목표, 과제 요구, 문맥 정보 등 비언어적 요인을 통합하여, 활성화된 후보들 가운데 어떤 단어가 최종적으로 선택되어 반응에 이르게 될지를 조절한다. 즉, BIA+ 모델은 단어 수준에서 양 언어의 단어들이 비선택적으로 활성화된다는 기본 입장을 유지하면서도, 이후의 선택 과정은 상향적 활성화(bottom-up activation)와 하향적 조절(top-down modulation)이 상호작용하는 유연하고 상황적응적인 메커니즘에 의해 조정된다고 설명한다. 이러한 확장은 이중언어화자의 시각 단어 인식 과정이 단지 하향적 조절이 결여된 자극 중심의 초기 처리에 의해 이루어지는 것이 아니라, 고차원의 인지적 통제가 동반되는 복합적 과정임을 강조하며, 이중언어 처리 연구의 이론적 범위를 보다 정교하게 확장시켰다.

마지막으로, 두 언어의 어휘 활성화에 있어서 인지적 측면을 보다 강조한 억제 조절 모델(IC; Green, 1998)에 대해서 알아보겠다. IC 모델은 원래 인지적 갈등 상황에서 불필요한 정보나 반응을 억제하는 메커니즘을 설명하기 위해 제안되었다. 이후 이 모델은 이중언어 연구로 확장되어, 언어 전환 과정에서 목표 언어를 선택하고 비목표 언어를 억제하는 과정을 설명하는 데 활용되었다. 따라서 IC 모델의 기본 가정은 이중언어 화자가 목표 언어를 선택하는 과정에서 비목표 언어의 활성화를 억제해야 한다는 것이다. IC 모델에 따르면, 두 언어 간의 경쟁이 자연스럽게 발생한다고 보며 이러한 경쟁을 해결하기 위해 하향식 억제 메커니즘이 작동한다고 설명한다. 모델의 핵심은 제어 메커니즘(control mechanism)으로 이는 양 언어에서 활성화된 단어 수준의 언어표상들 중 비목표 언어표상들을 억제하여 목표 언어의 단어가 선택되도록 한다. 억제는 반응 전(pre-response) 수준에서 일어나며, 활성화된 비목표 언어 항목들을 반응 후보 목록에서 제거함으로써 목표 언어의 산출을 용이하게 한다. IC 모델은 갈등이나 경쟁 상황에서의 억제 메커니즘에 초점을 두고 있기 때문에, 특히 언어 전환(language switching) 상황을 설명하는 데 강력한 설명력을 가진다. 언어 전환이 요구되는 경우, 이전에 사용된 언어의 활성화를 억제하고 새로운 목표 언어를 선택해야 하는데, 이때 비목표 언어 억제가 적절히 이루어지지 않으면 반응 속도가 느려지거나 오류가 발생할 수 있다는 것이다. 또한 이 모델은 억제가 일회성으로만 이루어지는 것이 아니라, 목표 언어가 계속 사용되는 동안 지속적으로 유지되어야 한다고 본다. 이러한 지속적 억제는 비목표 언어의 접근성을 낮추어 언어 선택의 안정성을 높인다. IC 모델은 이처럼 상위 수준의 인지적 제어가 이중언어 처리에서 핵심적인 역할을 수행한다는 점을 강조하고 있다.

세 가지 이론은 각각의 관점에서 이중언어 화자의 어휘 처리 과정과 언어 표상을 설명하며, 이중언어 연구 분야의 핵심적인 이론적 기틀을 형성해 왔다. RHM, BIA/BIA+, 그리고 IC 모델의 타당성을 검증하고 그 주요 가정을 탐색하기 위해, 연구자들은 다양한 언어 쌍과 과제 유형에 걸친 광범위한 실험적 연구를 수행해 왔다. 이러한 이론적 배경은 이중언어 환경에서 두 언어의 활성화와 경쟁, 그리고 억제 메커니즘이 어떻게 작동하는지를 설명하는 데 있어 중요한 기준점이며, 다양한 언어 쌍과 과제 유형을 아우르는 실증적 연구들을 통해 지속적으로 검증되고 있다.

모든 심리언어학 및 실험 언어학 연구가 그렇듯, 이론과 실증 연구가 상호 작용하며 발전해 온 과정은 이중언어 어휘 처리 연구에서도 두드러진 특징 중 하나이다. 다음 절에서는 이러한 이론적 토대를 바탕으로 실제로 어떠한 실험연구가 이루어져 왔는지, 즉 주요 실험적 접근법과 함께

각 이론을 뒷받침하는 몇 가지 대표적 연구들을 소개하고자 한다. 이를 통해 이중언어 어휘 처리 연구가 이론과 경험적 자료를 어떻게 연결해 왔는지에 대한 보다 구체적인 이해를 제공하고자 한다.

2.2. 관련 실험 패러다임과 대표 연구들

앞서 살펴본 수정된 위계 모형(RHM)은 이중언어 화자가 두 언어 간 어휘 및 개념 수준에서의 연결을 어떻게 처리하는지를 설명하고자 제안된 이론이다. 이 모델의 주요 가정, 즉 두 언어 간 연결의 비대칭성과 학습자 숙련도에 따른 경로 변화를 실증적으로 검토하기 위해 다양한 실험적 접근법이 사용되어 왔으며, 그중에서도 번역 명명 과제(translation naming task)와 번역 인식 과제(translation recognition task)는 가장 널리 활용되는 핵심 실험 패러다임이다. 먼저, 번역 명명 과제는 한 언어로 제시된 단어를 다른 언어로 신속하게 번역하여 발화하도록 요구하는 실험이다. 예를 들면, 영어 단어 “dog”이 시각적으로 제시되었을 때, 참가자는 이를 즉시 한국어로 번역하여 “개”라고 발화해야 한다. 이 과제는 번역 방향(L1→L2 vs. L2→L1)에 따른 반응 시간 및 정확도 차이를 통해 두 언어 간의 연결 강도의 비대칭성을 평가하고, 어휘 수준과 개념 수준의 접근 경로를 간접적으로 추론하는 데 활용된다. 이 실험 방법은 Kroll & Stewart(1994)의 연구에서 처음 고안된 것으로, 이 과제를 활용한 대표적인 연구라고 할 수 있다. 이 연구에서 이중언어 화자들은 두 가지 유형의 단어 번역 명명 과제를 양방향으로 수행했다. 즉, 모국어(L1)에서 외국어(L2)로의 번역(L1→L2)과 외국어에서 모국어로의 번역(L2→L1) 과제를 모두 수행했다. 결과는 L2→L1 번역이 L1→L2 번역보다 반응 시간이 빠르고 정확했음을 보여주었고, 이러한 차이는 초급 화자가 L2 단어에서 개념으로의 직접 접근(direct route) 대신 L1 번역어를 거쳐 의미에 도달하는 간접 경로(indirect route)를 사용하기 때문으로 해석되었다. 반면, 고숙련 화자들은 두 방향의 번역에서 큰 차이를 보이지 않아 L2 단어에서도 개념으로의 직접 접근이 가능함을 시사했다.

다음으로 살펴볼 실험 패러다임은 번역 인식 과제(translation recognition task)이다. 이 과제 역시 Kroll & Stewart(1994)에 의해 고안되었으며, L2 단어 처리 시 L1 번역어를 통한 간접 접근 경로와 개념 수준으로의 직접 접근 경로 중 어떤 경로가 활성화되는지를 실증적으로 검증하는 데 효과적인 도구로 활용된다. 일반적으로 두 개의 언어로 된 단어 쌍이 제시되며, 참가자는 이들이 의미상 대응하는 번역어인지 여부를 가능한 한 신속하고 정확하게 판단해야 한다. 예를 들어, 영어 단어 "dog"와 네덜란드어 단어 "hond"가 제시되면, 이들이 번역어 관계임을 판단해야 한다. 이 과제는 번역 명명 과제보다 반응 과정에서의 억제 및 경쟁 메커니즘을 더 정밀하게 탐색할 수 있는데, 특히, 형태적 유사성(form similarity)과 의미적 유사성(semantic similarity)이 교차되는 조건을 포함시켜, 참가자가 형태적 유사성으로 인한 간섭(interference)을 경험하는지 여부를 평가할 수 있다. 대표적인 연구로 de Groot, Delmaar, & Lupker(2000)는 번역 인식 과제를 통해 이중 언어 화자가 언어 간 공유되는 형태적·의미적 정보에 어떻게 반응하는지를 조사했다. 이 연구는 두 언어에서 동일하거나 유사한 형태를 가지지만 의미는 다른 단어들(interlexical homographs)이 처리 과정에서 간섭을 유발하는지 여부에 초점을 맞췄다. 결과는 형태적으로 유사한 단어쌍에서 반응 시간이 지연되고 오류율이 증가하는 패턴을 나타냈으며, 이는 언어 간 표상이 비선택적으로 동시에 활성화됨을 보여주는 근거로 해석되었다. 이러한 결과는 BIA+ 모델의 비선택적 접근 가정을 뒷받침한다. 비슷한 연구로, Sunderman & Kroll(2006)은 번역 인식 과제를 사용하여 초급 및 고급 L2 화자들의 처리 전략 차이를 분석하였고, 이 연구에서 보인 초급 화자와 고급 화자의 처리 패턴 차이는 숙련도에 따라 L2 처리 경로가 간접에서 직접으로 변화한다는 RHM의 예측을 지지하는 것으로 해석되었다.

보다 최근에는 번역 인식 과제에 신경생리학적 측정 기법을 접목한 연구들이 등장하고 있다. 예를 들어, Thierry & Wu(2007)는 중국어-영어 이중언어 화자를 대상으로 이 과제를 ERP(event-related potentials)와 결합하여 수행하였다. 실험 결과, 영어 단어 쌍을 처리할 때 참가자의 L1(중국어) 동형이의어(homophones)가 무의식적으로 활성화됨이 N400 파형에서 확인되었으며, 이는 L2 처리 중에도 L1 의미가 동시에 활성화될 수 있음을 보여준다. Zhang & Cao(2024) 또한 Chinese-English 이중언어 화자를 대상으로 한 연구에서 행동 지표에서는 명확한 차이가 없었으나, ERP 분석에서는 N400 파형이 증폭되어 L2 처리 중 L1의 형태 및 음운 정보가 무의식적으로 활성화됨을 확인하였다. 이 역시 BIA+ 모델의 핵심 가정인 비선택적 접근을 지지하는 생리적 증거라 할 수 있다.

또 하나의 널리 활용되는 실험 패러다임으로 어휘 판단 과제(lexical decision task)가 있다. 이 과제는 실험 참가자에게 제시된 자극이 실제 단어인지, 아니면 비단어(nonword)인지를 판단하게 하여, 단어 인식 과정에서의 언어 간 경쟁 및 간섭을 측정하는 데 사용된다. 실험에서 참가자는 무작위로 제시되는 일련의 단어와 비단어를 실제 단어인지 아닌지 정확하고 신속하게 판단해야 하며, 이 과정에서 두 언어의 단어들이 비선택적으로 활성화 될 경우 반응 시간에 영향을 미칠 수 있다고 해석된다. 또한 언어 간 점화 효과(priming effect)를 검토하기 위해 차폐 점화 어휘 판단 과제(masked-priming lexical decision task)도 자주 활용되는데, 여기서는 목표 단어 제시 전 아주 짧은 시간 동안 다른 언어의 점화 단어(cross-language prime)를 보여 줌으로써, 비의식적 수준에서의 언어 간 상호작용을 탐색할 수 있다. 예를 들면, Schoonbaert, Duyck, Brysbaert, & Hartsuiker (2009)는 Dutch-English 이중언어 화자를 대상으로 한 연구에서, 양 방향(L1→L2 및 L2→L1)의 점화 효과를 관찰하였고, 특히 L1→L2 방향에서 더 강한 점화 효과가 나타났다. 이는 두 언어 간 어휘가 자동적이고 비선택적으로 활성화됨을 시사하며, BIA+ 모델을 지지하는 증거로 간주된다. Schoonbaert et al.(2009) 연구 외에도 많은 연구들이 어휘 판단 과제를 활용해 이중언어 화자의 두 언어 표상 활성화와 언어 간 상호작용을 밝혀내었다(Dijkstra et al., 1999; Duñabeitia et al., 2010). 아래 〈표 1〉은 지금껏 설명한 주요 실험 패러다임을 요약해 놓은 것이다.

〈표 1〉 실험 패러다임 요약표

실험 과제	주요 목적	검증 이론	핵심 결과/의의
번역 명명 (Translation Naming)	단어 번역 방향에 따른 반응 속도와 정확도 차이 분석	RHM	L2→L1이 L1→L2보다 빠름 → L2에서 개념으로의 직접 접근이 약함. 숙련도 증가 시 양 방향 간 차이 감소.

번역 인식 (Translation Recognition)	제시된 단어쌍이 번역어 관계인지 판단 → 개념 접근 경로 및 간섭 효과 분석	RHM, BIA+	형태 유사성 간섭, 숙련도에 따른 처리 전략 차이, ERP를 통한 무의식적 언어 간 활성화 증거 확인
어휘 판단 (Lexical Decision)	주어진 자극이 실제 단어인지 판단 → 언어 간 점화 효과 및 비선택적 접근 탐색	BIA+	cross-language priming 관찰. 문자 체계 상이해도 비선택적 접근 확인. masked priming으로 무의식 활성화 측정

최근 들어 주목할 점은, 이러한 연구들이 스페인어-영어, 네덜란드어-영어와 같은 동족 문자 언어(same-script languages) 뿐 아니라, 한국어-영어, 중국어-영어와 같이 문자 체계가 다른 이질 문자 언어(different-script languages) 간에도 활발히 진행 되고 있다는 점이다(Lim, Mao, & Ahn, 2020; Moon & Jiang, 2011; Nakayama, Ida, & Lupker, 2016; Zhang & Cao, 2024). 이들 연구는 문자 체계 차이에도 불구하고 비선택적 접근이 유지되며, 언어 간 표상 활성화가 문자 체계와 무관하게 일어남을 시사하고 있다.

3. 다언어 어휘 처리와 표상

본 절에서는 삼중언어(trilingual) 및 다언어(multilingual) 화자에 대한 연구로 시야를 넓히고, 언어 수 증가에 따른 어휘 처리의 복잡성과 이를 설명할 수 있는 이론적 틀을 검토할 것이다. 주목할 점은, 다언어 어휘 처리 연구가 점차 활발해지고 있음에도 불구하고, 여전히 이중언어 처리 연구만큼 정교하게 체계화된 이론 모델은 부족하다는 점이다. 특히 제3언어(L3)를 습득하는 과정에서 모국어(L1)와 제 2 언어(L2)가 어떠한 방식으로 영향을 미치는지에 대한 구체적이고 통합적인 설명은 아직 미흡한 실정이다.

그럼에도 불구하고, 우리는 이중언어 어휘 처리 연구에서 축적된 이론적 토대와 더불어, 다언어화자가 제 3 언어(L3)를 습득할 때 나타나는 전이 현상을 설명하기 위해 제안된 다양한 L3 전이 모델들, 예를 들면, 축적적 증진 모델(Cumulative Enhancement Model), L2 지위 요인 모델(L2 Status Factor), 언어유형 우선 모델(Typological Primacy Model) 등에서 이론적 통찰을 얻을 수 있다. 이들 모델은 주로 통사적 또는 형태론적 전이에 초점을 맞추고 있지만, 다언어 간 상호작용을 설명하는 보다 일반적인 인지적 메커니즘(예: 활성화 수준, 억제 조절, 언어 간 유사성 인식 등)을 포함하고 있어 어휘 처리 연구에도 시사점을 제공한다. 따라서 본 절에서는 다언어 환경에서 어휘 표상이 어떻게 구성되고 작동하는지를 이해하기 위해, 기존 이중언어 모델의 확장 가능성을 검토함과 동시에, L3 전이 이론이 어휘 처리에 적용될 수 있는 경로를 탐색하고자 한다. 이를 통해 다언어 사용자의 어휘 처리 과정을 설명할 수 있는 보다 포괄적인 이론적 틀을 모색할 수 있을 것이다

3.1. 주요 L3 전이 모델들

다언어화자가 L3를 습득할 때, 기존 언어(L1, L2)가 어떠한 방식으로

영향을 미치는지를 설명하기 위해 다양한 L3 전이 모델들이 제안되어 왔다. 본 절에서는 대표적인 다섯 가지 이론적 모델을 소개하고, 이들 이론이 어휘 처리 영역에도 어떤 시사점을 줄 수 있는지 논의하고자 한다. 기존 연구에서는 주로 통사나 형태론적 전이에 초점을 두었지만, 이러한 모델들이 내포하는 인지적 메커니즘은 어휘 처리 과정에도 응용 가능하다.

L3 전이 모델들은 크게 두 범주로 나눌 수 있다. 하나는 전체 전이 모형(Full Transfer Models)으로, 기존 언어 중 하나의 전체 시스템이 새로운 언어 학습 초기 단계에 그대로 전이된다고 본다. 이 범주에는 L2 지위 요인 모델(L2 Status Factor Model)과 언어유형 우선 모델(Typological Primacy Model)이 포함된다. 다른 하나는 속성별 전이 모형(Property-by-property Transfer Models)으로, 여러 언어의 속성이 상황에 따라 선택적으로 활성화되며, 필요에 따라 조합된다고 본다. 여기에는 축적적 증진 모델(Cumulative Enhancement Model), 우세 언어 모델(Linguistic Proximity Model), 스캘플 모델(Scalpel Model)이 속한다.

3.1.1. L2 지위 요인 모델(L2 Status Factor: L2SF)

Bardel & Falk(2007)이 제안한 L2SF 모델은 L3 습득에서 L1보다 L2가 더 강한 영향력을 갖는다고 주장한다. 핵심 가정은 L2와 L3가 모국어와는 다른 방식으로 학습된다는 데 있다. 모국어는 어린 시절 자연스럽고 무의식적으로 습득되지만, L2와 L3는 학교 교육이나 외국어 학습 환경처럼 의식적이고 명시적인 학습 과정을 통해 습득되는 경우가 많다. 이러한 차이 때문에 L2와 L3는 보다 의식적인 지식으로 저장되며, 학습자가 새로운 언어를 배우는 과정에서 L2가 모국어보다 더 쉽게 떠올려지고 활용될 가능성이 높다고 본다. 이는 Paradis(2009)가 제안한 심리언어학의 명시적/절차적(declarative/procedural) 모델에 기반한 가정이다. Paradis의 이론은 모국어처럼 어린 시절에 자연스럽게 습득된 언어는 주로 절차적 기억 체계(procedural memory)에 저장되며, 반면 L2 이후의 언어들은 명시적 기억 체계(declarative memory)에 저장되어 보다 의식적인 접근이 가능하다고 설명한다. 따라서, 학습자는 L3를 습득할 때 L1보다 L2에서 더 많은 메타언어적 지식(metalinguistic knowledge, MLK)을 활용할 가능성이 높다고 보는 것이다. 이러한 이론적 배경은 어휘 처리에서도 중요한 시사점을 준다. 다언어화자가 새로운 언어의 단어를 접할 때, 무의식적으로 익힌 모국어보다 외국어로 배운 L2가 더 쉽게 떠오르고 활용될 가능성이 있다. 이는 L2와 L3가 모두 외국어로서 유사한 학습 경로, 즉 명시적 학습과 교실 중심의 환경, 을 통해 습득되었기 때문에, 학습자가 두 언어를 처리할 때 사용하는 인지적 자원과 접근 방식이 비슷하기 때문일 수 있다. 이러한 맥락에서 L3 단어를 이해하고 기억하는 과정에서도 L2의 영향력이 자연스럽게 드러날 것으로 예상할 수 있다.

3.1.2 언어 유형 우선 모델(Typological Primacy Model: TPM)

두 번째로, Rothman(2011)이 제안한 언어 유형 우선 모델(TPM)은 다언어화자가 새로운 언어를 학습할 때 초기 단계에서 기존 언어 시스템 중 새로운 언어와 가장 유사한 언어에 의존하여 학습이 이루어진다고 주장한다. 이는 새로운 언어를 배울 때 두뇌가 최대한 적은 노력으로 빠르게 이해하려는 우리 두뇌가 가지고 있는 고유한 성향(인지적 경제성)에 기인한 것이다. 선택 과정은 무의식적으로 이루어지며, 어휘적 유사성, 음운적 유사성, 형태론적 유사성 등이 판단 기준으로 작동한다. 이 모델을 어휘 처리 과정에 적용한다면, L3 단어가 L1 또는 L2의 어휘 체계와 형태적으로 유사할 경우, 해당 언어의 어휘적 속성이 L3 단어 인식에 우선적으로 개입할 가능성을 크다고 예상할 수 있을 것이다.

3.1.3. 축적적 증진 모델(Cumulative Enhancement Model: CEM)

세 번째로, 속성별 전이 모형 범주에 속하는 모델로, Flynn, Foley, & Vinnitskaya (2004)가 제안한 축적적 증진 모델(CEM)을 알아보겠다. 이 모델은 L3를 배우는 과정에서 이전에 습득한 언어들이 누적적으로 도움을 줄 수 있다고 주장한다. 이 모델에 따르면, L1과 L2에서 습득한 지식과 경험이 종합적으로 L3 학습을 촉진하며, 학습자는 이미 알고 있는 언어의 어휘, 발음, 문법적 특징 등을 새로운 언어에 활용한다. CEM은 누적적 촉진(enhancement)을 전제로 세워진 이론이기 때문에, 오직 촉진적 전이(facilitative transfer)만을 인정하며, 이전 언어가 새로운 언어 학습을 방해하는 비촉진적 전이(non-facilitative transfer)는 고려하지 않는다. 이 이론을 어휘 처리에 적용해 본다면, 기존의 어휘 지식이 L3 학습에 도움이 될 때 자연스럽게 활성화되고, 반대로 혼동을 일으키거나 필요하지 않은 경우에는 억제될 가능성이 있다. 이러한 관점은 CEM의 촉진적 전이 가정을 바탕으로 어휘 처리에서도 긍정적 전이가 주로 작용할 것이라는 예측을 가능하게 할 수 있겠다.

3.1.4. 우세 언어 모델(Linguistic Proximity Model: LPM)

네 번째로, Linguistic Proximity Model(LPM)은 L3 전이 연구에서 제안된 최신 이론으로, LPM은 CEM과 TPM의 장점을 통합하면서, 전이를 더 동적이고 상황 민감한 방식으로 설명한다(Westergaard, Mitrofanova, Mykhaylyk, & Rodina, 2017). 이 모델의 핵심은 다언어화자가 새로운 언어를 배울 때 모든 기존 언어가 잠재적으로 동시에 활성화되어(L1과 L2의 공존), 특정 L3 입력을 처리할 때 각 언어의 속성이 상황에 따라 선택적으로 사용될 수 있다는 것이다. 특히 L3의 특정 언어적 속성이 학습자가 이미 알고 있는 언어들(L1, L2)과 구조적으로 밀접한 연관이 있을 때, 그 속성이 한 언어 또는 두 언어 모두에서 활성화되어 학습 효율성을 높인다고 주장한다. 어휘 처리 측면에서 LPM은 이전 언어의 단어들이 L3 입력과 형태적·의미적 유사성을 가질 경우 동시에 활성화될 가능성을 시사한다. 이는 다언어화자가 서로 다른 언어의 단어들을 병렬로 떠올리거나 상호 간섭(interference)을 경험할 수 있다는 의미다. 예를 들면, 세 언어의 단어가 비슷한 형태를 가질 때, 이들이 서로 경쟁하거나 협력하는 복합적인 활성화 양상이 나타날 수 있다는 것이다. LPM은 이러한 복잡한 전이 패턴뿐 아니라, 잘못된 분석이나 입력 부족으로 인해 발생할 수 있는 비촉진적(non-facilitative) 전이도 설명할 수 있다는 점에서 이전 모델들과 구별된다.

3.1.5. 스캘플 모델(Scalpel Model: SM)

마지막으로, 또 하나의 최근 모델로 Scalpel Model(SM)은 Slabakova

(2017)가 제안한 것으로, 다언어화자가 L3을 배울 때 기존 언어들(L1, L2)의 모든 속성이 잠재적으로 전이에 기여할 수 있다고 본다. 하지만 단순히 한 언어 전체를 복사하는 것이 아니라, 마치 메스(scalpel)로 필요한 부분만 정밀하게 골라내듯, 특정 상황에 맞는 속성만을 선택해 사용하는 방식이다. 이 모델은 학습자가 문맥에 따라 필요한 언어 지식을 선별적으로 활성화한다고 보기 때문에, 언어 전환(code-switching)이나 다언어화자가 여러 언어의 의미적 자원을 동시 활용하는 상황에서 잘 설명된다. 예를 들면, 스페인어(L1), 영어(L2)를 사용하는 학습자가 이탈리아어(L3)를 배울 때, 발음은 스페인어에서, 문법적 패턴은 영어에서 가져와 사용하는 방식이다. SM은 앞서 설명한 LPM 처럼 전이가 항상 촉진적이지는 않으며, 언어적 복잡성이나 입력 부족 등으로 인해 선택이 잘못될 경우 비촉진적(non-facilitative) 전이도 발생할 수 있다고 보고 있다. 이 모델은 LPM보다 한층 더 정밀하고 선택적인 수준의 전이를 가정하며, 이러한 국지적이고 선택적인 전이 개념 때문에 최근 L3 습득 연구에서 점점 더 주목받고 있다.

지금껏 살펴본 L3 전이 모델들은 비록 주로 문법적 전이를 설명하기 위해 제안된 것이지만, 각 모델이 다언어화자의 어휘 처리 과정에도 어떻게 적용될 수 있는지 함께 논의해 보았다. 다음 표는 L3 전이 모델들을 간단하게 요약해 놓은 것이다.

〈표 2〉 L3 전이 모델 요약 비교표

모델	전이 방식	핵심 가정	어휘 처리 적용 시 시사점
L2SF (Bardel & Falk, 2007)	Full	L2가 L3에 더 큰 영향. L2와 L3는 명시적 학습 기반.	L3 단어 처리 시 L2 어휘가 우선적으로 활성화될 가능성.
TPM (Rothman, 2011)	Full	형태적으로 유사한 언어가 전이 우선권을 가짐.	L3 단어가 L1 또는 L2와 유사할 경우 해당 어휘 체계가 활성화됨.
CEM (Flynn et al., 2004)	Property-by-property	L1과 L2의 촉진적 속성이 누적적으로 작용.	기존 어휘가 L3에 긍정적 영향을 줄 경우에만 활성화됨.
LPM (Westergaard et al., 2017)	Property-by-property	L1, L2가 모두 잠재적으로 활성화되며 유사성 기반 선택 작용.	유사한 단어들이 병렬 활성화되어 경쟁 또는 간섭 유발 가능.
SM (Slabakova, 2017)	Property-by-property (선택적)	특정 문맥에서 필요한 속성만 정밀하게 전이.	상황에 따라 발음, 형태, 의미 등 다양한 어휘 속성이 선별적으로 활성화됨.

다음 절에서는 이러한 이론적 배경을 바탕으로 삼중언어(trilingual) 화자를 대상으로 진행된 주요 어휘 처리 실험들을 본격적으로 살펴보고자 한다. 특히 앞서 소개한 이중언어 어휘 처리 연구에서 제안된 다양한 이론들(RHM, BIA+ 등)이 삼중언어 상황에서는 어떻게 적용되거나 확장될 수 있는지를 구체적으로 소개할 것이다. 이를 통해 다언어 환경에서 어휘 처리 메커니즘이 어떻게 작동하는지 조금 더 깊이 이해할 수 있을 것이다.

3.2. 삼중언어화자 관련 실험 연구

삼중언어화자의 어휘 처리 연구에서 동계어(cognates)는 세 언어 간의 심성 어휘망(mental lexicon)이 어떻게 연결되어 있고, 상호 간에 어떠한 영향을 주고받는지를 살펴볼 수 있는 핵심적인 실험 자극으로 활용된다. 동계어란 두 개 이상의 언어에서 형태적 및 의미적 유사성을 지닌 단어들을 의미하며, 예를 들면, 영어 milk, 독일어 milch, 네덜란드어 melk와 같은 단어들이 이에 해당한다. 이러한 단어들은 어휘 수준에서 언어 간 표상이 어떻게 연결되고 공존하는지를 관찰하는 데 매우 유용한 도구로 사용된다. 원래 동계어는 원래 이중언어 어휘 처리 연구에서 매우 널리 사용되어 온 실험 시료이며, 이중언어화자들이 한 언어의 단어를 처리할 때 다른 언어의 동계어가 함께 활성화되는지 여부를 탐구하면서, 언어 간 비선택적 접근(non-selective access)이나 상호간섭(interference) 메커니즘을 이해하는 데 기여해왔다. 이와 같은 연구 결과는 BIA+, RHM 등의 이론 모델이 발전하는 데 중요한 경험적 기반이 되었으며, 이중언어 어휘 처리에 대한 이해를 크게 확장시켰다.

삼중언어 연구들은 이 기반 위에서 출발하여, 세 언어가 동시에 활성화될 때의 특성과 세 언어 간 관계를 더 깊이 탐구하기 시작했다. 특히 삼중 동계어(triple cognates) 또는 부분 동계어(partial cognates)를 활용한 실험은, 하나의 언어를 처리할 때 나머지 두 언어가 인지적으로 어떤 방식으로 개입하는지를 실증적으로 검토할 수 있는 기회를 제공한다. 또한, 이러한 연구들은 언어 처리에 영향을 미치는 요인으로서 언어 우세성(language dominance), 습득 순서(order of acquisition), 사용 환경

(context of use) 등의 변수에 주목하며, 이들이 어휘 활성화 및 억제 메커니즘에 어떤 방식으로 작용하는지를 분석한다. 이러한 흐름 속에서 수행된 대표적인 실험 연구들을 소개하며, 각 연구가 어떻게 설계되었고, 어떤 결과를 통해 다언어화자의 어휘 처리 메커니즘을 밝혀냈는지 구체적으로 살펴보겠다.

삼중언어화자를 대상으로 한 초기 연구 중 하나로, Lemhöfer, Michel, & Dijkstra(2004)는 "세 언어가 동시에 활성화될 수 있는가?" 질문을 중심으로 실험을 설계하였다. 네덜란드어 (L1)를 모국어로 하고, 영어(L2)와 독일어(L3)를 외국어로 배운 삼중언어화자들을 대상으로, 화면에 나타난 독일어 단어가 실제 단어인지 아닌지를 빠르게 판단하는 어휘 판단 과제를 실행하였다. 특히 연구에 사용된 독일어 단어들은 세 가지 유형으로 나누어졌는데, 첫째, 독일어와 네덜란드어 두 언어에서 공통으로 쓰이는 동계어(double cognate), 둘째, 독일어, 네덜란드어, 영어 세 언어 모두에서 공통된 삼중 동계어(triple congate), 그리고 마지막으로 독일어에서만 쓰이는 일반 단어였다. 실험 결과, 참가자들은 독일어의 고유 단어보다 독일어-네덜란드어 동계어를 더 빠르고 정확하게 처리했고, 특히 세 언어에 모두 공통된 삼중 동계어는 이중 동계어보다도 더 빠르게 인식되었다. 이는 독일어(L3) 단어를 처리할 때 모국어(L1)뿐 아니라 외국어로 습득한 영어(L2)까지 모두 자연스럽게 떠올라 단어 인식에 도움을 주었음을 시사한다. 이 연구는 삼중언어화자의 심성어휘집 내에서 세 언어가 독립적으로 저장되는 것이 아니라 상호 연결된 상태로 병렬 활성화될 수 있음을 실증적으로 보여주었다. 특히 기존 이중언어 모델인 BIA+ 모델과 RHM 모델이 삼중언어 환경에서도 유효하게 작동할 수 있음을 시사하며, 다언어화자의 어휘 처리 메커니즘에 대한 이론적 확장 가능성을 제시하였다.

유사한 맥락에서 진행된 Szubko-Sitarek(2011)의 연구는 다른 언어 조합을 통해 Lemhöfer et al.(2004)의 결과를 재확인하였다. 이 연구는 폴란드어(L1), 독일어(L2), 영어(L3)를 사용하는 삼중언어화자를 대상으로 진행되어, 이는 언어 조합이 다르더라도 다언어화자의 세 언어가 처리 과정에서 동시에 활성화될 수 있음을 의미한다. 이 연구 역시 BIA+ 모델의 적용 범위를 삼중언어 환경으로 확장할 수 있는 실증적 근거를 제공하며, 다언어화자의 심성어휘집에서 다중 언어 표상이 상호 연결되어 작동함을 뒷받침한다. 특히, 특정 언어에서 단어를 처리할 때 나머지 두 언어가 무의식적으로 함께 활성화되어 인식 과정을 촉진하거나 간섭할 수 있음을 보여주는 중요한 결과로 평가된다.

Aparicio & Lavaur(2016)의 연구는 삼중언어화자들이 각각의 두 개의 외국어(L2, L3)를 처리할 때 서로 어떤 영향을 주고받을 수 있는지 알아보는 데 초점을 맞추었다. 연구 참가자들은 프랑스어(L1)를 모국어로 하고, 영어(L2)와 스페인어(L3)를 비교적 높은 수준으로 습득한 사람들이였고, 짧은 시간 동안 점화 단어(prime)를 먼저 보여주고 이어서 목표 단어(target)를 제시하면 목표 단어가 단어인지 비단어인지를 판단하는 차폐 점화 번역 어휘 판단 과제를 사용하였다. 실험 결과, 프랑스어(L1) 단어가 영어(L2)와 스페인어(L3)의 단어를 점화할 때는 유의미한 효과가 나타났지만, 영어(L2)와 스페인어(L3) 사이에서는 이러한 점화 효과가 나타나지 않았다. 즉, 이 결과는 L1 단어를 (아주 짧게) 본 후 L2나 L3 단어를 처리할 때는 반응 속도가 빨라졌지만, 점화단어가 L2나 L3이었을 경우에는 판단에 영향을 미치지 않았다는 것을 의미한다. 이러한 결과는 삼중언어화자의 머릿속에서 여전히 모국어(L1)가 중심적인 중재 역할을 하고 있음을 시사한다. 이러한 결과는 RHM(Kroll & Stewart, 1994)의 가정과 일치한다. RHM에 따르면 외국어 단어(L2, L3)는 개념 수준에 직접 연결되기보다, L1을 매개로 간접적으로 개념에 접근하는 경로를 활용하는 경향이 있다. 본 연구의 결과는 바로 이러한 간접 연결 구조의 존재 가능성을 뒷받침한다. 또한 BIA+ 모델의 시각에서도 설명할 수 있다. BIA+는 두 외국어의 휴지 활성화 수준(resting activation)이 낮기 때문에 서로 간의 점화 효과가 약하게 나타난다고 보는 반면, 모국어(L1)는 훨씬 높은 활성화 수준을 가지고 있어 두 외국어 모두에 강한 영향을 미친다. 결국 이 연구는 삼중언어화자의 어휘 처리에서 L1의 지배적 위치와 두 외국어 간의 제한적인 상호작용을 보여준다. 이는 이중언어 연구에서 제안된 모델들(RHM, BIA+)을 삼중언어 환경에 적용할 때 고려해야 할 점들을 잘 보여주는 사례다. 다언어 환경에서 어휘가 얼마나 유연하게 작동하는지, 그리고 어떤 제약이 따르는지를 이해하는 데 중요한 단서를 제공하였다.

하지만, 이와는 상반된 결과를 보여준 연구도 있다. Tytus(2017)는 외국어 간의 직접적인 상호작용 가능성에 주목하였다. 이 연구는 독일어(L1), 영어(L2), 프랑스어(L3)를 사용하는 삼중언어화자를 대상으로, 세 언어 간 단어 처리가 서로 어떻게 영향을 주고받는지를 분석하였다. 특히, 이 연구의 핵심 질문은 "한 외국어가 또 다른 외국어의 단어 처리에 도움을 줄 수 있는가, 아니면 부정적 영향을 미칠 수 있는가?"였으며, 이를 검증하기 위해 생물성 판단 과제(animacy decision task)와 점화 효과를 결합한 실험을 설계하였다. 결과는 Aparicio & Lavaur(2016) 와 달리, L1

과 L2사이에서 양방향 점화 효과를 보였다. 즉, 독일어 단어가 영어 단어의 처리를 돕고, 영어 단어도 독일어 단어의 처리를 촉진했다. 반면 L1(독일어)과 L3(프랑스어) 간에는 점화 효과가 관찰되지 않았다. 특히 주목할 만한 결과는 L2와 L3 간의 상호작용으로, L3에서 L2로의 점화 효과는 나타나지 않았을 뿐 아니라, 오히려 L2가 L3 단어의 처리를 지연시키는 억제 효과를 유발한 것이다. Tytus는 이 복잡한 결과를 설명하기 위해 RHM과 Sense Model(Finkbeiner, Forster, Nicol, & Nakamura, 2004) 이론을 언급하였다. RHM은 L2와 L3가 개념 접근 시 L1을 매개로 간접 연결된다고 보며, 직접적인 연결은 약하다고 가정한다. 반면, Sense Model은 단어가 지닌 다양한 의미들이 고립된 상태로 저장되는 것이 아니라, 개념적 네트워크를 통해 연결되어 있으며, 이 네트워크는 언어 간 상호작용의 방향성과 강도에 따라 비대칭적으로 작동할 수 있다고 본다. 이 연구는 세 언어가 항상 균등하게 활성화되는 것이 아니라, 언어 우세성(language dominance), 사용 빈도, 그리고 과제 요구에 따라 서로 다른 방식으로 영향을 주고받을 수 있다는 점을 시사한다.

이와 같이 차폐 점화 어휘 판단 과제를 사용하면, 짧게 무의식으로 스쳐간 한 언어의 단어가 다른 언어의 단어 인식에 미치는 영향을 알 수 있다. 이 기법을 사용한 최근 연구 중 Wang, Steinman, & Taft(2023)의 연구에서 역시 비대칭적 상호작용을 확인 할 수 있었다. 이 연구는 독일어(L1), 영어(L2), 프랑스어(L3)를 사용하는 삼중언어화자를 대상으로 차폐 점화 번역 과제를 사용하여, 세 언어가 개념적으로 어느 정도는 연결되어 있지만, 각각의 언어간의 연결성이 균등하지 않음을 밝혀내었으며, 특히 언어 우세성과 사용 맥락에 따라 점화의 강도와 방향이 달라짐을 확인하였다. 예를 들어, 영어(L2)는 독일어(L1)와 프랑스어(L3)를 활성화 시키기에 충분하였지만, 프랑스어(L3)는 영어(L2)로의 점화에서 상대적으로 약했다. 연구자들은 이러한 결과를 설명하기 위해 기존의 Sense Model(Finkbeiner et al., 2004)을 삼중언어 상황에 맞게 수정하는 시도를 하며 세 언어 간 개념적 네트워크가 비대칭적 구조를 지닐 수 있음을 제안하였으며, 각 언어의 우세성과 사용 빈도가 이런 구조를 형성한다고 설명하였다.

이 두 연구는 삼중언어화자의 어휘 처리에서 세 언어가 항상 균등하게 활성화되는 것이 아니라, 언어 간 관계가 과제 요구와 정보 처리 역량의 정도, 그리고 언어 우세성에 따라 역동적으로 조절된다는 점을 강조한다. 특히 L2와 L3 간의 관계가 L1 중심의 매개 모델(RHM)이나 휴지 활성화 기반 모델(BIA+)보다 더 복합적이며, 상황 맥락에 따라 촉진 또는 억제의 양상을 모두 가질 수 있는 이중적 구조임을 실증적으로 보여준다. 이러한 결과들은 다언어 환경에서의 어휘 처리 메커니즘이 단순한 연합이나 위계 구조를 넘어서, 상호작용적이고 비선형적인 의미 네트워크로 구성되어 있다는 점을 시사하며, 이중언어 중심의 기존 이론들이 다언어 상황에 적용될 때 고려해야 할 새로운 변수들을 제시해 준다.

최근에는 세 언어 간 어휘 활성화의 복잡한 상호작용 구조를 보다 정밀하게 탐색하기 위해, 정교한 실험 기법을 적용하고 개인차 변수까지 고려하는 연구들이 증가하고 있다. 그 대표적인 사례 중 하나로 Foryś-Nogala et al.(2025)의 연구는 폴란드어(L1), 영어(L2), 이탈리아어(L3)를 사용하는 삼중언어화자들을 대상으로, 세 언어의 어휘가 서로 어떻게 연결되어 있는지를 살펴보았다. 이 연구는 앞서 소개한

Lemhöfer et al.(2004)와 Szubko-Sitarek(2011)의 연구와 같이 삼중 동계어(triple cognates)가 저빈도 단어임에도 불구하고 이중 동계어(double cognates)나 비동계어(noncognates)보다 훨씬 빠르게 처리됨을 보였다. 반면, 영어(L2)와 이탈리아어(L3)만 공유하는 이중 동계어는 비동계어와 처리 속도 면에서 큰 차이를 보이지 않았다. 이는 세 언어 모두에서 형태적·의미적 유사성을 갖는 단어일수록 인지적으로 더 쉽게 접근 가능하다는 점을 보여준다. 더불어 본 연구는 어휘 처리에 영향을 미치는 개인차 요인들도 고려하였다. 구체적으로, 작업 기억력(working memory capacity)이나 추론 경향(guessing tendency)과 같은 인지적 특성이 L3 처리 속도에 영향을 주었지만, 어휘 판단의 정확도에 가장 결정적인 변수는 이탈리아어(L3)에 대한 숙련도로 나타났다. 이는 L3 학습에서 기존 언어들 (L1, L2)의 전이 효과 뿐 아니라, 목표 언어 자체의 사용 경험과 숙련도가 어휘 인식에 핵심적인 역할을 한다는 점을 시사한다. Foryś-Nogala et al.는 이와 같은 결과를 바탕으로, 다언어화자의 어휘 처리 모델이 기존의 단일 언어 기반 유사성 접근법(single-sourced similarity)을 넘어서, 세 언어 간 누적적 상호작용(cumulative crosslinguistic influences, CLIs)을 고려해야 함을 강조하였다. 즉, 특정 언어 쌍 사이의 유사성에 기반한 단순한 양자 간 모델보다는, 세 언어가 상호 병렬적으로 활성화되며 누적적으로 상호작용하는 비선형적 모델이 필요하다는 것이다. 이 연구는 다언어화자의 어휘 처리에 있어 언어 간 구조적 유사성과 학습자의 인지적 특성, 그리고 각 언어의 숙련도와 사용 맥락이 어떻게 결합되어 의미 인식과 처리 전략에 영향을 주는지를 실증적으로 보여주는 중요한 기여로 평가된다. 나아가 향후 다언어 어휘 처리 모델링에서 구조적 요인과 인지적 요인이 어떻게 통합되어야 하는지를 제시하는 이론적 기반을 마련하였다.

또 하나의 최근 연구로 Fridman & Meir(2025)의 연구는 삼중언어화자의 실시간 언어 활성화 양상을 정밀하게 측정하기 위해 안구 추적 기법(eye-tracking paradigm)과 시각적 세계 패러다임(visual world paradigm)을 결합하여 수행되었다. 이 연구는 러시아어(L1, 계승어), 히브리어(L2, 사회적 주요 언어), 영어(L3)를 사용하는 삼중언어화자를 대상으로, 세 언어 간 어휘 표상이 어떻게 상호작용하는지를 실시간으로 관찰하고자 하였다. 시각적 세계 패러다임은 참가자가 청각 자극으로 단어를 듣는 동안, 화면에 제시된 네 개의 그림 중 그 단어와 관련된 그림을 빠르게 선택하게 하는 실험 기법이다. 그런데 이때 제시되는 그림들 중 일부는 타 언어에서 음운적으로 유사한 단어들과 연관된 이미지로 구성되어 있어, 한 언어의 청각 자극이 다른 언어의 표상을 무의식적으로 활성화시키는지를 안구 추적 데이터(시선 고정 시간, 응시 빈도 등)를 통해 정량적으로 측정할 수 있다. 실험 결과, 반응 시간과 시선 고정 비율에서 각 언어의 활성화 정도가 뚜렷하게 나타났다. 구체적으로, 가장 약한 언어인 러시아어(L1: 계승어)를 처리할 때 히브리어(L2: 사회적으로 가장 많이 사용하는 언어)와 영어(L3)가 강한 간섭 효과를 일으킨 반면, 가장 강한 언어인 히브리어를 처리할 때는 다른 두 언어의 방해가 거의 나타나지 않았다. 이 연구는 세 언어의 숙련도 및 습득 순서, 그리고 사용 환경 등 여러 요소가 작용하여 삼중언어 화자의 머릿속에서 세 언어가 항상 균등하게 활성화되지 않으며 세 언어 간 상호작용은 매우 비대칭적일 수 있음을 보여주었다. Fridman & Meir은 이러한 결과를 설명하기 위해 BLINCS 모델(Bilingual Language

Interaction Network for Comprehension of Speech; Shook & Marian, 2013)을 언급하였다. 이 모델은 이중언어화자의 어휘 처리에서 언어 간 활성화와 억제가 동시적으로 작동하는 상호작용적 네트워크 구조를 제안한 것으로, 음운적·의미적 유사성을 기반으로 서로 다른 언어의 표상이 병렬적으로 활성화될 수 있음을 설명한다. 하지만 본 연구는 삼중언어 환경에서는 이보다 훨씬 더 복합적이고, 언어 간 상호작용의 강도와 방향성이 상황과 언어 조합에 따라 역동적으로 변화할 수 있음을 강조하였다.

기존의 동계어 연구는 대체로 동일한 문자 체계를 공유하는 언어들을 중심으로 이루어져 왔으나, 최근에는 서로 다른 문자 체계를 가진 언어 조합를 포함한 연구들이 늘어나고 있다. Lim & Ahn (2024)의 연구는 이러한 흐름을 반영하는 대표적 사례로, 중국어(L1), 영어(L2), 한국어(L3)라는 상이한 철자 체계를 가진 삼중언어화자를 대상으로, 음운 정보가 언어 간 어휘 처리에 미치는 영향을 탐구하였다. 본 연구는 발음은 동일하지만 의미가 상이한 동음이의어(homophones)쌍 (예: /bee- 비/)을 실험 자극으로 사용하여, 차폐 점화 어휘 판단 과제를 통해 한국어(L3)의 음운 정보가 영어(L2) 단어 처리에 미치는 영향을 측정하였다. 어휘 처리 과정에서 음운 정보는 단순한 철자 인식이나 의미 활성화를 넘어, 단어 인식 전반에 무의식적으로 관여하는 핵심 요소로 작용하며, 다언어화자의 경우 이 과정은 더욱 복잡하게 작동할 가능성이 크다. 음운 정보를 처리하는 과정은 특히 다언어화자에게서 더 복잡하게 작동할 수 있는데, 이는 여러 언어의 음운 체계가 머릿 속에 공존하면서 서로 영향을 주거나 간섭하기 때문이다. 즉, 한 언어의 단어를 처리하는 순간, 발음이 비슷한 다른 언어의 단어까지 활성화된다면, 이는 어휘 접근 과정의 속도와 정확도에 큰 영향을 미칠 수 있을 것이다. 이 연구의 실험 결과, L3 한국어의 음운 정보가 영어(L2) 단어 처리에 부분적인 영향을 미치는 경향이 관찰되었으며, 이는 삼중언어화자의 언어 체계 간에 음운 표상이 비선택적으로 활성화될 수 있음을 시사한다. 연구자들은 이러한 결과가 기존의 BIA+ 모델을 삼중언어 환경에 적용·확장할 수 있는 가능성을 보여주는 실험적 근거로 간주하며, 문자 체계가 상이한 언어들 사이에서도 음운 기반의 언어 간 상호작용이 유의미하게 발생할 수 있음을 강조하였다.

4. 나오기

본 장에서는 다언어 어휘 처리에 대한 이해를 위해, 먼저 이중언어 어휘 처리의 주요 이론적 틀과 핵심 연구들을 간단히 살펴보았다. 이어서, 다언어 환경의 어휘 처리 메커니즘에 대한 이론적 논의와 함께, 삼중언어 화자를 대상으로 수행된 실험적 연구들을 종합적으로 검토함으로써, 세 언어가 인지적 체계 내에서 어떻게 연결되며 상호작용하는지를 다각도로 조망하였다. 지금까지의 삼중언어 연구들은 대체로 기존 이중언어 연구에서 제안된 메커니즘들이 삼중언어 환경에서도 동일하게 작동하는지를 검증하거나, 혹은 세 언어가 서로 얽히며 새로운 형태의 상호작용을 만들어내는지 탐색하는 데 초점을 맞추고 있다. 특히 BIA+ 모델이나 RHM처럼 널리 알려진 이론들이 삼중언어 상황에서도 적용될 수 있는지, 아니면 새로운 변수들을 반영해 수정·보완이 필요한지에 대한 논의가 활발히 이어지고 있다.

언어 수의 증가는 곧 인지 체계 내에서의 단순한, 선형적 확장을 의미하지 않으며, 오히려 각 언어 간의 상호 얽힘과 다층적 영향을 수반하는, 보다 복잡한 네트워크 구조의 형성을 뜻한다. 실제로 실험적 연구들은 삼중언어 환경에서 세 언어가 과제 유형과 상황에 따라 동시에 활성화되거나, 상호 억제 및 촉진 관계를 보이는 등 다양한 상호작용 양상을 보여주고 있다. 즉, 한 언어를 처리하는 과정에서 나머지 두 언어가 동시에 활성화되어 상호작용을 유도하거나, 특정 언어가 상대적으로 우세하게 작동하여 다른 언어의 처리를 억제하는 등의 구체적 양상이 관찰되었다. 이러한 결과들은 다언어화자 환경에서의 사용 맥락, 과제 유형, 그리고 언어 간 구조적 유사성에 따라 달라질 수 있으며, 나아가 언어 지배성(language dominance), 습득 순서, 숙련도, 개인의 인지 능력과 같은 요소들까지도 함께 고려될 필요가 있음을 보여준다. 이러한 복잡성과 역동성은 기존 이중언어 모델들만으로는 다언어화자의 심성어휘집(mental lexicon)을 충분히 설명하기 어렵다는 이론적 한계를 시사한다.

따라서 향후 연구는 단순히 기존 모델의 확장에 그치지 않고, 다언어 환경의 고유한 언어적·인지적 특성을 반영하는 새로운 이론적 틀의 구축을 모색해야 한다. 아울러 상이한 문자 체계 및 언어적 거리(language distance)를 갖는 다양한 언어 조합에 대한 비교 연구, 그리고 개인차 요인을 고려한 정교한 실험 설계가 병행되어야 할 것이다. 이러한 접근은 다언어 처리 메커니즘을 보다 현실적이고 종합적으로 설명할 수 있을 뿐 아니라 인간의 언어 처리 체계 전반의 유연성과 복잡성을 이해하는 데 중요한 기여를 할 것으로 기대된다.

참고 문헌

Aparicio, X., & Lavaur, J. M. (2016). Masked translation priming effects in visual word recognition by trilinguals. *Journal of Psycholinguistic Research, 45*(6), 1369-1388.

Bardel, C., & Falk, Y. (2007). The role of the second language in third language acquisition: The case of Germanic syntax. *Second Language Research, 23*(4), 459-484.

de Groot, A. M. B., Delmaar, P., & Lupker, S. J. (2000). The processing of interlexical homographs in translation recognition and lexical decision: Support for non-selective access to bilingual memory. *The Quarterly Journal of Experimental Psychology Section A, 53*(2), 397-428.

Dijkstra, A., Grainger, J., & van Heuven, W. J. B. (1999). Recognition of cognates and interlingual homographs: The neglected role of phonology. *Journal of Memory and Language, 41*(4), 496-518.

Dijkstra, A., & van Heuven, W. J. B. (2002). The architecture of the bilingual word recognition system: From identification to decision. *Bilingualism: Language and Cognition, 5*(3), 175-197.

Duñabeitia, J. A., Kinoshita, S., Carreiras, M., & Norris, D. (2010). Is morpho-orthographic decomposition purely orthographic? Evidence from masked priming in the same-different task. *Language and Cognitive Processes, 26*(4-6), 509-529.

Finkbeiner, M., Forster, K., Nicol, J., & Nakamura, K. (2004). The role of polysemy in masked semantic and translation priming. *Journal of Memory and Language, 51*(1), 1-22.

Flynn, S., Foley, C., & Vinnitskaya, I. (2004). The cumulative-enhancement model for language acquisition: Comparing adults' and children's patterns of development in first, second and third language acquisition of relative clauses. *International Journal of Multilingualism, 1*(1), 3-16.

Foryś-Nogala, M., Silva, B., Ambroziak, A., Broniś, O., Janczarska, A., Jastrzębski, B.,

& Otwinowska, A. (2025). Cumulative L1-L2-L3 lexical similarity versus L2-L3 lexical similarity: What impacts learners' L3 word knowledge and L3 word processing more? *Bilingualism: Language and Cognition*, 1-14.

Fridman, C., & Meir, N. (2023). Lexical production and innovation in child and adult Russian heritage speakers dominant in English and Hebrew. *Bilingualism: Language and Cognition, 26*(5), 880-895.

Green, D. W. (1998). Mental control of the bilingual lexico-semantic system. *Bilingualism: Language and Cognition, 1*(2), 67-81.

Kroll, J. F., & Stewart, E. (1994). Category interference in translation and picture priming: Evidence for asymmetric connections between bilingual memory representations. *Journal of Memory and Language, 33*(2), 149-174.

Lemhöfer, K., Dijkstra, T., & Michel, M. C. (2004). Three languages, one ECHO: Cognate effects in trilingual word recognition. *Language and Cognitive Processes, 19*(5), 585-611.

Lim, J. H., & Ahn, H. D. (2024). Trilingual word recognition: Phonological priming effects in trilinguals with different-script languages. *영어학, 24*, 921-933.

Lim, J. H., Cui, M., & Ahn, H. D. (2020). Cognate facilitation effects in cross-script languages: Evidence from unbalanced Korean-English bilinguals. *언어, 45*(1), 167-180.

Moon, J., & Jiang, N. (2012). Non-selective lexical access in different-script bilinguals. *Bilingualism: Language and Cognition, 15*(1), 173-180.

Nakayama, M., Ida, K., & Lupker, S. J. (2016). Cross-script L2-L1 noncognate translation priming in lexical decision depends on L2 proficiency: Evidence from Japanese-English bilinguals. *Bilingualism: Language and Cognition, 19*(5), 1001-1022.

Paradis, M. (2009). *Declarative and procedural determinants of second languages*. John Benjamins.

Rothman, J. (2011). L3 syntactic transfer selectivity and typological determinacy: The typological primacy model. *Second Language Research, 27*(1), 107-127.

Schoonbaert, S., Duyck, W., Brysbaert, M., & Hartsuiker, R. J. (2009). Semantic and translation priming from a first language to a second and back: Making sense of the findings. *Memory & Cognition, 37*, 569-586.

Slabakova, R. (2017). The scalpel model of third language acquisition. *International Journal of Bilingualism, 21*(6), 651-665.

Sunderman, G., & Kroll, J. F. (2006). First language activation during second language lexical processing: An investigation of lexical form, meaning, and grammatical class. *Studies in Second Language Acquisition, 28*(3), 387–422.

Szubko-Sitarek, W. (2011). Cognate facilitation effects in trilingual word recognition. *Studies in Second Language Learning and Teaching, 1*(2), 189–208.

Thierry, G., & Wu, Y. J. (2007). Brain potentials reveal unconscious translation during foreign-language comprehension. *Proceedings of the National Academy of Sciences, 104*(30), 12530–12535.

Tytus, A. E. (2017). Asymmetrical priming effects: An exploration of trilingual German–English–French lexico-semantic memory. *Journal of Psycholinguistic Research, 46*(6), 1625–1644.

Wang, X., Steinman, C., & Taft, M. (2023). Priming asymmetry persists in German–English–French trilinguals: The sense model modified for the trilingual mental lexicon. *Language, Cognition and Neuroscience, 38*(7), 983–1000.

Westergaard, M., Mitrofanova, N., Mykhaylyk, R., & Rodina, Y. (2017). Crosslinguistic influence in the acquisition of a third language: The Linguistic Proximity Model. *International Journal of Bilingualism, 21*(6), 666–682.

Zhang, E.-H., & Cao, H.-W. (2024). The role of cross-language orthography and phonology in translation recognition: An ERP study with Chinese–English bilinguals. *Bilingualism: Language and Cognition, 27*(5), 982–993.

찾아보기

(ㄷ)

(ㄹ)

(ㅁ)

(ㅂ)

(ㅅ)

(ㅇ)

(ㅈ)

(ㅊ)

(ㅋ)

(ㅌ)

(ㅍ)

(ㅎ)

저자 소개

류지수는 서울대학교 영어교육과에서 영어교육 전공으로 박사 학위를 받았으며 현재 건국대학교 영어영문학과 강사로 재직하고 있다. 주요 연구 분야는 코퍼스 분석, 텍스트 전산처리, 영어 교재 분석, 영어 읽기, 뇌파 및 안구운동 추적 분석 등이다.

안희돈은 한국외국어대학교 영어과를 졸업하고 미국 위스콘신대학교에서 언어학 박사 학위를 받았다. 현재 건국대학교 영어영문학과 교수이자 다언어다문화연구소 소장으로, 생성문법 통사론과 제3언어 습득·처리를 연구하며 한국언어학회 회장을 역임했다.

오은혜는 숙명여자대학교 영어영문학과를 졸업하고, 미국 오레곤대학교에서 언어학 박사 학위를 취득하였다. 현재 건국대학교 영어영문학과 교수이자 다언어다문화 연구소 연구원으로 재직 중이며, 최근 주요 연구 분야는 언어습득론과 사회음성학이다.

윤다연은 연세대학교 불어불문학과에서 학사와 석사 과정을 마치고, 프랑스 소르본 누벨대학교(파리 제3대학)에서 음성학 박사 학위를 받았다. 현재 건국대학교 다언어다문화연구소 전임연구원으로 활동하며, 연세대학교에서 강의를 하고 있다. 생리학적·사회음성학적 관점에서 발화의 산출과 인지적 특성을 연구하고 있다.

윤수원은 서울시립대학교 영어영문 학사와 서울대학교 영어학 석사 취득 후, 미국 시카고대학교 언어학 박사 학위를 받았다. 미국 코넬대학교 객원교수와 텍사스대학교 부교수를 거쳐, 현재 서울시립대학교 영어영문학과 교수 겸 글로벌외국어센터장으로, 의미-화용론적 관점에서 인공지능 감성분석을 주로 연구하고 있다.

임정현은 건국대학교 영어영문학과를 졸업하고, 미국 일리노이주립대학교(UIUC) 교육심리학과에서 심리언어학 전공으로 박사 학위를 받았다. 현재 건국대학교 다언어다문화연구소 학술연구교수로, 주 연구분야는 제2언어 및 다언어 심리언어학, 문장 및 어휘 처리, 영어교육이다.

전문기는 미국 멤피스대학교 심리학과에서 인지심리학 전공으로 박사 학위를 받았으며 현재 건국대학교 영어영문학과 교수 및 심리상담센터 센터장으로 재직하고 있다. 주요 연구 분야는 텍스트 정합성, 코퍼스 분석, 텍스트 전산처리, 언어분석 소프트웨어 개발(TEES, Auto-Kohesion, DEUS), 인공지능, 영어교육 등이다.

정환민은 고려대학교 국어국문학과에서 한국어문화교육학 전공으로 박사 학위를 받았다. 현재 고려대학교 학부대학에서 초빙교수로 재직 중이며, 주 연구 분야는 제2언어 습득, 음성학, 한국어 교육 등이다.

정혜녕은 건국대학교 미디어커뮤니케이션학과를 졸업하고 건국대학교에서 문학 박사 학위를 받았다. 현재 건국대학교 다언어다문화연구소 전임연구원이자 미디어커뮤니케이션학과 강사로, 생리 반응 측정 기법을 활용한 심리언어학 연구를 수행하며 인간의 언어 정보 처리 탐구에 주력하고 있다.

한정임은 서울대학교 영어영문학과를 졸업하고 미국 코넬대학교에서 언어학 박사 학위를 받았다. 현재 건국대학교 영어영문학과 교수이자 다언어다문화연구소 연구원으로 활동하고 있다. 주 연구 분야는 음성음운론, 제2언어습득·처리이다.

포스트휴머니즘 언어학 02

포스트휴머니즘 응용언어학 지금 어디로?

1판 1쇄 인쇄_2025년 9월 20일
1판 1쇄 발행_2025년 9월 30일

지은이_류지수·안희돈·오은혜·윤다연·윤수원·임정현·전문기·정환민·정혜녕·한정임
펴낸이_홍정표
펴낸곳_글로벌콘텐츠
등록_제25100-2008-000024호

공급처_(주)글로벌콘텐츠출판그룹
대표_홍정표 이사_김미미 편집_백찬미 강민욱 남혜인 홍명지 권군오 기획·마케팅_이종훈 홍민지
주소_서울특별시 강동구 풍성로 87-6
전화_02) 488-3280 팩스_02) 488-3281
홈페이지_http://www.gcbook.co.kr
이메일_edit@gcbook.co.kr

값 25,000원
ISBN 979-11-5852-606-1 93370